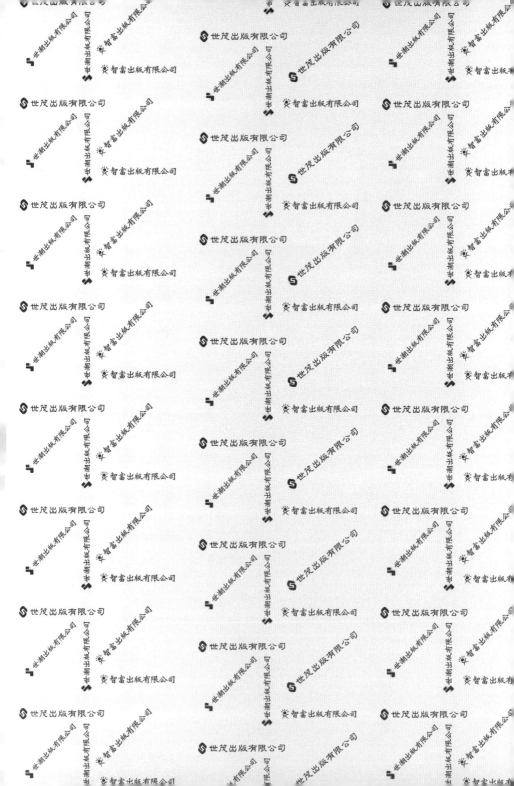

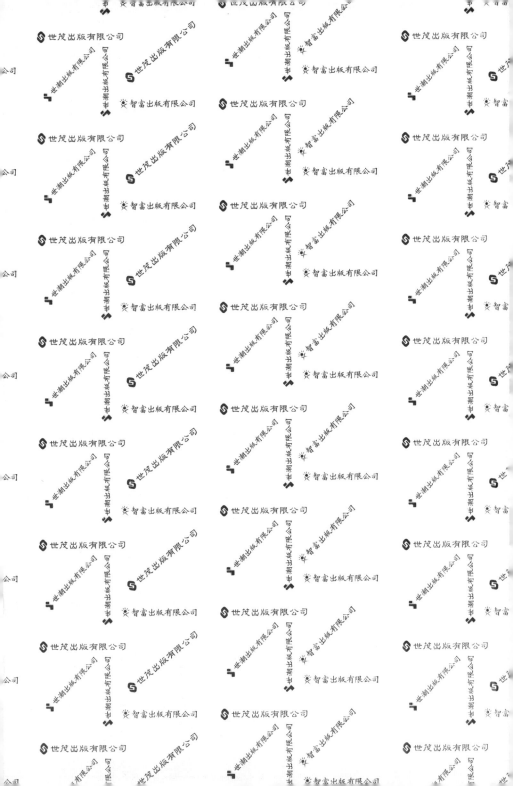

情緒耗竭

Burnout:
the secret to unlocking the stress cycle

艾蜜莉．納高斯基、艾米莉亞．納高斯基／著
石一久／譯

停止過度付出、解開壓力循環

讚譽好評

「《情緒耗竭》是自助類書籍的標準，全書以活潑、共感及風趣的口吻，傳遞尖端科學新知。兩位作者深切了解，在妳疲憊不堪的腦袋和身體裡發生了什麼事，也確實知道妳究竟該怎麼做，才能擺脫這種狀態。這真的是一本翻轉人生的教戰手冊。」

——莎拉・奈特（Sarah Knight），《紐約時報》（*New York Times*）暢銷作家

《冷靜個屁》（*Calm the F*ck Down*，暫譯）作者

「艾蜜莉和艾米莉亞在《情緒耗竭》中拆解身為女性所感受到的壓力，並以科學作為基礎，設身處地為讀者提出建議，教導讀者如何釋放壓力，這讓我數度在公開場合因為感激與解脫的心情而哭紅眼睛。這本書就是如此震撼人心，其作者亦是如此溫暖與睿智。」

——佩吉・奧倫斯坦（Peggy Orenstein），《紐約時報》暢銷作家

《女孩與性：好想告訴妳，卻不知道怎麼開口的事》

（*Girls & Sex: Navigating the Complicated New Landscape*）作者

「在讀《情緒耗竭》的時候，我就知道這不會是另一本繼續讓人陷在『女人不夠好』的想法裡的自助類書籍。這本書顛覆了女人被壓力壓著打的局面，鋪設出一條道路，引領讀者迎向作者所謂『以柔克剛』的力量，藉由大無畏投下完全符合當代思想、刷新觀念的真相炸彈，直搗問題的核心。沒錯！父權體制就是問題的根源，他X的從現在開始，女人要自己作主！」

——莎拉・威爾森（Sarah Wilson），《紐約時報》暢銷作家
《首先，我們要美化野獸》（*First, We Make the Beast Beautiful*，暫譯）作者

「翻開《情緒耗竭》的第一句話是，『這本書是要獻給所有因為肩負一切責任，而感到不堪負荷、筋疲力盡，卻仍然擔心自己做得「還不夠」的女性。』（躺在床上的我，舉手承認自己也是其中之一）這回，艾蜜莉・納高斯基跟她的雙胞胎姊妹艾米莉亞，聯手寫出這本以壓力抗衡為主題的書，這對天賦異稟的姊妹所寫的自助類書籍，保證不會讓妳想戳瞎自己的雙眼。」

——Cup of Jo，女性生活風格網站

「《情緒耗竭》所呈現的多元交織性相當突出。這個世界對所有女性來說，都不友善。然而，就膚色、性傾向與體型等方面的特定邊緣化現象，甚至會讓某些族群的生活更加艱辛。納高斯基姊妹針對這些層面的特殊待遇加以論述，運用具包容力的敘事方式，盡其所能地涵蓋千禧世

代人口各種各樣的生活樣貌……如果妳想找一本入門書來學習如何不再讓世界支配妳的生活以及妳對女性的看法，《情緒耗竭》就是妳的必備讀物。」

——Bustle，女性生活風格網站

目錄

前言

本書獻給因為肩負一切責任，感到不堪負荷、筋疲力盡，卻仍然擔心自己做得「還不夠」的女性，也就是每一個女人，包括我們在內。

妳可能聽過不少類似的建議：要做運動、要喝綠拿鐵、要懂得自我疼惜、善待自己、畫著色簿、練習正念、洗泡泡浴、培養感恩的心……妳大概也試過其中好幾種方法，就跟我們一樣。這些建議偶爾會有幫助，至少可以撐過一段日子。但是隨著時間過去，當孩子在學校適應不良、伴侶遇到瓶頸，或是工作開始忙碌，我們又會想，**等處理完這件事之後再自我照顧（self-care）**。

其實，問題不在於女人**不努力**。相反地，女人每分每秒都在努力實現他人的要求、期待。女人甚至願意嘗試各種方式：喝各種配方調製而成的綠拿鐵、做各種類型的深呼吸運動、塗滿各種圖案的著色本、使用各種品牌的精油泡澡球、在塞得進行事曆的情況下，安排各種類型的度假或休假，只為了滿足工作、家庭和世界的需求。我們試著在協助他人之前，先幫自己戴上氧氣面罩，但問題總是接踵而至：孩子課業落後、老闆不可理喻、工作忙得焦頭爛額……。

所以，問題不在於女人不努力，甚至也不在於不知道該如何努力。真正的問題是，這個世界已經把「健全」塑造成每個人都「應該」竭力追求的目標。但事實上，只有那些有錢、有閒、有保母、有遊艇、還有歐普拉私人手機號碼的人生勝利組才辦得到。

因此，本書跟其他探討倦怠感的書籍不同。透過這本書，妳會了解到，健全在現實生活中可以是什麼模樣。妳會認識到，妨礙妳得到幸福的阻礙是什麼，並與之正面交鋒。我們會在這本書中，為妳詳細說明這層層阻礙之所以存在的來龍去脈，並利用它們作為地圖上的地標，好讓妳能從中找出捷徑，或繞道而行，抑或憑藉科學的力量直接粉碎它們。

《情緒耗竭》作者介紹與寫作緣起

艾蜜莉是健康教育學博士，也是《紐約時報》暢銷書《性愛好科學：掙脫迷思、用自己的方式高潮》（*Come as You Are: The Surprising New Science That Will Transform Your Sex Lifextag*，行人出版社）的作者。在為前作舉辦巡迴演講的過程中，艾蜜莉得知，有許多讀者認為她的著作中最能扭轉人生的不是性科學，而是闡述壓力和情緒處理的章節。

當艾蜜莉把這件事告訴她的同卵雙胞胎姊妹艾米莉亞，身為合唱團指揮的艾米莉亞臉上彷彿寫著「這不是廢話嗎？」艾米莉亞回應道：「那是當然的，因為從來沒有人教過我們應該如何去感覺自己的感受。說起來我還算是有學過。音樂家都必須學習去感受登上舞台唱歌，或是站在指揮檯時的感覺，但那並不代表我在現實生活中也知道該怎麼做。等到我終於學會的時候，那八成拯救了我的人生。」

「兩次。」她補上一句。

艾蜜莉回憶起她看見艾米莉亞穿著病服泣不成聲時的感受，於是提議「我們應該寫一本跟這個有關的書。」

艾米莉亞表示同意：「要是以前就有這樣一本書，我的人生肯定能好過很多。」

《情緒耗竭》就是這樣的一本書。

這不僅是一本講述壓力的書。更重要的也是一本講述連結的書。人類的天性不適合單打獨鬥，我們本就該團結合作。這是本書探討的主題，也是本書得以面世的根本原因。

情緒耗竭

當我們告訴周邊的女性朋友正在寫這本書，沒有人問過我們：「什麼叫倦怠？」（大多數人問的都是：「書出版了嗎？我可以看嗎？」）單憑直覺，我們大概都能體會何謂「倦怠」。我們知道倦怠會讓身體有什麼感覺，也曾經在擺脫不了倦怠感時，有過情緒崩潰的經驗。不過在一九七五年，當赫伯特·弗洛伊登貝格（Herbert Freudenberger）首次創造出這個專有名詞，「倦怠」的定義其實包含了下列三項要素：

1. 情緒耗竭——關心太多或太久的事情所引起的疲累。
2. 失去自我感——同理心、關心與憐憫之心皆已耗盡。

3. 成就感低落——無法抹滅的徒勞感，認為努力不會造成任何改變[1]。

倦怠是非常普遍的現象。在美國，有百分之二十到三十的教師處於中高度至高度的倦怠狀態[2]。相似的數據也可以在大學教授和國際人道救援工作者身上觀察到[3]。專業醫療人員的倦怠比例可能高達52%[4]。目前與倦怠感有關的研究幾乎都是以職業倦怠為主——尤其是針對「助人的職業」，例如老師和護理師——不過漸漸地，也有越來越多研究轉而探討「父母倦怠（parental burnout）」[5]。

自倦怠一詞出現以來，其後四十年間的研究指出，倦怠定義中的第一要素，即情緒衰竭對健康、人際關係和工作的負面影響最為強烈，尤其是女性[6]。

那麼「情緒」究竟是什麼？又為什麼會耗竭？

從最根本的層面來看，情緒是大腦因應刺激而釋放出神經化學物質的過程。例如看見暗戀對象時，大腦會釋放出各種各樣的化學物質，進而誘發一連串的生理變化，像是心跳加速、荷爾蒙含量改變、腸胃不停翻攪、開始深呼吸、嘆氣。臉部表情也會改變，也許會臉紅，甚至連講話的聲音都會變得更溫和。腦中會放映著粉紅泡泡的暗戀回憶、幻想對未來的憧憬，甚至會突然有股想跟對方打招呼的衝動。看見暗戀對象所啟動的化學與電子級聯反應，會影響身體裡的每個系統。

這就是情緒。它不需要經過意識就能忽地出現。它無所不在，影響著一切，而且隨時都在發生。即使是受到單一刺激，也能同時引發出多種不同的情緒。譬如說，我們可能會想接近暗戀對象，但同時又想假裝沒看到對方。

若不加以理會，情緒——這種由刺激所引發的瞬間性全身反應便會自行消失。我們對暗戀對象的注意力會轉移到其他事情上，那股癡迷會逐漸退去，直到他再次闖入心門或者偶然與他巧遇，才會重新燃起。這就跟遭到某人殘忍傷害時，所感受到的痛苦與震驚，或是惡臭撲鼻時，一閃即逝的反胃感一樣，這些感覺都會自動消散。

簡單來說，**情緒就像是隧道。只要穿過隧道，就能抵達光明的盡頭**。

而情緒耗竭，指的就是**陷在**情緒裡的情況。

若持續暴露於會觸發情緒的狀況當中，有可能讓人陷在情緒裡無法自拔。假設我們整天都見得到暗戀對象，就算只是想像，也會讓人沉溺在自己營造出來的渴望當中。再假設我們每天都必須重回讓人感到巨大壓力的工作崗位，像是「助人專業」的職業，會這麼叫人吃不消是因為每天面對的都是需要幫助的人。養兒育女也是件累人的事，因為一日為父母，終生為父母。我們總是在走同樣的隧道。

而有時候，陷在情緒裡是因為找不到出口。面對憤怒、悲傷、絕望、無助等難熬的情緒，獨自一人很難走得出來。我們會迷路，因而需要關愛我們的人，幫助我們找到方向。

我們會陷在情緒裡，是因為被困在某個地方，不得動彈，才會走不出隧道。

這正是害許多女性陷在情緒之中的原因，而這個原因是因為「人類付出者症候群」。

人類付出者症候群

哲學家凱特・曼恩（Kate Manne）在其著作《不只是厭女：為什麼越「文明」的世界，厭女的力量越強大？拆解當今最精密的父權敘事》（*Down Girl: The Logic of Misogyny*，麥田出版）當中，描述了一個將人類一分為二的體制。這個體制期望其中一類人，亦即「人類付出者[*7]」要樂意且平和地將自己的時間、注意力、情感與肉體，奉獻給另一類的人——「人類同胞」[*8]。這個體制對於這兩種人類的稱呼即暗示著，人類同胞有**發展**或**表現**其人性的道德義務，而人類付出者的道德義務，則是必須為人類同胞**付出**自我。猜猜看，女人屬於哪一類？

在日常生活中，這兩類人的互動關係是更加複雜而微妙的，不過在這裡，可以先試著想像簡化版就好。人類付出者是人類同胞「體貼而深情的附屬品」[*9]。付出者的職責是要為同胞奉獻出全然的自我，好讓同胞能夠**發展**出完整的人格。付出者理當放棄自身碰巧獲得的任何資源或權力，包括工作、關愛、肉體等等，因為這些全歸人類同胞所有。

人類付出者必須隨時隨地表現得**漂亮**、**快樂**、**沉靜**、**敦厚**，**並且體貼他人的需求**。換句話說，絕對不能顯露出醜陋、氣憤、煩躁、野心勃勃的樣子，或是關心自身的需要。付出者應該什麼都不需要。要是膽敢要求，或是天理不容地**強求**什麼，那就是違反身為付出者的職責，必須接受懲罰。而要是付出者不肯服從且柔順地提供同胞要求的任何東西，基於這一點，也必須接受處罰、羞辱，或甚至因此喪命。

倘若人類原先著手設計的體制，就是會導致半數人口倦怠過勞，那麼人類根本不可能建造出任何更有效率的東西。

陷在情緒裡面走不出隧道的時候，就代表情緒耗竭找上門來了。在人類付出者症候群的操縱之下，付出者不能因為任何麻煩事，譬如情緒問題，造成任何人的不便。因此，付出者會受困在某個情況中動彈不得，走不出隧道，甚至還有可能因此遭受懲罰。

在某種程度上，憑藉著自我保護的本能，身體很清楚人類付出者症候群正在慢慢地折磨自己。這就是為什麼，人們會不斷練習正念、喝綠拿鐵、嘗試一項又一項的自我照顧方法。但是，自我保護本能現在正在對抗的敵人，是堅持主張**自我保護是自私行為**的人類付出者症候群，所以人們的努力實際上可能會適得其反，反而激起更多來自世界的責難或內心的自我譴責，因為，妳怎麼可以這麼自私？

人類付出者症候群是我們得的病。

而各位手上的這本書，就是解藥。

全書內容編排

我們將《情緒耗竭》分成三個部分來寫。第I部叫做「伴妳同行」。

電影《星際大戰五部曲：帝國大反擊》（*Episode V: The Empire Strikes Back*）有一段演到，路克・天行者看見一個邪惡的洞穴，他恐懼地看著洞穴的入口，問他的老師尤達說：「那裡面有什麼？」

尤達回答：「只有你所帶去的。」

在本書開頭的這一部分，我們會先說明在踏上成為女主角的旅程中，我們隨身攜帶的三種內在資源：**壓力反應循環**、**「司令官」**（控制沮喪情緒的大腦機制）以及**生活的意義**。意義經常會被誤解為「我們在隧道盡頭處得到的東西」，但其實不然。無論在隧道另一頭等著我們的是什麼，意義都是支持我們穿越隧道的原因（搶先爆雷：意義對我們有幫助）。

接下來，本書的第II部名為「真正的敵人」。

這句話是引用電影《飢餓遊戲》（*The Hunger Games*）的台詞。在這部電影裡，年輕的凱妮絲・艾佛丁被迫參加由反烏托邦科幻政府所安排的「遊戲」，並且必須在遊戲裡與其他參賽者互相廝殺。

劇中，凱妮絲的導師對她說：「記住誰才是妳真正的敵人。」真正的敵人，不是政府要她消滅的人，也不是試圖殺害她的人。最先建立起這整個體制的政府，才是真正的敵人。

各位可猜得到，這本書所要講的敵人是什麼嗎？

答案是父權體制！

針對女性讀者所寫的自助類書籍，大部分都會跳過這個章節，只著重於討論讀者所能掌控的部分。但是，這種作法就像是在傳授關於比賽的最佳致勝策略時，卻避而不談有**黑箱作業**這件事。所幸，當了解黑箱作業的操縱手法，我們也就能開始順從自己的意願，自己當家作主。最後，在本書第III部激勵人心的結語所要講的，就是擊潰「真正的敵人」所須運用的科學方法。事實證明，有些明確、具體的事情是我們每天都能做到的，透過這些手段，我們就能以柔克剛、征服敵人。

這個部分就稱為「模擬訓練」。

在電影《小子難纏》（*Karate Kid*）當中，宮城先生為了傳授男主角丹尼爾・拉羅素空手道的技巧，便要求他幫忙為車子打蠟。

「上蠟。」宮城先生說道，邊用一隻手掌朝著順時針方向畫圈；「磨光。」他又說道，並用另一隻手掌由逆時針方向畫圈。接著，他補充說道：「別忘了呼吸。」除此之外，他也要求丹尼爾打磨地板、漆圍籬與漆房子。

為什麼宮城先生要叫丹尼爾一再重複做這些乏味的工作呢？

這是因為，在看似單調的動作之中，藏有空手道的防禦招式。而反覆紮實的練習能夠幫助我們變強，強得足以捍衛自己與我們重視的人，讓敵人與我們言歸於好。

「模擬訓練」就是**強身祕方**，這帖祕方的成分包含：連結、休息與自我疼惜。

本書會有兩條故事線，內容是兩個女人各自的故事。一位是茱莉，她是身心俱疲的公立學校老師，她的身體很懂得跟她唱反調，以此強迫她關注自己的身體健康。另一位是蘇菲，她是一名工程師，後來下定決心，不照父權體制的規則走。這兩個女人象徵著許多女性真實的人生縮影：就像一部電影是由數千張影像剪輯成為一個故事，她們所呈現的即是女人在現實生活中的面貌。我們採用這種寫作手法，一部分是為了保護故事主角的真實身分；另一部分則是因為，比起各自獨立的短篇文章，篇幅較大的敘事弧更能有效闡述科學原理。學術研究無法貼切描述每個女性的人生經驗，但是我們希望能藉由故事讓各位體會到，每個人的經歷是多麼地獨一無二，同時竟又是如此地普世皆通。

本書在每一章的結尾，都會附上一份「懶人包」。這本書所提供的懶人包包含：

1. 姊妹淘打電話找妳哭訴時，妳能跟她分享的觀念。
2. 對話中出現沒有根據的觀點時，妳能用以反駁的事實。
3. 在妳千頭萬緒、夜不成眠時，我們希望能對妳有幫助的想法。

關於科學的幾件事

在這本書中，科學是我們用來幫助女性改善生活的工具。我們會提到多元化的科學領域，包括情感神經科學、心理生理學、正向心理學、動物行為學、賽局理論、計算生物學以及其他多種學問。所以在這裡，我們想先提醒讀者跟科學有關的幾件事情。

首先，科學是人類有史以來最棒的思想。科學是探究現實的本質，也是透過測試來證明或推翻概念的系統性作法。但是我們必須記住，科學終歸是一門不停**犯錯**的專業。換句話說，每個科學家的目標都是：①藉由證明人們過去以為正確的事情，實際上並不正確，來讓自己比前人錯得少一點，以及②借助能夠被測試和證明的方法犯下錯誤，好讓後世的科學家跟自己相比，能夠錯得少一點。研究是持續學習新知的過程，它在讓人們一步步接近真理的同時，也無可避免地顯露出，我們過去錯得多離譜，而這樣的過程，永遠「沒有結束的一天」。所以，每當各位讀到文章標題寫著「新研究顯示……」或「最新研究發現……」時，切記不要盡信報導。單單一項研究，並不足以視為證明。在本書中，我們致力於採用經過數十年的驗證、並經得起多方證實的觀念。儘管如此，科學仍舊無法提供完美的真相，而唯一有的，只是現階段最近似於真理的事實罷了。就某種意義上來說，科學，並不是一門精確的學科。

其次，社會科學普遍的作法是，先對多數人進行測量，再評估出所有受試者的平均測量結果，因為**人各有異**。因此，適用於某族群的情況，不見得對該族群中的每個成員都成立。舉例來說，美國女性的平均身高為一百六十三公分，假如各位遇見一位身高不等於一百六十三公分的美國女性，那並不代表她有問題，她就只是跟一般人不一樣而已。反過來想，科學本身也沒有任何謬誤，因為女性的平均身高確實是一百六十三公分沒錯。只不過，這個數據沒辦法告訴我們跟任何一位女性有關的詳細資訊。所以，如果各位在這本書中讀到某些形容「女性」，卻與妳情況不符的科學概念，那並不代表科學出了錯，也不表示妳有問題。人各有異，而且人都會變。就描繪每個女人的特性來看，科學算是過於遲鈍的工具。

再來，科學通常所費不貲，因此贊助方往往有權影響研究結果，並能決定是否要將結果公諸於世。在我們熱衷於實證實務作業時，務必記得考慮證據的來源，以及缺乏反證的原因[*10]。

就一本女性相關書籍而言，科學還有第四項值得一提的具體限制。一篇研究論文提到其研究對象為「女性」時，其所指的「女性」，幾乎總是意味著生來擁有女性軀體、被當成女孩扶養長大、長大後也樂於接受「女性」心理認同與社會角色的人。然而，有很多身分認同是女性的人，並不符合上述一項或多項條件；相反地，也有很多身分認同**不是**女性的人，實際上卻符合以上一項或多項敘述。這本書裡提到的女性，主要指的是「身分認同為女性者」，不過要特別注意的是，由於科學研究主要針對的對象是在出生時被認定為女性，並以女性身分被扶養長大的人，因此，當我們在說明科學理論，我們所說的「女性」便僅限於生理性別為女性者。

所以，我們試著盡可能以科學為基礎，同時也要對科學的侷限性了然於心。

而這就是藝術派得上用場的地方了。

一如科幻小說作者卡桑德拉・克萊爾（Cassandra Clare）所寫到的：「小說是真實的，縱然它並非事實。」這就是說故事的意義所在。實際上也有研究發現，透過講故事的方式，可以增進人們對於科學的理解！所以，這本書除了提及神經科學和計算生物學，也會聊到迪士尼公主、反烏托邦類型的科幻作品、流行音樂及其他，因為故事能夠觸及科學無法到達的意境。

貓頭鷹與起司

以下是由真正的科學家實際進行的一項真實研究[11]。

這項研究的受試者接到的任務是闖紙上迷宮，遊戲目標是要讓卡通老鼠從迷宮入口成功走到出口。其中一組受試者玩的迷宮，會有一隻卡通貓頭鷹在紙上若隱若現，虎視眈眈地準備獵殺老鼠；另一組受試者玩的迷宮，則是在終點處放了一小塊起司，等著老鼠前來享用。

哪一組受試者會率先走出迷宮呢？答案是起司組。比起脫離不安的狀態，當想像力受到獎勵的驅策，即使是如卡通起司般微不足道的獎賞，都能驅使受試者以更快的速度走完更多迷宮。

朝著渴望達成的具體目標前進時，人們的注意力和努力全都會聚焦在一種結果上頭。但是在逃離威脅時，逃到哪去根本不重要，只要能夠遠離危險就行了。

這個故事告訴我們，當有正向的目標可以**前進**，而非只想脫離負面狀態，人們就會茁壯成長。當我們討厭所處的環境時，第一直覺通常是漫無目的地逃跑，一如逃離迷宮中的貓頭鷹，但在這種情況下，我們最終抵達的落腳處，可能並不比原來的起點好到哪裡去。所以，我們需要正向的目標來吸引我們前進，我們需要那塊起司。

這本書要給各位的「起司」，不只是為妳減輕不堪負荷、筋疲力盡的感受，也不只是讓妳不必再擔心，自己是否做得「還不夠」。我們所準備的起司，是要讓妳具備以柔克剛的力量，讓妳能夠感覺到，自己堅強得足以對付所有貓頭鷹、迷宮，以及這個世界向妳使出的渾身解數。

我們可以保證，不管妳現在處在人生的哪個階段，無論妳是否陷在絕望的深淵之中掙扎，努力尋求出路；或者妳已經駕輕就熟，希望能更游刃有餘地面對這個世界，妳都可以在這本書中找到妳所需要的。我們會為妳演示科學原理，向妳證明妳很正常，而且並不孤單。我們會提供實證工具，幫助妳度過低潮的日子，讓妳也能跟須要鼓勵的親朋好友分享。我們會運用科學來反駁妳至今為止深信不疑的「常識」，讓妳跌破眼鏡。我們會激勵妳，賦予妳力量，在妳自己與所關愛的人的生活中，創造正向的改變。

在書寫本書的過程中，我們親身經歷了這一切——它讓我們明白，我們很正常，而且並不孤單；它教會我們在生活不如意時所能利用的重要技巧；它讓我們又驚又喜，也為我們帶來自主的能力。這本書改變了我們的人生，所以我們相信，它一定也能為妳的生命帶來改變。

---

1. Freudenberger, "Staff Burn- Out Syndrome."
2. Hultell, Melin, and Gustavsson, "Getting Personal with Teacher Burn-out"; Larrivee, Cultivating Teacher Renewal.
3. Watts and Robertson, "Burnout in University Teaching Staff"; Cardozo, Crawford, et al., "Psychological Distress, De-

pression."

4. Blanchard、Truchot等人，〈Prevalence and Causes of Burnout〉；Imo，〈Burnout and Psychiatric Morbidity Among Doctors〉；Adriaenssens、De Gucht與Maes，〈Determinants and Prevalence of Burnout in Emer-gency Nursesl〉；Moradi、Baradaran等人，〈Prevalence of Burnout in Resi-dents of Obstetrics and Gynecology〉；Shanafelt、Boone等人，〈Burnout and Satisfaction Among US Physicians〉；另有一項統合分析發現，在加護病房工作的專業醫療人員倦怠程度介於0％到70％之間。Van Mol、Kompanje等人，〈（Prevalence of Com-passion Fatigue Among Healthcare Professionals〉。

5. Roskam, Raes, and Mikolajczak, "Exhausted Parents."

6. Purvanova and Muros,"Gender Differences in Burnout."

7. 意即女性，亦包含女性化的一方與有色人種。

8. Manne, Down Girl.。

9. Manne, Down Girl.。

10. Patashnik, Gerber, and Dowling, Unhealthy Politics.

11. Friedman and Förster,"Effects of Motivational Cues."

第 I 部

伴妳同行

第一章

完成壓力循環

「我決定要開始賣毒品，這樣我就能把工作給辭了。」

這是艾米莉亞的朋友——茱莉，在新學年度開始前的星期六，被問到「最近好嗎？」時的回答。當然，她是在開玩笑，但也有可能不是……。茱莉是中學老師。她的倦怠感已經強烈到光是在腦中閃過第一學期即將來臨的念頭，就足以誘發某種程度的恐懼，讓她不得不在下午兩點就拿出白酒，準備開喝。

沒有人會希望自己孩子的中學老師對工作失去熱情、滿肚子苦水、太陽還沒下山就開始喝酒，但是茱莉並非特例。倦怠感與隨之而來的厭世、無助、以及最重要的情緒耗竭無所不在，程度著實令人震驚。

「我看到新聞報導，有名老師在開學第一天醉到連褲子都沒穿，我心想，『要不是老天爺拉我一把，我八成也會跟那隻可憐蟲一樣。』」茱莉喝乾第一杯酒時，對艾米莉亞這麼說。

「恐懼是焦慮的強化版。而焦慮來自於日復一日、永無止境的壓力累積。」艾米莉亞說道。她回憶起自己以前在中學教音樂的往事。

「沒錯。」茱莉說道，並再次把酒杯倒滿。

艾米莉亞說：「教書這件事就是讓人怎麼樣也擺脫不了壓力來源。我指的壓力來源可不是學生喔。」

「可不是嗎？我是為了學生才去當老師的，結果反而是行政管理、文書作業這些有的沒的，把我搞得累得半死。」茱莉同意地回應。

「而且那些壓力源就是怎樣甩也甩不掉。不過，壓力本身倒是甩得掉，如果妳知道要怎麼完成壓力反應循環。」艾米莉亞說。

「沒錯。」茱莉斷然說道，再次表示認同。接著便問：「『完成壓力循環』？那是什麼意思？」

這一章的內容，就是問題的答案，而這個答案，很可能也是這整本書所要傳達的最重要概念：**處理壓力與處理造成壓力的原因**，是兩個獨立的過程。想要處理**壓力**，必須要完成壓力循環。

「壓力」

首先，讓我們先學會如何區分**壓力**與**壓力源**。

壓力源指的是，啟動身體壓力反應的因素。它可以是我們所看到、聽到、聞到、摸到、嚐到、或是在想像中認為可能對自己有害的任何東西。

壓力源可以分成外在壓力源。例如工作、金錢、家庭、時間、文化規範與期望、歧視經驗等等，以及較不具有實體形象的內在壓力源。例如自我批判、身體形象、身分認同、記憶與未來。透過不同的詮釋方式，身體有可能將上述各種壓力源視為嚴重程度不一的潛在**威脅**。

壓力指的是，身體在面對威脅時所產生的神經學與生理學變化。壓力是一種由演化發展而來的適應性反應，能幫助我們應付危機，例如被獅子追或被河馬攻擊之類的*1。當大腦發現獅子（或河馬）的蹤跡，為了活下來，大腦會啟動全身性「壓力反應」，激發一連串神經及荷爾蒙活性，引起生理變化。腎上腺素會立刻將血液輸送到肌肉，糖皮質素會提供足夠的能量以維持體力，腦內啡會讓我們忽略逃命的感覺有多恐怖。我們的心跳會加速，讓血液運輸變快，因此血壓會跟著上升，呼吸也會加快（測量心血管功能是壓力研究常用的方法）*2。我們的肌肉會收縮，疼痛敏感度降低，我們會集中注意力、保持警覺、心思專注於當下的思考。我們的感官能力會增強，記憶力會限縮到只記得跟眼前壓力源最有關聯的經驗和知識。除此之外，為了盡可能提高身體在這種狀態下的運作效率，其他器官與系統勢必得有所犧牲，像是消化速度會變慢，免疫功能也會改變（測量免疫功能是壓力研究常用的另一種方法）*3。同樣地，細胞生長、組織修復以及生殖功能也會出現相同的變化。**整體的身心狀態**都會因為察覺到威脅的存在而有所改變。

現在，請想像妳遇到了一頭獅子，體內的壓力反應有如洪水氾濫。此時妳會怎麼做？

逃跑。

這個涉及多種系統參與的複雜反應，其主要目的只有一個，就是在預料到跑為上策的時候，將氧氣與能量運送到肌肉，所有不相干的程序一概延後處理。正如羅伯・薩波斯基（Robert Sapolsky）*a所說：「對於我們脊椎動物來說，壓力反應的核心基礎，就是要讓肌肉能夠像發瘋似地瘋狂運作*4。」

於是妳會逃跑。然後呢？

結局只有兩種可能性：被獅子吃掉，或是成功逃脫，活了下來！也許，妳一路衝回村裡，大聲呼救，村子裡的人動員老老少少，合力殺死了窮追不捨的獅子。獲救後，妳與村民們一起煮了一大鍋獅子肉，共享一場部落盛宴，眾人隨後再舉行榮耀儀式，一同埋葬獅子的骨骸。妳跟妳愛的人們手牽著手，懷著輕鬆的心情，深吸一口氣，向那頭獅子獻上感謝。

壓力反應循環就此完成，大家從此過著幸福快樂的日子。

處理壓力源並不等於處理壓力

壓力的反應與其演化形成的背景環境之間，有著完美的融合。處置獅子的行為，即為完成壓力反應循環的行為，這讓我們很容易誤以為，是因為獅子（造成壓力的原因）被消滅了，才讓壓

※譯註a：美國神經內分泌研究者、神經生物學家、作家。

力循環得以完成。

其實不然。假設在妳拔腿狂奔的時候，天空突然射下一道閃電將獅子擊斃！妳轉過身來，看著一命嗚呼的獅子，妳會忽然覺得平靜放鬆嗎？並不會。妳會茫然地停下腳步，心臟重擊著胸腔，兩眼瘋狂掃射周圍潛藏的威脅。妳的身體還是須要逃跑、戰鬥，或是找個洞穴，躲進裡頭大哭一場。儘管不可抗力因素為妳解除了危機，妳卻還是須要做點什麼，才能讓身體知道妳已經安全了。壓力反應循環必須完成，但光憑消除壓力源是辦不到的。所以，妳還是會衝回村落，氣喘吁吁地把剛才發生的事告訴族人，然後全村的人會為妳手舞足蹈地慶祝，感謝上蒼及那道閃電。

或者，我們可以換個現代版的例子：假設那頭獅子朝妳直直衝過來！讓妳腎上腺素、皮質醇和肝醣迅速飆升。就在這一瞬間，妳靈機一動抓起步槍，馬上射死了獅子，保住了小命。砰的一聲！獅子當場命喪黃泉。

接下來呢？危機解除了，但是同樣地，妳的身體還完全處在行動模式當中，因為妳還沒有採取任何行動來告訴身體妳已經安全了，所以身體還陷在壓力反應循環裡面。但光是告訴自己：「妳現在很安全，冷靜下來。」是沒有用的，就算看見獅子的屍體也沒有幫助。妳必須採取行動，讓身體知道妳已經安全了，否則就會一直保持在驚魂未定的狀態，即使神經化學物質及荷爾蒙含量會逐漸降低，妳也永遠無法回復放鬆狀態。妳的消化系統、免疫系統、心血管系統、骨骼肌肉系統與生殖系統，也永遠接收不到安全的訊號。

糟糕的事還沒結束。讓我們假設壓力源不是獅子，而是某個白目的同事。這位同事不會對妳造成生命威脅，但是他超級討人厭，他會在會議上進行與主題無關的話題，讓妳的腎上腺素、皮質醇和肝醣竄升*5。但是，妳得繼續坐在那裡開會，還得裝出一副「好人臉」，表現出所謂的「社交合宜」。要是妳聽從生理反應，躍過桌子去挖出他的眼珠，也只是自掘墳墓。因此，不如選擇社交合宜的方式，安靜、有效率地跟主管開完會，才能獲得主管的支持，等下次白目同事又口出狂言的時候，主管自會收拾他。

但是，解決造成壓力的原因，並不代表解決壓力本身。妳的身體還包裹著層層壓力，痴痴地等著妳來告訴它，潛在威脅已經解除了，可以放鬆慶祝囉。

妳的身體每天都在等著妳，一天又一天……。

請試著想想看，這對心血管系統會有什麼影響？長時間啟動壓力反應，表示血壓會長期上升，這就如同對血管持續灌輸強力的血流。然而人體的血管經過演化的設計，只承受得起和緩的血流速度。血管磨損度增加，會提高罹患心臟疾病的風險。這就是為什麼慢性壓力容易引發致命性疾病的原因。

更別忘了，這種影響會牽涉到人體各個器官與系統。消化功能、免疫功能、荷爾蒙，無一倖免。人本來就不適合在這種狀態下生活。萬一陷進這種狀態裡，那麼本該用來拯救人們的生理反應，反而會害我們一步步走向毀滅之路。

這就是我們所處的顛倒世界。在大多數情況下，生活在現代化的後工業社會中，壓力摧毀妳的速度，會比壓力源來得更快。**除非**妳有確實採取行動，完成壓力反應循環。在妳控制每天必須面對的壓力源時，妳的身體也在忙著調控每天承受的壓力。就像睡覺和吃飯是非常重要的事情一樣，**提供身體完成壓力反應循環所必要的資源**，對我們的幸福極其重要。

不過，在深入討論要如何完成壓力反應循環之前，讓我們先來談談，為什麼大家還不開始採取行動？

深陷壓力循環之中

未能完成壓力循環的原因有很多，其中又以下列三種最為常見。

①**慢性壓力源→慢性壓力**。當大腦啟動壓力反應，儘管依照它的指示行事，情況也不會有任何起色。面對令人卻步的工作項目，例如在同事面前發表演說、編寫分量驚人的報告，或是進行就業面試時，大腦會下達「快逃」的指令。於是，妳會用二十一世紀現代人的方法「逃逸」。下班回家後，打開音響，熱情飆舞半小時。

「我們逃過一劫了！跟自己擊個掌！」妳的大腦咧嘴笑著，氣喘吁吁地說。接著，大腦就會釋放出各種令人感覺良好的化學物質作為獎勵。但是到了隔天，令人卻步的工作依舊在等著妳，於是大腦再次下達「快逃」的命令。壓力循環便再度啟動。

我們是因為脫離不了容易引發壓力的情況才會陷在壓力反應裡面。這不必然是壞事。唯有當壓力出現的速度超過處理壓力的速度，那才會有害。只不過，有害的情況似乎占了大多數……。

②**社交合宜性**。當大腦啟動壓力反應，妳卻不能依照大腦的指示行事。大腦跟妳說：「快逃！」並開始幫妳製造大量腎上腺素。但妳卻回答：「我不能逃！我正在參加考試啊！」

或是大腦命令妳：「朝那個王八蛋的臉揍下去！」並開始將大量葡萄糖皮質素釋放進入血液。但妳卻回答：「我不能揍他！他是我的客戶！」

於是，妳彬彬有禮地坐著，擺出親切的笑容，盡妳所能地為客戶服務，同時放任身體沉浸在壓力中，靜靜等待妳採取行動。

有些時候，這個世界會告訴妳，妳**不應該**去感受壓力，這麼做等於不聽話、軟弱、沒禮貌。許多女性從小就接受「乖女孩」教育，被訓練要「聽話」。害怕、生氣及其他令人不快的情緒，都會造成旁人的痛苦，所以，在他人面前感受這些情緒不是好事。我們應該要微笑，忽略自己的感覺，因為別人的感受比我們自己的感覺更重要。

此外，我們的文化也教育女性，只有**弱者**才會感受到這些情緒。妳是個聰明又堅強的女人，因此，當妳走在路上，碰到某個男人突然對妳叫囂：「小姐『胸部很大』喔！」的時候，妳應該假裝沒聽到，並告訴自己，這沒什麼大不了，為了這種小事而生氣或害怕太可笑了，況且，那個傢伙根本不值得妳注意，他算哪根蔥？

於此同時，妳的腦袋卻在吶喊「變態！」促使妳加快腳步，離開現場。但那位不知道算哪根蔥的傢伙，仍在妳身後扯著嗓子喊道：「被人稱讚還生氣喔！」

而妳只能對自己說：「不要理他。」「這種無聊的事根本影響不了我。」

女性從小就被教導，除了不能不聽話、不能表現得軟弱以外，也不能**沒禮貌**。當妳看到妳的親戚在臉書上貼出一則厭女留言，妳大可以罵他散播不正確且具有道德偏差的思想，卻不能吼他兩句「我的老天爺啊！我真不敢相信，我甚至得說這些話！」因為他以及其他人可能只會表示，妳講的或許有道理，但是妳說話太難聽了，沒人聽得進去。都怪妳太生氣。如果想要別人認真看待妳，就得用更**有禮貌**的方式來表達妳的看法。要聽話、要堅強、要有禮貌。唯獨不要有感覺。

③**安全第一**。以街頭騷擾為例，有沒有什麼辦法，可以一次解決事件本身及其連帶引起的壓力呢？妳可以轉過身去賞那傢伙一個耳光。但對方大概不會突然醒悟到他的行為舉止不恰當，從此以後改邪歸正。情況反而有可能變糟，也許他會出手襲擊妳，讓事態變得更加危險。所以有時候，離開現場才有贏面。笑笑帶過，告訴自己那不重要——這才是生存的策略。只是別忘了，這些生存策略無法解決壓力本身，它們只能延緩身體完成壓力循環的需求，不能取而代之。

現在妳了解了吧！原來否定、忽視或抑制壓力反應的方式這麼多！基於種種算不盡的原因，大多數女性的身體裡都積存著數十年來未完成的壓力反應循環，經年累月地醞釀著，等待有朝一日能被完結。

接下來，就讓我們來談談僵化反應（freeze）。

僵化反應

以上我們所談論的壓力反應，有個令人耳熟能詳的名稱，叫做「戰或逃」反應。當妳感到威脅，大腦會進行瞬間評估，以決定何種反應較有可能幫助妳存活下來。當大腦注意到威脅的存在，並且決定逃跑比較有可能保全性命，妳就會選擇**逃跑**。就像遇到獅子的情況。當大腦判斷戰勝威脅比較有可能讓妳活命，妳就會選擇**戰鬥**。從生物學的角度來看，戰鬥和逃跑在本質上是一樣的。逃跑的原動力是恐懼（遠離），而戰鬥的原動力是憤怒（靠近），兩者都是由交感神經系統所產生的「衝刺型」壓力反應，都會驅使人**採取行動**。

僵化反應比較特別。當大腦評估威脅，判斷逃跑的速度太慢、戰鬥又沒有勝算時，大腦就會認定在脫離險境或幸運得救之前，「裝死」是最有可能活下來的方式，這時候妳就會採取僵化反應。僵化反應相當於是孤注一擲，唯有在大腦認為性命受到威脅、戰或逃都不吃香的危急情況下，才會出現這個選項。就像是踩著啟動壓力反應的油門到一半的時候，大腦猛然踩下剎車，讓副交感神經系統蓋過交感神經系統，然後關機。

請把自己想像成一隻瞪羚，妳正在使勁逃離獅子的血盆大口，腎上腺素在體內裡沸騰，但是下一秒，妳卻感覺到獅子的獠牙咬住了妳的臀部。獅子逮到妳，妳也沒法戰鬥，獅子比妳強壯太多。於是，妳的神經系統只好趕緊踩下剎車，讓妳昏倒裝死。這就是僵化反應。

妳不必搞懂僵化反應，大腦會自動在適當的時機採取相對應的行動。但是如果不知道僵化反應的存在，可能會想不通，為什麼在遇到危險時，我們沒有又踢又打又尖叫，為什麼不選擇戰鬥或逃跑？為什麼實際上沒辦法叫、踢、跑？那是因為，妳真的辦不到。因為在面對看似毫無生機的威脅時，妳的大腦為了救妳一命，選擇緊急踩下剎車，以僵化反應作為最後一絲求生的機會。

妳猜結果怎麼樣？當然是成功的。妳現在不是活得好好地，正在讀這本講述壓力的書嗎？真高興妳在這裡，我們真心感激妳的大腦讓妳活了下來。

感應

我們的文化中，有很多形容詞可以用來描述大腦選擇「衝刺型」壓力反應時所帶來的感受。當大腦選擇戰鬥，妳可能會覺得惱火、氣惱、氣餒、憤怒、怒火中燒或怒不可遏。當大腦選擇逃跑，這類形容詞可能包括：不安、憂心、焦慮、驚恐、驚嚇或懼怕。

那麼，有哪些詞彙可以用來形容「僵化」的情緒呢？合適的字眼也許是：關機、麻痺、動彈不得、斷線或嚇呆。「交感」這個詞，原本的涵義是「帶有情緒的」「副交感」控制僵化反應系統的原義則是「超脫於情緒之外」。妳可能會覺得自己跟世界脫節、行動遲緩而呆滯，彷彿什麼都不在乎、無所謂。也許妳會覺得自己像個局外人。

如果不能貼切地形容僵化反應的感受，就無法確切說明發生在僵化反應之後的事。接續前文的描述，瞪羚被獅子攻擊後呈現僵化反應。獅子見狀後便沾沾自喜地走回巢穴，想領小獅群前來大快朵頤。奇蹟就在此時發生，危機一旦解除，神經系統的剎車就會漸漸鬆開，讓瞪羚渾身發抖戰慄。透過這個過程，可以清除血液裡累積的腎上腺素與皮質醇，這就跟逃到安全的藏身之處後，身體也會自動清除這些化學物質，是同樣的道理。

在所有哺乳類動物身上都能觀察到這種情形。有位女性在了解僵化反應之後告訴我們：「我上次開車不小心撞到一隻貓，當時就是這樣的情況。牠一開始躺在原地，一動也不動，我好擔心牠被我撞死。後來牠開始抽蓄、抖動，我還以為牠是癲癇發作，直到最後，牠清醒過來……然後就跑走了。」

在人類身上也能觀察到這種情況。有人告訴我們說：「我的朋友動完手術後，要從麻醉狀態醒過來時也是這樣。」

也有人表示「孩子在急診室也出現過同樣的反應。」

另外也有案例是「在學習接受創傷經驗的過程中，身體偶爾會進入一種失控狀態，那會讓我覺得很害怕，因為在經歷創傷的當下，我也有過失控的感覺。現在我知道，那其實是身體在保護我，是療癒過程的一部分。」

我們找不到合適的說法來形容這種剎車鬆開的感受。這種令人發抖、戰慄、肌肉緊繃、不由自主，並且經常挾帶著一股憤怒、恐慌與羞愧感的反應。不了解這種反應的人，可能會對它感到害怕。妳可能會試圖反抗或是控制它。所以我們必須給它一個適當的名稱——感應。它沒什麼好怕的。感應是完成壓力循環所須經歷的正常、健康步驟，也是一種會自動消失的生理反應，通常只會維持幾分鐘的時間。感應通常會出現在壓力反應循環突然被打斷，以至於無法完成的極端情況。它是在經歷創傷事件或長期承受強烈壓力後的療癒過程中的一個環節。

請相信妳的身體。無論有沒有意識到這些感覺源自何處都沒有關係。妳不須要有所意識或是具備深刻的理解，感應就會在妳體內流動或自然地傾瀉而出。妳常覺得莫名其妙地想哭嗎？很好！妳唯一須要做的，就是去留意任何沒來由的情緒、感覺或顫抖，然後坦然地接受：「啊，這就是感應。」

完成壓力循環最有效率的方法

當獅子朝妳衝過來，妳會跑。

當官僚體系與二十一世紀的日常煩擾讓妳神經緊繃，妳會去運動。又或是在客廳大秀舞技，跟著音樂熱唱，或者做任何能活動身體、加速呼吸的事情。

多數人一天會花二十到六十分鐘來消除壓力。而我們最好每天都這麼做，畢竟妳幾乎天天都在承受壓力，所以也應該天天花時間完成壓力反應循環。即使只是從椅子上站起來、做個深呼吸、繃緊全身肌肉二十秒，然後動動手腳、大口吐氣，都是很好的開始。

請記住，妳的身體聽不懂「報稅」或「以理性方式解決人際衝突」是什麼意思，不過它倒是很清楚，妳跳上跳下的時候代表著什麼。請用**肢體語言**來跟它對話。

我想大家都知道運動可以帶來哪些好處。人人都說，運動能舒緩壓力，能改善健康、心情與理解力，基本上，妳絕對應該做點運動*6。這就是答案。從事體能活動就是在告訴大腦，「妳已經順利脫離威脅，現在很安全」。因此，**從事體能活動是完成壓力反應循環最有效率的一種策略**。

完成壓力循環的其他方法

體能活動，也就是任何能讓身體活動的動作，是對抗倦怠感的第一波攻擊。但是，體能活動並不是完成壓力反應循環的唯一方法。以下將要介紹其他六種完成壓力反應循環的實證方法。

呼吸運動。緩慢地深呼吸可以降低壓力反應，尤其是緩慢的呼氣，把氣全部吐完，深刻感覺到腹肌收縮的深呼吸。在壓力不算太大，或是眼前只須突破瓶頸、棘手的問題可以留待後續處理的時候，採用呼吸運動的效果最好。此外，倘若過去發生的創傷仍讓妳心有餘悸，深呼吸也是解鎖創傷經歷最溫和的方式，這會是個很好的開始。

(1)吸氣時，慢慢從一數到五。
(2)憋氣五秒鐘。
(3)開始吐氣，慢慢從一數到十。
(4)再憋氣五秒鐘。請重複做三次，一次做一分十五秒。

正向社交互動。隨興但友善的社交互動，是顯露世界和平的第一個外在象徵。很多人都以為，搭火車時隔壁的乘客如果不打擾我們，彼此沉默不交談，會讓我們比較開心。但是事實上，與隔壁乘客禮貌而輕鬆地談天，反倒讓人覺得比較幸福*7。人際互動多的人會比較快樂*8。以後買咖啡時，不妨向店員說聲「工作愉快！」。這微小的舉動可以安撫妳的大腦，讓它放心相信這個世界很安全、正常，不是每個人都令人討厭。

笑口常開。當大家一起笑成一團，甚至只是憶當年的歡樂時光，就可以增進關係滿意度*9。這裡所說的笑，指的不是在社交場合禮貌性附和的笑，也不是「皮笑肉不笑」，而是捧腹大笑，是強勁且粗魯，無法克制的爆笑。神經科學家蘇菲・史考特（Sophie Scott）說過，人在大笑時，會運用到「哺乳類動物經由演化形成的遠古演進系統，來製造及維繫社會連結與調節情緒」*10。

情感歸屬。當同事之間愉快的聊天達不到減壓效果，或是壓力大到讓妳笑不出來，妳需要的是跟妳愛的人之間深層的連結。通常，這樣的連結對象是彼此能互相欣賞、尊重與信任的人。雖然連結不一定需要肢體接觸，不過肢體接觸是很有效的方式。在令人感到安全與安心的環境下，一個溫暖的擁抱，放鬆身體的效果相當於慢跑好幾公里。更加分的是，擁抱還能少流好多汗。

由伴侶關係研究學家約翰・高特曼（John Gottman）所提出的「六秒鐘親吻」，就是一個跟情感歸屬有關的例子。高特曼建議，每天親吻妳的伴侶六秒鐘。在此提醒，他的建議是**一次親六秒**。可以稍微試想一下，以親吻來說，六秒鐘其實是一段可能會令人覺得有點尷尬的長時間。但是，這個六秒鐘的設定是有原因的，如果要妳花六秒鐘親吻憎恨或討厭的對象，那感覺實在太漫長。花六秒鐘親吻有攻擊性或危險性的對象會彷彿過了一輩子那麼久。所以，這個建議背後的意義在於，親吻六秒鐘會讓妳暫時駐足，用心留意到，妳喜歡對方、信任對方，也鍾愛對方。透過親吻的動作會讓妳的身體知道，此刻在伴侶身邊的妳很安全。

另一個例子是，與妳愛的人相擁整整二十秒，擁抱時，兩人必須各自依靠自身的重心保持站立。多數時候，擁抱是屬於快速向前傾身的動作，或者是彼此依偎緊靠的長時間擁抱。一旦有一方沒站穩，另一方就會跌倒。在這裡，請嘗試與伴侶各自支撐自身的體重，用雙手環繞對方，以這種方式擁抱。研究指出，擁抱二十秒可以改變荷爾蒙含量、降低血壓及心跳率，並提振心情。而擁抱過後，社會連結性荷爾蒙「催產素」的濃度上升，即可證明上述現象*11。

如同刻意拉長時間的親吻，二十秒鐘的擁抱也是告訴身體妳很安全的方式。藉此，妳可以讓身體知道，妳已經躲過獅子的追捕，平安無恙地回家，回到妳愛的人身邊了。

當然，擁抱的時間未必非得是精準的二十秒不可。重點在於讓妳感受到壓力循環的完成。治療師蘇珊・伊森扎（Suzanne Iasenza）說：「要持續擁抱直到覺得放鬆為止。」

好消息是，能夠透過情感歸屬來幫助我們完成壓力循環的對象，並不限於人類。只要花幾分鐘的時間摸摸貓咪就可以降低血壓。飼主們也經常表示，跟人際關係相比，與寵物之間的連繫，能為飼主帶來更大的支持*12。遛狗的人運動量較大，心情也會比較好，因為遛狗同時具備了運動與情感歸屬的雙重功效*13。至於受到過往經驗影響而認為沒有人值得信任的人，與馬匹、狗兒及其他動物的相處可以治癒他們的心靈，為他們開啟通往連結力量的大門。

不僅如此，能夠透過情感歸屬來幫助我們完成壓力循環的對象，甚至也不侷限於地球上的平凡生活。研究人員在檢視靈性對於個人幸福的影響時，通常都會談論到「生活的意義」，這非常重要，值得我們花一整章的篇幅來加以闡述（第三章），或是宗教團體成員間的社會支持。不過，靈性連結也跟感到安全、感到被愛，以及感受到神聖力量的支持有關。簡而言之，靈性連結就是感覺自己與一個無形卻又極其真實的族群之間有所聯繫*14。

大哭一場。會說「哭沒辦法解決任何問題」的人，一定都不明白**處理壓力**跟**處理造成壓力的情況**有什麼差別。妳是否曾經在忍無可忍之後，用力甩上門，放聲痛哭十分鐘？哭完以後，是否覺得好像可以卸下剛才害妳痛哭流涕的重擔了？或許，妳還沒有辦法改變造成壓力的情況，但是這麼做，讓妳完成了壓力循環。

妳是不是有每看必哭、心中最愛的一部催淚電影？熟到連什麼時候該抽衛生紙都記得，還會一邊擤鼻涕，一邊說：「我超愛這一段！」的那種程度？跟著角色人物的情緒起伏，能讓妳的身體也親自體會到這些情感的流動。透過這種方式，故事情節便能帶領妳走過完整的情緒循環。

創意表現。今日從事創意活動，可以為明日帶來更多活力、刺激與熱情*15。

藝術——包括繪畫、雕塑、音樂、戲劇以及各種述事方式，就跟體育一樣，可以創造出一種氛圍，讓人能夠承受甚或是鼓勵湧現澎湃情緒。舉例來說，初嚐戀愛滋味的妳是不是覺得，電台播放的每一首歌唱的都是妳的心情？即使是在朋友不想聽妳繼續放閃的時候，妳也有這些歌可以作伴。失戀的時候也會有那麼幾首歌，能帶領妳穿過悲傷的隧道，陪伴妳走出情傷，重拾內心的平靜。各式各樣的文學、視覺藝術和表演藝術，正是透過這樣的方式，讓我們有機會去頌揚與體驗各種澎湃的情緒。在這個要求我們「聽話」、不准興風作浪的社會中，藝術就像是所謂的文化漏洞。請善加利用藝術的力量。

許多作家、畫家及創作者，都曾經說過某位納什維爾（Nashville）[*b]詞曲創作者告訴我們的話：「回頭看我早期寫的歌，很容易發現到，那時的我正在設法面對過去，嘗試將以往的傷痛轉化成某種有意義的東西。那個時期的我，完全處在一種否定狀態，我甚至根本不知道我背負著痛苦。但是，寫歌讓我能夠感受到內心試圖隱藏的東西。對於那些我找不到其他方法來好好面對的東西，我把它們都安置在我寫的歌裡[*16]。」

蘇菲是一名工程師，也是《星際迷航記》（*Star Trek*）的狂粉，她還有很多其他特長，不過，運動並未名列其中。中學時期的她在別人眼中，是個身高一百八十五公分的黑人女孩，每當有人建議她去打籃球，她總會牛頭不對馬嘴地回答對方：「籃球放在那裡就好。」她討厭運動，沒事絕對不會去運動。事實上，每一次她只要試著運動，過不了幾天，不是生病或受傷，就是有新的工作計畫出現。所以說，她沒辦法運動，就是辦不到。她討厭運動、不想運動，也不願意運動。

因此，當艾蜜莉前往蘇菲的辦公室，舉行一場以壓力為主題的午餐研討會，並在會議上提及「運動對人有好處」時，蘇菲便在會後主動接近艾蜜莉。

「妳不了解，艾蜜莉。運動很無聊，也很累人，而且我每次做運動就會出事。我沒辦法運動，我不要運動，也不想運動，總之就是NO。不管運動對我的壓力多有幫助，我都不打算嘗試。」

並不是每個人天生就擅長運動。不過，研究結果已經明確指出，運動對我們有益，這讓身為健康教育學者的艾蜜莉開始尋找各種方法來支持無法運動、討厭運動，或只是單純不想運動的人，無論讓這些人不運動的理由是什麼。在細讀研究資料的過程，艾蜜莉驚訝地發現，絕大部分的研究結論提出的都是「加入團隊運動」或者「把運動變成一種嗜好，而不只是在運動」之類的建議。換句話說，這些結論都是在強調「找個方法享受運動」這項建議固然很好，但是對於患有慢性疼痛、疾病、受傷或殘疾者，或是像蘇菲這樣打死不運動的人來說，並不是特別有幫助。

後來，艾蜜莉找到與身體療法有關的研究分支，便決定將這個領域的研究結果應用在像蘇菲這樣的人身上。以下就是艾蜜莉的建議。

「好，請躺到床上來……」

「這是我最愛的運動。」蘇菲說。

「接著，請從腳開始，練習繃緊和放鬆肌肉，然後慢慢往上移動，一直進行到臉部。請慢慢數到十，在這個過程中，用力繃緊肌肉。覺得特別僵硬的地方可以做得久一點。」

※譯註b：美國田納西州首府。

「我的肩膀超僵硬。」蘇菲脫口而出。

「很好！在妳繃緊肌肉時，請在心裡清楚地想像，把所有壓力源給揍到外太空的感覺。」

「沒問題。」蘇菲的語調顯得有點興奮。

「一定要非常清楚地想像喔！這很重要。妳會發現妳的身體會跟著起反應，譬如妳會心跳加快、握緊拳頭，直到妳感覺到一股令人滿足的……」

「勝利感，我懂這種感覺。」蘇菲說。

她果真懂。隨後，奇怪的事情開始發生。有時候，蘇菲繃緊肌肉時，會感受到一陣難以言喻的沮喪與憤怒。這偶爾會讓她流淚。有些時候，她的身體彷彿有自主意識般，會以奇怪的方式發抖、戰慄，就像被附身一樣。

於是，蘇菲寄了封電子郵件給艾蜜莉，告訴她這些情況。

「這完全正常。」艾蜜莉請她安心。「那代表妳身上的擔子卸下來了。累積在妳體內，還沒完成的壓力反應循環，終於全部釋放掉了。相信自己的身體吧。」

完成壓力循環的方法不盡其數。不過，我們提過的體能活動、情感歸屬、笑口常開、創意表現，乃至於最簡單的呼吸運動，都有一個共通點，就是必須**採取行動**。

最沒用的一招就是「告訴自己一切沒事」。完成壓力循環不是一種心智層面的決定，而是生理方面的變化。正如同妳不必命令心臟要繼續跳動，或者指示消化系統要持續攪動，壓力循環也不是憑著妳的深思熟慮就能完成的。妳應該做的，是在身體向妳提出要求的時候，提供身體所需要的，並允許身體去做它該做的。

如何判斷壓力循環已經完成？

這個道理就有如吃完飯後就會知道自己吃飽了，或是做完床上運動後，就會知道剛才有沒有高潮一樣。妳的身體自然會告訴妳，只是有些人可能會比其他人更容易分辨得出身體的感覺罷了。隨著妳加深呼吸、放空思緒，妳所感覺到的，可能會是心情、精神狀態，或是身體緊繃程度的變化。

對某些人來說，這就跟知道自己正在呼吸一樣，是再明顯不過的。艾蜜莉就是屬於這種類型。早在了解這些科學概念之前，她就知道，在她緊張、焦慮或擔心的時候，跑步或騎車可以讓她的心情好很多。就算偶爾她也會看著跑鞋，心想：「我實在不想跑步。」但她還是知道，跑完步或騎完車後，就能換來平靜。有一次，艾蜜莉氣喘吁吁地騎自行車來到賓夕法尼亞州東南部鄉村的小山頂，牛群的氣味與路面映射的日光都令她驚嘆不已。隨著腳踏車齒輪的嘎嘎作響，她情不自禁流下淚來。她總是能憑直覺感受到她體內的變化。

這種感覺有點像是變速換檔，在鍊條滑入較小齒輪的那一瞬間，車輪突然變得更好踩的感覺。她的肌肉會放鬆，呼吸也會變得深沉。

艾蜜莉越是規律運動，就越容易達到這種狀態。如果她讓壓力在身體裡累積個幾天、乃至幾星期，那麼單做一次運動，是完全無法達到放鬆狀態的。她依然會在跑完步之後覺得好多了，但是那還不夠。如果妳的身體累積太多未完成的壓力反應循環，妳也會有同樣的感覺。所以，一開始練習完成壓力循環時，妳可能只會感覺稍有舒緩，未必會有完成循環時充分放鬆的感受。那不要緊，請放心。

其他人，譬如艾米莉亞可能比較難單憑直覺來分辨壓力循環完成的時機。艾米莉亞第一次注意到這種感覺時正坐在治療師的診間裡，內心滿是焦慮。治療師請她描述焦慮帶給她的感覺，於是艾米莉亞夸夸其談地講了四分鐘，說她覺得肩膀僵硬、頸部發燙、頭皮發麻等等，然後終於停下來，喘了口氣。

「妳現在覺得怎麼樣？」治療師問。

「呃……我不知道。我現在沒有那種感覺了。我覺得它好像憑空消失了？」

「會喔，這是正常的。焦慮既然會形成，它也會消失。」

「它**自己會消失**？」

「對啊。如果妳願意，它就會消失。」

我們詢問了幾位治療師是如何分辨自己已經完成壓力循環。有位治療師舉了她年幼的女兒為例子。這位治療師告訴我們，每次她女兒一臉難過地跑來找她的時候，她會跟所有母親一樣，抱著女兒，看著女兒哭泣的模樣。漸漸地，這個小女孩臉上扭曲的肌肉和緊繃的身體會放鬆開來，不由自主地大力顫抖，用力地嘆一口氣，然後，她就能好好說明事情的原委。用力嘆出的那口氣，就是她那小小身體已經完成壓力循環的表現*17。

如果妳不確定自己能否分辨得出壓力循環是否「完成」，請不必擔心。特別是如果妳長年累月，也許是一輩子都懷抱著憂慮或憤怒，那麼在妳體內排隊等著被清除的壓力反應循環，大概已經堆得像山一樣高，妳必定須要花上一段時間，才清得完這些壓力債。現在，妳只須要確定，在開始採取行動之後，妳的感覺有**漸入佳境**即可。妳會注意到，妳的身體裡出現了某種平靜的轉變。

假如妳覺得：「在開始練習之前，我的壓力指數是八分，而現在是四分。」那就是非常棒的成果。

實用建議

我們所提供的「入門」方式非常簡單。

首先，請找出對妳有用的方法。如果我們可以直接告訴妳，哪種策略對妳最有效，那真是再方便不過了。但是妳可能會發現，不同的策略適用於不同的日子，而且有時候，最有效的方法也不是天天都適用，所以妳還會需要替代方案。妳大概已經能夠想到幾種不錯的方法，然而，光用想的不夠，妳得實際做做看，並把那些方法排進妳的日常生活中。請把各種對妳有幫助的三十分鐘活動，例如運動、冥想、創意表現、情感歸屬等等，通通寫進行事曆。妳每天都在承受壓力，因此，妳必須把完成壓力循環當成日常例行事項，把它視為優先，就像妳的生命是否優質取決於它一樣，而實際上，也確是如此。

艾蜜莉從青春期開始就能憑靠直覺去理解完成壓力循環是怎麼一回事。遺傳條件與成長背景皆相同的艾米莉亞，卻是在經歷多年治療、因為壓力引起發炎而兩度住院，以及接受正規冥想訓練和身為健康教育學者的姊妹提供明確說明之後，才開始對此有所了解。所以我們很清楚，每個人都不一樣。但是透過練習，妳會開始注意到，不同程度的壓力會帶給妳身體怎麼樣的感覺，妳也會逐漸曉得，在不同日子完成壓力循環所需的時間長短與強度高低。

對許多人來說，「完成壓力循環」最難的部分在於，這個過程幾乎總是要求我們先擱置造成壓力的原因，暫且遠離會引發壓力的情況，轉而面對自己的身體與情緒。

讀到這裡，妳應該已經知道，**處理壓力源**和**處理壓力**是兩個不同的過程，兩者必須兼顧。否則，壓力將會逐漸鏽蝕妳的幸福，直到妳身心崩潰為止。

忽略壓力源也沒關係，先處理壓力比較要緊！

人在高壓狀態下，大腦和身體的表現是有跡可循的。這些可靠的跡象便是在告訴妳，妳必須先處理壓力，才能有效解決壓力源。

①發現自己會不斷重複做同一件無意義的事，或是出現自我毀滅行為。腦子當機時，人會開始講話結巴或者重複做相同的動作，就像一張壞掉的唱片，或是像個想吸引媽媽注意的小孩，氣喘如牛地不停說著：「妳猜怎樣？妳猜怎樣？妳猜怎樣？」妳可能會注意到，自己會再三檢查物品、摳抓東西、出現強迫性思想，或以固定的方式撥弄自己的身體。這些跡象就代表，妳的壓力程度已經導致大腦不堪負荷，無法理智地應付壓力源。

②「撞吊燈（Chandeliering）」。這是布芮尼・布朗（Brené Brown）[*c] 發明的術語，用來形容突如其來、難以招架的痛苦，瞬間一發不可收拾，讓人怒氣直衝天花板的情況。妳氣憤的程度跟當下發生的事情相比，很明顯是小題大作，但是那卻與妳內心隱忍的情緒成正比。而且，這股怒氣必須要找到出口，所以妳才會爆發。這種爆發即表示，妳的壓力程度已經越過臨界點，妳必須先處理壓力，才有辦法解決壓力源。

③妳變成一隻躲在樹籬底下的兔子。想像有隻被狐狸追著跑的兔子，跳進樹叢底下躲起來

※譯註c：布芮尼・布朗：美國知名學者、《紐約時報》暢銷書作者、TED最受歡迎講者，研究領域涉及勇氣、脆弱、羞恥心與同理心。Chandeliering 一詞，出自布芮尼著作《召喚勇氣》（天下雜誌）一書。

※譯註：貝塞爾・范德寇是精神科醫師、作家，亦是研究創傷領域的先驅。

的畫面。兔子會在那裡躲多久呢？躲到狐狸走掉，對吧？

陷在壓力循環當中的大腦會喪失判斷力，無法確定狐狸是否已經走遠，因此妳會一直待在樹叢底下。換句話說，下班回家後，妳只想邊上網看可愛貓咪影片，用洋芋片當湯匙，挖整桶的冰淇淋來吃，或是整個週末都賴在床上。當妳不想面對生活，就表示妳的壓力指數已經爆表。妳非但沒有處理壓力，也沒有解決壓力源。而妳必須妥善處理壓力，才有能力應付壓力源。

④妳的身體不太對勁。也許，妳總是覺得不太舒服。慢性疼痛纏身、傷口難以癒合、感染一再復發等等。因為，壓力不「只是壓力」，它是真實發生在妳身體裡的生物學作用，它可以實際引發妳身體裡的生物學問題，而這些問題未必能經由明確的診斷得到解答。長時間啟動壓力反應有可能導致或加重慢性疾病與傷口的情況。

艾米莉亞正在跟茱莉分享完成壓力循環的科學原理拯救了她人生（兩次）的故事。

「當時我還在念研究所。我一邊努力在做某件對我來說意義非凡的事情，一邊試著跟一個澈底失常的行政體系搏鬥。」

「我的老天爺，簡直跟我一模一樣。」茱莉說。

「壓力在我的身體裡層層堆疊，越積越多，最後終於壓垮了我。研究所讀到一半，我就因為肚子痛而住院。我的白血球數值飆得超高，可是醫師找不出原因，只能把我送回家，並要我好好『放鬆』。」

「天知道那是什麼意思。」茱莉說。

「我也搞不懂啊！我只知道我必須做點什麼。於是，我開始留意所有讓我感到有壓力的外在壓力源，並了解到，我對這些壓力源的掌控力有多小，透過自我覺察，慢慢讓自己開始學著不去在意。我很確定這救了我一命，但是這麼做還不夠。一年後，我又住院了，這次我割了盲腸，積壓在體內的壓力終於毀掉了一個器官。」

「是因為壓力的關係？」

「就是因為那該死的壓力！後來，艾蜜莉去醫院看我的時候，送我一本跟發炎有關的書。」艾米莉亞說。

「艾蜜莉在妳住院的時候送妳一本書？」

「還有一顆會唱《快樂頌》的音樂氣球，那挺不錯的。不過，那本書說明了復發性感染、慢性疼痛與氣喘等健康問題，是如何因為壓力或是被忽略的情緒而惡化，甚至是由其所引發。我出院以後看了那本書，然後莫名其妙就哭了起來，即使我心裡覺得那是胡說八道，聽起來就像是嬉皮在鬼扯蛋，可是妳知道嗎？一路以來，我背負了好多痛苦，隨著我的年紀越大，痛苦也變得越深。於是，我打電話給艾蜜莉，邊哭邊問她說：『這本書說情緒存在身體裡，這是真的嗎？』」艾米莉亞說。

「哇，天啊，這題連我都知道答案。」茱莉說。

「我要說的就是這個！如果我能學會處理壓力、完成壓力循環，相信妳也可以。每個人都行。」

「總之，我問艾蜜莉，我該怎麼解決積存在我身體裡的這些情緒、痛苦和垃圾。於是，她開了一個半小時的車來我家，給了我一本教人放鬆冥想的書。」

「很像她的作風。」茱莉說。

「所以，我開始在踩跑步機和滑步機的時候練習冥想，並留意身體的感覺。後來我第一次體會到，某些雜亂的思緒會跟特定的身體不適有關。這很不可思議，很神奇，而且很有效。我現在比我二十幾歲的時候還要健康，也更清醒與快樂。因為我了解到，我的情緒、想法與身體是環環相扣的。現在反倒是我會碎唸艾蜜莉，在她需要的時候，催她去運動、去哭一哭，或去寫小說。」

「因為那些是她完成壓力循環的方式。」茱莉下了註解。她轉動著酒杯，若有所思。

茱莉有個計畫，她打算運用兩種新策略來展開新的學年度。首先，她要區分出可受控制的壓力源和不受控制的壓力源。再來，她要練習完成壓力循環。她以一週六天為原則，每天撥出半小時做運動，或者專心陪女兒黛安娜玩耍。

這項計畫雖然有幫助，但是過沒幾個月，茱莉就遇到嚴重的阻礙。而那也是我們將要在下一章討論的主題。

好消息是，壓力不是問題。真正的問題在於解決壓力源的方法，跟處理由壓力源所引發的生理反應的方法之間，幾乎毫無關聯。所謂「過得好」，指的並不是永遠活得安全又平靜，而是能夠流暢地轉換於逆境、危險、冒險或刺激等狀態與安全、平靜的狀態之間。壓力不是壞事，身陷壓力才有害。健全代表的是，即使人未身在安全之處，也能安身立命。縱使日子不好過，也可以過得好。

這段話所要表達的真正寓意是：「**健全不是一種存在的狀態，而是一種行動的狀態。**」

這一章的宗旨，是要教導人如何處理壓力，好保持良好的狀態，面對紛至沓來的壓力源。

但是，即使學會如何處理壓力，生活肯定還是充滿著目標、阻礙、尚未履行的義務、仍未實現的願望，以及各種大大小小、苦樂參半的壓力源。

所以接下來，我們要來談談這些目標，以及幫助我們掌握目標達成進度的腦部機制。

懶人包

- 處理壓力源並不等於處理壓力本身。我們必須「完成壓力循環」，否則壓力會一步一步地壓垮我們。
- 體能活動是完成壓力循環最有效率的一種方法。即使只是跳上跳下或大哭一場都很有效。
- 情感歸屬包括六秒鐘親吻、擁抱二十秒、做愛後依偎六分鐘，以及捧腹大笑等，這些都是可以完成壓力循環的社交方式。另外，創意性自我表現，例如寫作、繪畫、唱歌，以及任何能讓人安心走出壓力情緒循環的事情，都能有助完成壓力循環。
- 「健全」指的是，自由流暢地在生而為人所會經歷到的各種狀態之間做轉換。因此，健全不是一種存在的狀態，而是一種行動的狀態。

---

1. 死於河馬攻擊的人數是獅子的五倍，每年約五百人，但是這兩種猛獸都還比不上人類。每年死於人類之手的人數多達百倍之多。Gates,〈*Deadliest Animal in the World*〉。
2. 尤其是「心率變異度」（heart rate variability, HRV），ＨＲＶ測量的是心血管系統因應壓力源變化的適應力強弱。Regarding acute stress: Castaldo, Melillo, et al., "Acute Mental Stress Assessment." And regarding chronic

stress: Verkuil, Brosschot, et al., "Prolonged Non-Metabolic Heart Rate Variability Reduction."
3. 例如：Marsland, Walsh, et al., "Effects of Acute Psychological Stress"; Valkanova, Ebmeier, and Allan, "CRP, IL-6 and Depression"; Morey, Boggero, et al., "Current Directions in Stress"; and Song, Fang, et al., "Association of Stress-Related Disorders."
4. Sapolsky, Why Zebras Don't.
5. 相似但不完全相同——大腦的活化作用會因為壓力源的性質而有所不同。舉例來說，心理社會性壓力源會比生理性壓力源更容易活化與情緒調節有關的腦部區域，而生理性壓力源則會比心理社會性壓力源更容易活化運動過程。Kogler, Müller, et al., "Psychosocial Versus Physiological Stress."
6. Sofi, Valecchi, et al., "Physical Activity"; Rosenbaum, Tiedemann, et al., "Physical Activity Interventions"; Samitz, Egger, and Zwahlen, "Do-mains of Physical Activity."
7. Epley and Schroeder, "Mistakenly Seeking Solitude."
8. Sandstrom and Dunn, "Social Interactions and Well-Being."
9. Bazzini, Stack, et al., "Effect of Reminiscing About Laughter."
10. Scott, "Why We Laugh."
11. Grewen, Anderson, et al., "Warm Partner Contact."
12. Walsh, "Human-Animal Bonds I."
13. Christian, Westgarth, et al., "Dog Ownership and Physical Activity"; Richards, Ogata, and Cheng, "Evaluation of the Dogs"; and Keat, Sub-ramaniam, et al., "Review on Benefits of Owning Companion Dogs."

14. Delle Fave, Brdar, et al., "Religion, Spirituality, and Well- Being."

15. Conner, DeYoung, and Silvia, "Everyday Creative Activity."

16. 艾米・史碧斯（Amy Speace）：詞曲創作者，曾與貝塞爾・范德寇（Bessel van der Kolk）合作。

17. 科學證明了母親們已知的事：嘆氣在神經學層面是放鬆的徵兆。Li et al., "Peptidergic Control Circuit."

| 第二章 |

#堅持不懈

不愛運動的蘇菲是位工程師，也是一名黑人女性，這樣的身分，在職場上總是會招來「特殊待遇」。她必須身兼工程師與社會正義教育家的角色，教導她所認識的白人男性，有色人種女性在科學與科技產業所受到的對待。這倒不是因為她想這麼做，科學才是唯一讓她感興趣的工作。只是由於在工作場合中，蘇菲永遠是那唯一的有色人種，也永遠是那唯一的女性，所以同事們才老愛圍著她問這一類的問題。

有一次，我們跟其他女生還有蘇菲在學期末一起吃早餐的時候，蘇菲跟我們聊起，她被分配加入「多元發展」委員會後，被吩咐去做牛做馬的情況。

「這算是一種……種族歧視嗎？還是說，那是一種性別歧視？」身為白人女性的艾蜜莉，害怕刺傷任何人的感受，語帶遲疑地問道。

「就是一些見怪不怪的鳥事，我早就已經習慣了。」蘇菲說。

艾米莉亞毫不猶豫地脫口而出：「那些人是有什麼毛病？這樣做還不夠明顯嗎？叫有色人種去負責協助白種人學習如何不成為種族主義者，只是更加凸顯白人至上主義而已。有問題的是白種人，我們應該自食其力，而不是把更多的勞力需求加諸在黑人和棕色人種身上。」

蘇菲垂著眼睛，看著她的煎蛋捲，咧嘴笑著說：「其實……我有在想，如果情況繼續這樣發展下去，那我倒不如乾脆利用這個機會來賺錢。我可以編排一系列的講座和工作坊，或是舉辦巡迴演講。反正一天到晚都有人要求我做這些事。」

「這個點子超級棒！妳覺得我們可以從科學的角度來探討這個想法有多聰明嗎？現在有很多研究都在探討，如何將挫折轉變成優勢的問題。」艾蜜莉興奮又敬佩地說。

「從科學的角度？」蘇菲重複艾蜜莉的話。「那還用說，任何事情都可以從科學的角度來討論啊！」

所以，這一章要介紹的內容，就是與扭轉劣勢有關的科學。

本書第一章講述的是壓力處理，第二章所要談論的便是壓力源的管理。這一章會說明，當努力超出能力範圍，該如何堅持下去，什麼時候又該放棄。具體來講，這一章會介紹一種大腦機制（我們稱之為「司令官」），這個機制主要負責管理**現況與目標之間的差距**。就每個人來說，現況與目標之間確切的差距雖然各不相同，影響範圍卻涵蓋各生活層面，包括家長身分、職場成就、友誼關係以及身體形象。尤其對女性而言，這個差距很快會發展成一道無法跨越的鴻溝。

在這一章裡，我們會先解釋司令官的運作模式，以及導致它偶爾「短路」的原因。接著，我們會舉交通堵塞乃至終身職等例子，來談談在每一次的挫折與失敗中，應該如何運用實證策略。

隆重歡迎「司令官」登場

嚴格來說，這個機制應該叫做「差異減少／增加回饋迴路（discrepancy-reducing/-increasing feedback loop）」或是「準則速度（criterion velocity）」。但是，每次一提到這些術語，就會讓人想打瞌睡，於是我們乾脆稱它為「司令官」。司令官其實就是負責決定要繼續努力、還是放棄的大腦機制。

司令官了解的事情包括：①妳的目標是什麼。②為了達成目標，妳所付出的努力，以及③至今為止妳所回收的斬獲。司令官會詳細記錄努力與斬獲之間的比例，並對這個比例表達強烈的意見。然而，計畫永遠趕不上變化，有些變化可以控制，有些則不能。只是，所有偏離計畫的變化都會令司令官感到挫敗[*1]。

舉例來說，請想像妳現在正準備完成一項簡單的目標：開車去購物中心。這段車程大約需要二十分鐘。倘若一路上都是綠燈，暢行無阻，想必會讓妳很開心吧？妳比司令官預想得更快、更輕鬆地達標，這種感覺好極了。事半功倍的結果讓司令官笑呵呵。

但是假設，由於某位用路人的不專心，害妳被紅燈攔了下來，妳可能會覺得有點氣惱和沮喪，並且會想在遇到下一個紅綠燈之前，趕緊超越那個冒失鬼。不過，只要碰上一次紅燈，往後每個路口也都是紅燈，每次暫停，妳內心的挫敗感便節節上升。二十分鐘過去了，妳卻還在半路。「氣惱和沮喪」擴大成為「不爽」的情緒。等妳駛上高速公路，又發現高速公路發生車禍事故，妳卡在高速公路上，看著救護車與警車來來去去，白白浪費四十分鐘，氣得火冒三丈、七竅生煙，咒罵著這輩子再也不去XX購物中心。事倍功半的結果讓司令官生氣。

但是這種情況維持得太久，會導致心理出現巨大的情緒變化。司令官會就此改變它對目標的判斷，將目標由「可達成」切換為「不可達成」狀態，並把妳推下情緒的懸崖、跌入絕望的深淵。迷失在無助感之中，妳的大腦會放棄希望，任由妳坐在車內啜泣，因為妳現在唯一想做的，就是回家，但是妳卻什麼都做不了，只能枯坐著乾等。

二〇一七年一月，諷刺性新聞網站「洋蔥網」（The Onion）上傳了一支令人感到既心疼又笑點十足的影片，並針對影片內容報導：「有越來越多女性選擇退出職場，就是為了整天趴在地上沒事幹。一份來自美國勞工部的報告指出，對大多數女性而言，在平日晚上和週末假期百般無奈地攤平不動，顯然已不足夠。」這股百般無奈與無助的心情，即是絕望的深淵。

了解司令官能為我們帶來莫大的好處，一旦明白司令官是如何發揮作用，就能利用不同的方法來管理可控制與不可控制的壓力源，由此影響大腦的運作。

處理可控制的壓力源：有計畫性地解決問題

司令官會清楚記錄付出的努力與回收的成果。當妳付出了很多，卻得不到滿意的成果，妳可以改變付出努力的方向。舉例來說，利用GPS導航來避開塞車路段，就能盡量降低交通阻塞引起的挫敗感。妳唯一要做的，就是開啟導航系統。這種方法就叫做**有計畫性地解決問題**。

如果妳是出門必備萬用醫藥箱的人，妳就知道什麼叫做有計畫性地解決問題。如果妳有列清單、寫行事曆或是照預算消費的習慣，妳就知道有計畫性地解決問題需要包含哪些部分。這個方法就如同字面上所說的：首先要分析問題，接著是根據分析結果來制定計畫，最後再去執行計畫。好消息是，女性所受的社會訓練讓我們善於依照計畫解決問題。壞消息是，面對不同的問題，我們會需要不同類型的計畫。

譬如說，假設現在所討論的情況是，在接受癌症治療的同時，兼顧全職工作、養兒育女，並且扮演好伴侶的角色。這就會牽涉到許多行程方面的安排、與藥物副作用有關的資訊和處理方式，以及如何確保家裡人人有飯吃、孩子會乖乖寫作業、每天還能正常上班上學的調配等等。或者，假設妳正在找工作，妳每天的例行公事就會包括搜尋徵才貼文、寄送履歷、參加社交網絡活動、準備面試等等。妳可以採取務實的步驟來管理妳能控制的因素，而掌控好妳所能控制的部分，可以讓其他部分變得相對較為容易解決。

在這個方法當中，最難透過直覺理解的部分，是關於如何管理由問題本身與解決方式所引起的壓力。誠如我們在第一章所學到的，有效管理壓力源的方法，很少有助於壓力管理。所以，請記得要將完成壓力循環納入妳的計畫之中。

接下來，我們要介紹處理不可控制的壓力源的有效方法。

處理不可控制的壓力源：正向再評價

請想像現在塞車又遇到了GPS故障。在這種時候，我們應該採取的策略叫做「正向再評價」（Positive Reappraisal）*2。

正向再評價是指，認同塞車是值得的。這種方法意味著，接受努力、不愉快、挫折、預料之外的阻礙、甚至是重複的失敗都有其價值。這不只是因為它們都是通往宏大目標的必經之路，更是因為妳把困難重新定義成學習與成長的機會*3。

有些人天生就懂得發覺困境之中的寶藏。這樣的人天性樂觀，會期待好事發生，並且不假思索地相信，就算發生壞事，也只是暫時性的獨立事件，不會產生長久的影響。樂觀主義與精神健康、生理健康及人際關係等方面的各種正面結果都有關聯*4。如果妳是這類型的人，只要繼續照著原來的作法就好。繼續去看見烏雲背後的一線曙光，以及暴風雨後的彩虹。

相反地，悲觀主義者不會一味地期待好結果，並會將壞事的降臨視為發生大規模問題的前兆，認為這可能會引發長遠的影響。在我們認識的人當中，就屬艾米莉亞最悲觀。這是我們採用評估悲觀與樂觀主義的調查工具，進行客觀測量後所得出的結論。除此之外，艾米莉亞也是一名樂團指揮，她受過的專業訓練教導她，她可以也應該要為每件事情負責。因此，她沒辦法接受「正向再評價」的概念。對她來說，這個概念聽起來就像是某位朋友曾經在臉書上分享的影片，影片的標題叫做「快樂的人會做的八件事」。影片的內容運用大寫英文字母（用大寫字母書寫表示強調），寫出很有心靈雞湯意味的金玉良言，例如「**表達妳的感謝**，切勿著眼於妳**想要**的，從而遺忘妳**擁有**的」，以及「**培養樂觀精神**，保持正向思考。下雨的時候，記得尋找彩虹。天黑的時候，就抬起頭看星星。」

然而，那並不是「正向再評價」所要表達的含意。**正向再評價**既不是像「往好處想」或「尋找一絲希望」或「享受過程」一樣簡單，也不是希望妳不能夠因為現況與期望之間總是存在著差距而感到氣餒，更不是要妳把耳朵摀起來說：「沒事沒事，一切都很好！」正向再評價的可貴之處在於，妳可以承認事情發展不順利，並且去接受經歷困難是很值得的。因為事實上，困難就是一種機會。

於是，艾蜜莉拿出幾份發表於近代、經過同儕審閱的科學文獻給艾米莉亞看。艾米莉亞表示，她對於正向再評價的前兩個步驟沒有意見。首先，承認事情的發展不如預期；其次，承認困難有其價值。由於悲觀主義者傾向假設每件事情都很困難、需要下苦功，因此這兩點沒什麼爭議。讓她難以接受的部分在於「承認困難其實代表著機會」。

但是，正向再評價之所以有效，正是因為困難即是機會。跟簡單的事情比起來，做吃力不討好的事情反而比較有可能讓人進步。舉幾個例子來說，跟指定讀物的字體清晰好讀的一組學生相比，指定讀物的字體醜陋、難以辨識的另一組學生，在短時間內能夠記住的閱讀內容較多，長期下來的考試分數也較高 *5。明顯嘈雜的背景噪音，可以提高創造力 *6。成員性質互不相似的團體，雖然對於問題提出的解決辦法比較沒有信心，也會覺得討論的過程較難達成共識，卻擁有較高的創新性，也能提出較佳的解決方法 *7。還有一個更直截了當的例子，透過規律的運動鍛鍊身體，能夠增強骨骼、肌肉和心血管系統。強身健體就是我們身體因應費力運動所產生的變化。

事實上，輕而易舉的事情有個明顯的缺點：面對看似簡單的工作，我們會比較有信心能夠完成任務，然而實際上，我們卻更可能失敗。面對才剛學會的事情，不成氣候的新手會對自己的能力很有信心。相比之下，貨真價實的高手深知工作的困難度，縱使表現已達專業水準，仍會切實評估自己的能力，抱持適度的自信。

運用正向再評價可以降低壓力，這並非假象。遭遇困難而努力，可以提升創造力與學習力，並增強自身的能力，讓人繼續朝著自己重視的目標前進。正向再評價甚至可以改變大腦的運作方式，它能活化背外側前額葉皮質，抑制腹內側前額葉皮質，進而抑制杏仁核，藉此降低壓力反應 *8。當然，不是每一種壓力源都對人有益。舉例來說，知道自己被拿來跟其他人做比較，很有可能降低創造力*9。不過，令人不快或氣餒的事情通常比較有助於成功。如同研究人員提到的，我們可以「化情感方面的痛苦為認知方面的收穫」*10。

改變期望：重新定義成功的意義

有計畫性地解決問題與**正向再評價**都是在邁向目標的過程中，用來改變努力方向的實證策略。這兩種方法可以讓人保有動力、持續向前，以降低挫敗感。但是，假使妳已經善用這些策略，事情的進展卻還是比預期的要困難，或更為緩慢……。那縱使成功，妳也會感到氣餒，因為妳的斬獲並不符合司令官對任務的期待。在這種情況下，妳必須調整司令官對於任務難易度或是達成速度的期望。

期望即是計畫。「二十分鐘抵達購物中心」是期望、「四年讀完大學」也是期望、「三十歲前結婚生子」更是期望。當妳因為目標進展速度緩慢或困難重重，而感到沮喪氣餒，連運用**有計畫性地解決問題**與**正向再評價**都無法減輕挫折感，妳就必須重新定義成功的意義。讓我們來教妳怎麼做。

假設妳的目標是要登上聖母峰。倘若妳在起登時，便預想要神速攻頂，那當實際狀況不如所預期，司令官就會跳腳抗議。妳可能會鎩羽而歸，開始懷疑自己的實力。畢竟，有人跟妳說過聖母峰應該不難爬，對妳來說卻難如登天，這也就代表，有問題的不是聖母峰，而是妳自己。

相反地，倘若妳在起登時，就先做好心理準備，知道這將會是妳所嘗試過最困難的事情，那麼在舉步維艱的時候，司令官就不會覺得消沉受挫，而是能認清現實：攀登聖母峰是很艱鉅的目標，自然會遭遇困難。

如果妳的目標在達成之前，必定會一再讓妳嚐到失敗與被拒絕的滋味，例如錄音、演戲、拉保險，或是拉拔青少年長大成為講理的成年人。妳就須要與成功建立一種不一般的關係，把重點放在遞增性目標。

某一年的夏天，艾米莉亞利用合唱團錄音的機會，對這項策略進行測試。

說到錄音，大家想像到的畫面可能是一群樂手聚在一起即興合奏，或是歌手戴著巨無霸耳罩式耳機，在麥克風前滿腔熱情地演唱，等好幾個小時過去後才會欣然離去。

也許有些時候確實是那樣沒錯。但在大多數時候，錄音的過程比較像是在下班途中遇到塞車，走走又停停，而妳一心只想快點到家。

錄音追求的是完美，而人類天生就不完美，所以錄音過程通常會以六小節（大約十五秒左右的音樂）為單位重復進行，每次暫停，站在錄音室玻璃後面的傢伙就會說：「大家唱得不錯！我們再錄一次。」

同樣的六小節，反復重唱二十分鐘之後，就會開始讓人覺得無聊。連唱四十分鐘之後，就會讓人無感了。這時候，站在玻璃後面的傢伙就會說：「大家唱得很好。不過聽起來稍嫌有點單調。我們試試看把這一段的風格再更凸顯出來，再錄一次好嗎？」聽到這些話，只會讓人想扯斷自己的頭髮，因為答案是「不好」，我們沒辦法再更具體凸顯出所謂的音樂風格，因為所有跟情緒特異性（以及音色特異性）有關的神經傳導物質，全部都在十五分鐘前、第二小節唱走音的時候，就已經燃燒殆盡。所以答案是辦不到。

但是我們必須辦到。這就是錄音，錄音追求的是完美，每次演唱、每個片段、每一瞬間都必須完美無暇。維持六到八小時的藝術與聲音完美性，就是我們的目標。

「現在，我們有兩種選擇。我們可以把現在感受到的這股挫折感，深埋進心裡，直到某天在別人面前情緒失控，或是透過其他方式，對我們的藝術表現和健康造成不良的影響……或者，我們可以重新定義成功的意義。」艾米莉亞對著四十位專業的合唱團成員說。

「接下來，每一次演唱的目標，就是要讓安德魯開心。」艾米莉亞提議。

安德魯就是那個站在玻璃後面的傢伙，也就是錄音師，而且還不是普通的錄音師。安德魯是榮獲葛萊美獎殊榮的錄音師，曾經與二十一世紀最有聲望的幾位表演者合作過。更加分的是，他是個害羞的金髮英國人。能夠與安德魯共事，讓每個團員都樂歪了。

四十位團員高興地接受要讓安德魯開心的提議，錄音室裡的氣氛馬上愉快了起來。

「現在感覺好多了，不是嗎？」艾米莉亞說。

以此為目標，錄音進行到第三天，在大家瀕臨精神渙散的邊緣，又還剩下一首歌要錄的時候，有位女高音問安德魯：「你覺得開心嗎？」

正在拉麥克風線的安德魯停了下來，想了一會兒，然後點頭說：「嗯，我覺得很開心。」

重新定義成功的意義明顯減輕了錄音過程的折磨。不過更棒的是，當合唱團於一年後再度聚首，有好幾名團員私底下對艾米莉亞說，「那個司令官機制，幾乎可以說是改變了我的人生。」

我們會在這一章的最後附上學習單，幫助各位腦力激盪，想出能夠持續讓司令官笑呵呵的遞增性目標。不過，這項練習的超簡短指導原則是：快速、肯定、正向、具體、明確、個人*11。

快速：目標應該不需要耐心就能達成。

肯定：目標應該要在掌控之內。

正向：目標應該要能讓人感到開心，而不只是免於痛苦。

具體：目標可以被衡量。例如問安德魯他覺得開心嗎？得到的答案就會是開心或不開心。

明確：目標不能訂得籠統，譬如「讓人開心」，而是要明確指出「讓安德魯開心」。

個人：量身打造自己的目標。如果妳在乎的不是安德魯，那就換個對象。誰才是妳在乎的人？搞不好，那個人就是妳自己。

利用遞增性目標來重新定義成功的意義，跟獎勵自己進步是不一樣的。與直覺相反的是，後者的獎勵不僅沒有效果，甚至還可能有害*12。重新定義成功時，妳所設下的目標本身即為成就，而成功即是達成目標的獎勵。

改變期望：重新定義失敗

目標看似抽象、比登天還難，或者難以捉摸的時候，我們可以選擇用不一般的標準來看待成功，藉此降低挫折感。但是有時候，當追求的目標本身夠明確也夠具體，我們便無法再對目標進行重新定義。面對這類目標，妳須要與失敗建立不一般的關係。也許竭盡所能、用盡心力，最終雖沒能如願，但也還算是小有成就。或者就像道格拉斯・亞當斯（Douglas Adams）*a 筆下的角色怪探德克（Dirk Gently）所說：「我很少順著計劃來到原先打算前往的地方，反而時常誤打誤撞去到真正該去的地方。」放開心胸去欣賞一路上偶然遇見的意外收穫。用這種方式去重新定義目標，幾乎不可能會有失敗，因為這樣的重新定義即是承認：「成功不是唯一獲勝的方式。」

我們所指的，不只是幼稚園足球隊高喊「盡力而為！」的運動員精神。回溯歷史，有許多人都是因為沒能實現原來的目標，卻在失敗的過程中，意外達成某項足以改變世界的重要成就。便利貼是某位化學家在嘗試製造強效膠水時，不幸失敗所發明出來的產物。誰能料得到，經由意外發明的超弱膠水竟然能有如此廣泛的用途。心律調節器是威爾遜・格雷特巴奇（Wilson Greatbat-

---

※譯註 a：道格拉斯・亞當斯，英國作家、廣播劇作家，代表作包括《銀河便車指南》。

ch）*b在製造心律測量儀器時，不小心將儀器原型設計錯誤而陰錯陽差誕生的發明。希拉蕊・柯林頓（Hillary Clinton）雖然與白宮寶座失之交臂，卻激發出無數女性從政的意願，使得後續參選及當選其他領導職位的美國女性人數衝破了歷史紀錄。無論是便利貼、心律調節器，抑或是美國女性的參政浪潮，都是由於某人在實現目標的過程中失敗，才造就出這樣足以改變世界的結果。

這是正向再評價最難達到的境界，就算到達這種境界，也帶不走失敗與傷痛所引起的痛苦。要從傷痛中再站起來，一部分的妳應該要用仁慈和憐憫來面對悲傷，並且完成因為失敗所引起的壓力反應循環。另一部分的妳，則應該要認同失敗所帶來意想不到的正面結果。

何時該對司令官充耳不聞

有計畫性地解決問題與正向再評價均為適應性因應策略（adaptive coping strategies），意味著這兩種方法通常都有效，導致不良後果的風險也很低。有些因應策略不見得有幫助，甚至還會主動搞破壞。這一類的適應不良性策略（maladaptive strategies）包括「自我挫敗型衝突」「遏制壓力」與「逃避現實」。我們受到壓力影響而感到失控，並且不顧一切想要重拾掌控權時，經常會採取這類策略。

與自我挫敗型衝突有關的例子像是「堅持立場、絕不退讓」。堅守立場是個重要的原則，在我們行有餘力時，可以發揮有效的作用，但不適合用在壓力大到讓人失控的時候。即使力不從心也不肯退讓的作法，不能算是英勇奮戰，反而比較像是把自己逼入背水一戰的困境。請調整策略，尋求旁人的協助。

與遏制壓力有關的例子像是認為「我不會受到壓力的影響。」然而實際上，如果某件事情對妳來說很重要，妳就是會受到壓力的影響！那件事會啟動妳的壓力反應循環。否認壓力的存在，只會阻礙妳處理壓力。我們在第一章已經說過，不處理壓力會有什麼後果。所以，如果發現自己的內心深處其實很受傷，卻還是硬裝得沒事，請調整策略，尋求旁人的協助。

逃避現實可以分為幾種不同的類型。有一種是「等待奇蹟降臨」。放棄改變應該從自身做起的責任。另一種是「怒吃轉移注意力」，利用食物自我麻痺。在壓力、憂慮、挫折、憤怒或絕望的感受令人招架不住的時候，這兩種類型都是有用的權宜之計。每個人偶爾都需要看看Netflix、配上一桶哈根達斯冰淇淋來麻醉自己。有一次，艾蜜莉在講解「完成壓力循環」的概念，以及實際去察覺自我感受的重要性時，有人提出一個問題說：「如果我現在在照顧臨終的父母，還可以這樣麻痺自己嗎？有時候，我只想什麼都不

※譯註b：威爾遜・格雷特巴奇：美國工程師與發明家先驅，擁有超過三二五項專利發明。

管，花一整天的時間看《傲慢與偏見》，這樣是不是不太好？」

請放一百個心吧。有時候，妳就是需要隔絕外在世界，允許自己舒適又安全地窩著（只要這不是生活的全部，那就沒問題）。妳可以把這個狀態想成是一種短期求生策略。除此之外，妳還需要制定計畫，並想清楚努力有什麼意義。

或許，痛苦所能引起最真切的適應不良性反應是「反芻」。就像牛會反芻，我們也會一遍又一遍地咀嚼痛苦，直到它被榨乾到一滴都不剩。假如妳發現妳的想法跟感覺會一而再、再而三地重複聚焦於痛苦的記憶，請尋求協助。

「這就是為什麼大家會放棄自我照顧。當妳為屋子裡最髒的一面牆上漆之後，只會顯得其他地方更髒而已。妳上次說：『處理壓力跟處理壓力源是兩碼子事。』我聽妳的話照做了，也鑾有用的，不過現在我正在考慮要不要離婚，這基本上也是拜妳所賜。開動吧！」茱莉一邊對艾米莉亞這麼說，一邊打開巧克力蛋糕盒，然後遞來一片厚厚的蛋糕。

「什麼？」艾米莉亞邊說邊伸手接過厚片蛋糕。

茱莉花了一個月的時間來認識她生活中的壓力源，並且完成壓力反應循環。這個過程讓她發現，她的丈夫傑瑞米就是她的其中一個慢性壓力源。

茱莉說：「我開始注意到我花了多少心思在應付他的感受，他的壓力又害我承受了多少額外的負擔。上個禮拜是黛安娜的秋季演奏會，我跟傑瑞米說：『差不多該出發了。』他就跟我抱怨：『一群小鬼頭跟難聽得要死的音樂。』我只好試著討他開心，妳知道嗎？這絕對不是我樂意花三個小時去做的事，但是我們的生活就是這樣。我跟他說：『這個機會很難得，我們可以看到女兒上台表演耶！』我希望能讓他往好處想。結果妳知道他回答我什麼嗎？他說：『妳可以要求我出席，但是妳不能逼我喜歡這種場合。』我要求他出席！我逼他喜歡這種場合！參加孩子的演奏會是家長該做的事吧！為什麼我還得去『要求』他做個好爸爸？為什麼我得討他開心？就沒有人會討我開心，我總是得自己討自己開心！我得想辦法讓自己願意做那些無趣的事。我得找方法讓自己不去抱怨我不喜歡或不想做的事情。那天晚上，我們吵了一架，然後他說：『如果妳不想做，那就不要做。不要試著討我開心。不要強迫自己往好處想。想抱怨就抱怨啊！』」

「於是，我照他說的做了。通常，我的第一直覺是：自己動手比較快，因為他從來不會做家事，像是洗碗、洗衣服、擦流理台之類的，一概不碰。但是這次，我直接開口抱怨。妳絕對猜不到後來發生了什麼事。一個禮拜之後，他說：『妳是怎樣啊？整天只會抱怨和批評！妳也太負面了吧！』他說我太負面耶！妳相信嗎？我回答他：『是你告訴我，想抱怨就抱怨。是你叫我不用在乎你的感受。既然我不用在乎你的感受，那我當然就要告訴你，只是按下洗碗機的開關並不等於你已經把廚房清乾淨了。』結果他說：『妳知道嗎，如果妳想要每件事情都順妳的意，那妳就得自己動手。』」

「所以妳才考慮離婚。」艾米莉亞問。

茱莉說：「沒錯，只有相處愉快的時刻除外，那些時刻真的讓人覺得好幸福。」她塞了幾口蛋糕，混著黑啤酒一起吞下肚，然後繼續說道：「妳知道吃角子老虎機為什麼吸引人嗎？大部分的時候，它就像個無底洞，只是讓妳白花冤枉錢，但是偶爾總有那麼一兩次，妳贏的錢會多得讓妳想繼續投錢進去。我的婚姻就是這樣。所以我放棄。我不知道我放棄了什麼，也不知道應該放棄多久，但是我選擇放棄。除了巧克力蛋糕之外，我全都放棄。」

改變本來就不容易。有時候，在情況好轉之前，會先經歷挫折。有時候，解決一個問題又會產生另一個問題。有時候，把全世界的井然有序和正面態度加起來，都不足以拯救一段婚姻。有時候，就像茱莉最終會發現的，拯救婚姻的方法，就是拯救自己。

何時該放棄

司令官在將目標從「可達成」切換為「不可達成」的判斷過程中，存在著一個樞紐點。妳可能曾經發現，自己在繼續與放棄之間搖擺不定，內心同時感受到受挫的憤怒：「我可以達成目標，礙事的混帳都給我閃一邊去！」與無助的絕望：「我做不到，我放棄，一切都完蛋了！」在這兩種狀態之間來回擺盪。

為情緒命名，能幫助我們更易於有效管理情緒*13。雖然我們認識的每個人都曾經有過這種感受，然而這種情緒似乎還沒有正式的名稱。因此，我們決定幫它取名為「精神拔河」。

妳想怎麼稱呼它都可以，我比較喜歡用淺顯易懂的字眼來形容它。工作不開心的時候，很容易讓人陷入精神拔河，像是：「我超討厭這裡，超討厭這些爛人，我不幹了！但是不行，我只能留下來，我需要錢，我得撐到找到新工作以後才能辭職，我永遠離不開這個爛地方。」課業問題也會讓人陷入精神拔河，像是：「我要好好讀完這學期，有種就放馬過來，沒有什麼能把我打倒！唉，我辦不到，我放棄，我就是廢物。」精神拔河大賽如火如荼進行中。

感情觸礁也會讓人陷入精神拔河，像是：「只要我再努力一點，一定可以挽回這段關係！已經沒救了，對方永遠不會改變，我不擅長處理情緒，也沒辦法幫助對方成為更好的人，可是，改變對方又不是我的責任！須要改變的人應該是我自己吧。」超級精神拔河連環賽。

那麼，該如何知道何時應該停止有計畫性地解決問題、把正向再評價拋到腦後，或是乾脆地放棄？

關於這個問題，科學算是有答案。這被稱為「探索／開發問題」，也就是跟「我應該探索新地域，還是應該開發我所在的地域呢？」有關的問題。野生動物對此相當在行。

請想像有隻小鳥或松鼠在一座森林裡尋找種子和堅果。到了某個時間點以後，牠找食物的時間會拉長，收穫卻會變少，因為這座森林裡大部分的食物都被牠收集完了。牠的司令官非常熟悉這片環境，因此會自動督促牠移動到下一座森林。這不是基於理性做出的認知決定，而是由於牠的直覺連結於這個世界，在察覺眼前的情況，考量更換地點的代價，包括移動的路線、遭到掠食的風險等之後，才暗示牠做的決定*14。

如果妳想試著理性地運用這個原理，妳只須要回答下列四個問題。

繼續可以獲得哪些好處？

放棄可以獲得哪些好處？

繼續必須付出哪些代價？

放棄必須付出哪些代價？

接著，請看著這四道問題與回答，根據妳認為可以獲得最多好處並付出最少代價的方式，做出決定。記得考慮到長期與短期的代價及好處。如果妳決定繼續，記得要把**完成壓力循環**納入實現目標的計畫之中。

然而，我們常常不是藉由理性、精明的成本效益分析來計算出應該放棄的時機，而是經由一種不存在理性範圍之內的寧靜直覺，讓我們知道**是時候該放棄**，就跟小鳥和松鼠一樣。我們會聽見心裡有股聲音說：「妳已經盡力了，也該接受現實了。」

決策評估表

我應該繼續＿＿＿＿＿＿＿＿＿＿＿＿＿＿＿＿＿＿＿＿

＿＿＿＿＿＿＿＿（例如工作、感情、飲食、宗教信仰、物質使用、言而無信的壞習慣……），還是應該放棄？

保持原狀	放棄現狀
立即性好處	立即性好處
長期好處	長期好處
立即性代價	立即性代價
長期代價	長期代價

只不過，人類——尤其是女人特別善於忽視這股聲音。我們生活的文化重視「自制力」「恆心」和「毅力」，讓許多人把改變目標跟「軟弱」和「失敗」畫上等號。同樣的一件事，生活在其他文化的人卻有可能從中看見勇氣、力量以及迎接全新可能性的開放心態。社會教育我們：「放棄目標等同於失敗。」我們會宣揚即使面對龐大阻力，最後仍然戰勝困難、實現非凡成就的故事。這些故事雖能鼓舞人心，卻總隱含著「我們才是命運主宰者」的涵義，彷彿我們能夠控制某座森林裡的堅果和種子數量。因此，「未能」達成目標，就意味著我們有問題。我們努力得不夠、我們沒有抱持「信念」。

我們傾向於抓緊現有的殘破事態、不願意放手尋覓新天地的現象，並不僅僅是社會學習所造成的結果。由這種傾向衍生而來的壓力（如懼怕、焦慮等）會改變我們的決策能力。改變帶來的壓力越大，我們就越不可能改變。如果松鼠聽見不遠處的樹叢間傳出聲響，牠會先靜止不動，仔細聆聽……即使什麼聲音都沒有，牠也會開始有所警覺。牠的壓力反應隨之啟動，讓牠決定留在原地尋找食物，因為樹叢裡可能躲著某種掠食性動物，使得遷移的風險變高。

假如下一座森林裡有隻老鷹正等著吃掉自己，誰還會在乎那裡有多少堅果和種子呢？

環境資源的豐富程度也會影響離開或停留的決定。實際上，在資源豐富的環境中，人們會較快選擇離開現況，迎向新的機會，因為做出改變的風險較低。手上有四份新工作可以讓妳選的時候，想換工作就容易多了。當妳可以無縫接軌地開始新戀情，應該比較能夠狠下心來斬斷孽緣。

令人難以放棄的原因不勝枚舉，我們無法告訴妳什麼才是正確的決定。但是，在了解讓人不願意放棄現況的因素之後，我們可以肯定地說：「如果妳不單單只是感到挫折與困難，而是覺得無助、孤立無援、陷入困境，讓妳想挖個地洞躲起來，或者寧願把手伸進滿是蝌蚪的馬桶裡，也不想再多花一天繼續下去，那麼無論妳面臨的是什麼樣的情況，妳都絕對該放棄。」

#她不退讓

美國麻薩諸塞州參議員伊莉莎白・華倫（Elizabeth Warren）在參議院試圖發言時，被參議院多數黨領袖密契・麥康諾（Mitch McConnell）噤聲，引起新聞關注。參議員華倫遭到麥康諾制止時，正打算朗讀一封由科麗塔・史考特・金恩（Coretta Scott King）[c]所寫的信，該信內容指涉時任參議員傑夫・塞申斯（Jeff Sessions）帶有種族主義色彩的司法紀錄。隨後，麥康諾表示：「她接受過警告，也被曉以大義，儘管如此，她還是不肯退讓。」這段發言後來成為了一段惡名昭彰的言論。

其後，朗讀該封信函不同段落的參議員湯姆・烏德爾（Tom Udall）、謝羅德・布朗（Sherrod

※譯註c：科麗塔・史考特・金恩，美國作家、行動家、民權運動領袖，為美國民權運動領袖馬丁・路德・金恩的遺孀。

Brown）、伯尼・桑德斯（Bernie Sanders）與傑夫・默克利（Jeff Merkley），卻未受到譴責[15]。

嗯……那麼，參議員華倫與烏德爾、布朗、桑德斯和默克利，有何不同之處呢？華倫跟烏德爾和布朗一樣，都是資深參議員；她跟桑德斯都來自新英格蘭地區。還是說，她是其中唯一擁有法學學位的參議員？錯，烏德爾本身也是位律師，所以這也不對。

不論麥康諾的動機為何，他的言論都提醒了廣大的女性同胞，自己長久以來也被剝奪了發言權的事實。「儘管如此，她還是不肯退讓」這句話，很快地成為號召的口令，集結起來自世界各地、總是被命令乖乖坐下、閉上嘴巴的女人們。這句口號在社群媒體與部落格貼文之間掀起了一陣旋風，包括馬拉拉・優薩福扎伊（Malala Yousafzai）[d]、羅莎・帕克斯（Rosa Parks）[e]、索尼婭・索托瑪約（Sonia Sotomayor）[f]、譚美・達克沃斯（Tammy Duckworth）[g]、拉弗恩・考克斯（Laverne Cox）[h]等人，以及曾經面臨各種逆境、最後終於擁有自己的一片天的多名女性，都紛紛標註**#她不退讓**（#shepersisted），以示響應[16]。

這項行動號召之所以能引起如此強烈的共鳴，正因為**堅持不懈**是女人天天都得面對的決定。而女人之所以能堅持不懈，常常是因為真的別無選擇。我們要養小孩，還要努力改變世界，可不能一遇到困難就兩手一攤擺爛。克服這個世界上如同密契・麥康諾一般的障礙，不僅是為了達成目標所須跨出的一步，這件事本身就是一種成功！

不過老實說，我們都曾有過覺得生活榨乾自己所有精力，或是萌生過放棄念頭。曾經試問：

「我還要再做多少才夠？我還得再犧牲多少？我還得忍受多少折磨，才能自在地活著？」

我們懂妳的感受。

女人的難處鮮少來自於缺乏毅力。我們總是堅忍不拔地站立著，凝視這個世界以及自己有待開發的可能性。在我們的想法裡面，世界可以是公平的，社會可以是安全的，房間可以是整潔的，小孩可以自動自發地穿好鞋，準備上學去！但是，在現況與這些可以實現的可能性之間，卻橫亙著一條又寬又深的鴻溝。面對這條鴻溝，女性本能的預設動作就是要用盡全力地跨過去，無論如何都要不斷嘗試，直到成功跨越它為止。

不過，這種作法不只會累垮自己，也會讓我們懷疑，能否在不賠上自己的前提之下，達成期望的目標？更會讓我們自問，是不是到了該放棄的時候？

※譯註d：馬拉拉・優薩福扎伊，巴基斯坦女性人權與受教權倡導者及行動家，於二〇一四年獲得諾貝爾和平獎，成為各項諾貝爾獎項中最年輕得主。

※譯註e：羅莎・帕克斯，美國民權運動行動家，美國國會稱之為「民權第一夫人」與「現代民權運動之母」。

※譯註f：索尼婭・索托瑪約，美國最高法院大法官，也是美國首位西班牙裔與拉丁裔大法官。

※譯註g：譚美・達克沃斯，泰裔美國人，美國陸軍退役中校，現任伊利諾州聯邦參議員。

※譯註h：拉弗恩・考克斯，美國演員、多元性別族群提倡者，也是第一位榮獲艾美獎提名的變性演員。

生活總是不完美的。在現況與願望、希望、期望或計畫之間，幾乎總是存在著差距。然而，生活品質不是依據維持完美生活的時間長短來衡量。相反地，有遠見的人，例如二十世紀和二十一世紀主要的社會正義領袖，明白存在於現實與理想之間的最大差異，也深知自己不可能親眼見證心中願景完全實現的那天。現實與完美之間存有差距並不表示異常，也不是失衡的象徵，這就是正常生活的一部分。事實上，正如妳所讀到的，在我們感覺有點氣餒、生活處處充滿新挑戰、有新技能值得學習、有未知領域值得探索的時候，司令官才會表現得生氣盎然。日常生活的品質，是根據我們能夠選擇停留或是離開的自由程度來決定。當我們擁有足夠的資源與安全感，願意鬆開雙手、尋找新機會的時候，我們才能擁有自由*17。

蘇菲打算把專長轉變為賺錢的契機，就是最實際運用有計畫性地解決問題與正向再評價的例子。這個世界是不是一口咬定妳很擅長做某件妳從來沒想過要做的事呢？如果是，不妨把它視為一種機運吧！

有色人種、女性同胞、殘障人士與其他弱勢族群，在面對巨大挫折時，依然都能堅持不懈，經常將最能帶來力量的個人成長經驗，歸功於以往遭遇過最困難的考驗。

知道自己無法見證改變來臨的那一天時，是什麼促使我們努力不懈？為什麼我們願意為了改善下個世代的生活而堅持不懈？

「超越自我的意義」就是這些問題背後的答案，而這背後的科學，就是下一章的主題。

目標並不等於生活。但是，目標卻有可能形塑與引導我們每天的生活方式。如果說，目標是我們想要實現的東西，那麼「意義」，就是促使我們去達成目標的原因。我們會傾盡全力地照顧孩子，即使有時候孩子不聽話會讓我們很想離家出走。我們會堅守令人沮喪的工作崗位，是因為我們曉得，自己正在做的事能夠改善別人的生活。縱使知道靠藝術吃飯可能吃不飽，我們還是想要繼續追求藝術，因為一旦放棄，我們就不再是真正的自己。雖然我們的目標可能與妳的不同，但每個目標都有一個共同的要旨，那就是引領我們實踐**超越自身的崇高理念**。

懶人包

- 當目標的進展比我們預期得更為費力，就會出現挫折感。
- 妳可以利用**有計畫性地解決問題**來處理可控制的壓力源、利用**正向再評價**來處理不可控制的壓力源，以此管理挫折感。
- 面對困難的過程中，存在著一個樞紐點，會讓我們在受挫的憤怒與無助的絕望之間搖擺不定。解決之道：在適當的時機選擇放棄，這個時機也許是現在，也許永遠不會來。不管是哪一種情況，做出放棄的選擇都能讓妳重新掌握主導權。

• 大腦有個內建機制，專門評估應該放棄的時間點。請用心傾聽大腦的聲音，或練習寫本章附上的學習單。有時候，這會讓選擇變得容易得多。

重新定義成功

為了應對試圖實現不可能的任務（例如「追求完美境界」）或是永無止境的目標（例如「成功」教養小孩）所引起的挫折感，就必須先重新定義「贏得」目標的意義為何。請寫下令妳感到沮喪的目標。

這個目標有哪些部分會讓司令官感到氣餒？目標是可以達成的嗎？它是否令妳感覺憂喜參半呢？它是別人出的餿主意嗎？它有哪個部分會讓妳感到無助嗎？在妳努力獲得「成功」之前，是不是會遭遇到很多令人洩氣卻又避免不了的阻礙呢？

請試著腦力激盪一下，寫出二十種以上能讓司令官滿意的「成功」定義。請多想一些不切實際的鬼主意，以及幾個真正能派得上用場的好點子。不去過濾想法，才能最有效地發揮出腦力激盪的效果！有些人覺得合作構思的效果比較好，如果妳也這麼認為，歡迎邀請朋友一起來動腦。

現在，請從妳寫下的所有想法當中，選出妳最喜歡的三種定義，並根據以下標準，來為這三種定義進行評分。

能夠取悅司令官的目標所應具備的標準：

快速：何時才能知道成功與否？目標應該不需要耐心就能達成。

肯定：妳有多少信心能成功？目標應該要在妳的掌控之內。

正向：成功可以為妳帶來哪些進步？目標應該要能讓妳感到開心，而不只是免於痛苦。

具體：目標可以被衡量。如何知道成功與否？成功必須能透過外在跡象予以確認。

明確：目標不能訂得籠統。妳應該要能清楚想像成功的光景。

個人：為什麼妳覺得這個目標很重要？它有多重要？量身打造妳的目標，讓它對妳別具意義。

	快速	肯定	正向	具體	明確	個人
1.						
2.						
3.						

重新看一遍妳認為這個目標令人沮喪的部分。現在，請選出最適合解決那些問題的「成功」新定義！

---

1. Aldao, Nolen- Hoeksema, and Schweizer, "Emotion- Regulation Strate-gies."
2. McRae, Kateri, and Mauss, "Increasing Positive Emotion."
3. Witvliet, Hofelich Mohr, et al., "Transforming or Restraining Rumina-tion."
4. 我們對於「樂觀主義」和「悲觀主義」的定義是混合了多種定義與評估方式後產生的結果。典型範例包括Sel-igman 提出的「explanatory style」，也就是一種從促發因素的永久性、普遍性與個人性等層面去理解事情為何發生的方式。Seligman，《explanatory style》。相對而言，Scheier 和 Carver 提出的生活導向量表（Life Orientation Test, LOT）則是評估人對於好事或壞事發生的一般期望。Scheierand Carver, “Optimism, Coping, and Health.”

5. Diemand-Yauman, Oppenheimer, and Vaughan,“FortuneFavors the Bold.”

6. Mehta, Zhu, and Cheema, “Is Noise Always Bad?”

7. Phillips,“How Diversity Works”; Apfelbaum, Phillips, and Richeson,“Rethinking the Baseline.”

8. 稱為「鄧寧-克魯格效應（Dunning Kruger Effect）」。Sapolsky, Behave,第2章。

9. Byron, Khazanchi, and Nazarian, “Relationship Between Stressors and Creativity.”

10. Phillips, Liljenquist, and Neale, “Is the Pain Worth the Gain?”

11. McCrea, Liberman, et al., “Construal Level and Procrastination.”

12. Cerasoli, Nicklin, and Ford, “Intrinsic Motivation and Extrinsic Incen-tives.”

13. Torre and Lieberman, “Putting Feelings into Words”; and Fan, Varamesh, et al., “Does Putting Your Emotions into Wor-ds.”

14. Adams, Watson, et al., “Neuroethology of Decision- Making.”

15. Sharp, John, “Senate Democrats Read.”

16. Withers,Rachel, “8 Women Who Were Warned; Hatch, “13 Iconic Women Who”; Higgins,”The 35 Best .Neverthe-less.’’’

17. 想更深入鑽研我們稱之為「司令官」、實際專用術語為「差異減少／增加回饋迴路與準則速度」的相關研究，可以參考：Carver and Scheier，〈Feedback Processes in the Simultaneous Regulation of Ac-tion and Effect〉。

想更了解支持行為改變的實證方法，可以參考：Miller and Rollnick，《Motivational Interviewing》。想閱讀跟「探索／開發問題」有關的生物與計算科學資料，誠摯推薦：Ejova、Navarro與Perfors，〈When to Walk Away〉；輔助性延伸資料：MacLean、Hare等人，〈Evolution of Self-Control〉。

第三章
意義

繼巧克力蛋糕崩潰事件過後不久，茱莉再次邀請艾米莉亞去她家。據她說，她須要發洩一下。

但是這次，茱莉卻一言不發，沉默地觀看英國兒童電視節目。兒童節目宛如催眠般具有鎮靜的效果。茱莉麻木地盯著螢幕，直到片尾曲響起、畫面上出現工作人員名單時，她才說：「傑瑞米已經睡沙發一個禮拜了。我不知道接下來會怎麼樣。」艾米莉亞驚訝得下巴都掉了，然而，茱莉很快地補上一句：「我不想談這件事情。」

兩人靜默地又看了一集兒童節目。十四分鐘後，幕後人員名單放送完畢，漆黑無聲的螢幕跳出一段訊息，詢問茱莉是否要繼續觀看。

「不要管我！」茱莉對著電視機大吼，並且按下繼續觀賞的按鈕。

再度看完一集具有催眠鎮靜效果的兒童節目後，茱莉說：「我有過一次食物中毒的經驗，超級悽慘。差不多就像是，坐在馬桶上抱著垃圾桶，邊拉肚子邊吐那麼慘，妳知道嗎？」

艾米莉亞微微皺眉說：「所以，這件事給妳一樣悽慘的感覺嗎？」

茱莉搖搖頭：「是悽慘一百倍的感覺。因為食物中毒還找得出原因。

妳可以接受妳食物中毒，因為妳知道那是什麼原因造成的。」

這就是意義的力量。我們可以承受得了任何痛苦，只要知道原因。

而不明所以的狀態，本身就是一種令人難以承受的折磨。

「我列了張清單。」茱莉邊說邊遞給艾米莉亞一張寫滿字的紙。

那是一張問題清單，上面寫著：這麼做值得嗎？我希望這麼做是值得的嗎？這麼做應該要是值得的嗎？如果放棄，我要怎麼對得起自己？如果放不了手，我又怎麼對得起自己？我是一個什麼樣的人？什麼是愛？什麼才重要？

「再看一集吧。」茱莉拿起遙控器對著電視機一按，五顏六色、語調呆板的卡通人物隨即現身。

「我想知道妳的答案是什麼？」艾米莉亞突然打岔。她看著那張紙，唸出上頭寫的字：

「什麼才重要？」

這個問題該如何回答，就是這一章所要探討的主題。

每位迪士尼女主角都有一首為她們量身打造的專屬「夢想」主題曲，娓娓道出這些女孩們生活中的缺憾。《海洋奇緣》女主角莫娜感受得到大海的召喚；《公主與青蛙》女主角蒂安娜為了開一家屬於自己的餐廳而拚命存錢，夢想就「近在咫尺」*a；《美女與野獸》女主角貝兒則是夢想要「到更廣闊的地方去冒險」*b。這項傳統最早可以回溯到的源頭，是唱著「有一天我的王子會出現」的白雪公主。觀察歷代迪士尼女主角詠唱的「夢想」主題曲，能帶人一窺美國女性進步的歷程。

儘管歌詞的內容是關於改變，有件事情卻永遠不會變：女主角一定會受到某件事物的感召。不過，就像大多數人不太會突如其來地引吭高歌（有些人可能是例外，譬如艾米莉亞），大部分人所過的生活既不具有史詩般的英雄色彩，亦不存在生死一瞬間的冒險旅程。大海沒有召喚我們，要我們去尋找半神人毛伊、將塔菲媞的心放回去並拯救世界。坦白說，大多數人也不會想要獲得這樣的機會。我們還有其他事情要忙，我們有工作和學業要顧、有小孩要養、有浴缸要刷、有信箱要清，更別提我們還有小說要讀、電影要看。

但是，我們就跟所有女主角一樣，當我們回應比自身更偉大的願景向我們發出的召喚；當通勤、洗衣服、撿狗大便與重複命令「功課寫完以前不准看電視！」所代表的意義，不只是日常苦差事，就能讓我們茁壯興旺。

過去三十年間，已有科學研究證實「生活的意義」可以帶給我們的好處，就如同綠葉蔬菜、運動與睡眠一樣有益。

這一章所要談論的「意義」，指的就是存在我們體內那股有助抵抗與消除倦怠感的力量。基本上，女性對於「生活的意義」的需求與男性別無二致。但是，女性在追求意義感時所遭受的阻礙，卻與男性大不相同。

意義究竟是什麼？

藝術、性高潮與生活的意義之間的共通點是：感受到它們的時候，大概都能分辨得出來。它們有別於其他事物，而且世界上沒有一個人的體驗會跟其他人完全相同[*1]。

研究人員對「意義」的看法主要分為兩大類。以馬丁・塞利格曼（Martin Seligman）[*c]為首的正向心理學，將「意義」視為提升健康人士快樂程度的主要元素之一[*2]。其他研究領域則認為，意義是遭遇疾病或創傷的人，在恢復階段所採用的因應策略[*3]。從這些不同的觀點中，可以歸納出四個共通點。

首先，這兩類看法都同意，意義不見得總是「有趣」[*4]。由促進快樂的觀點來看，「有意義」的活動指的是「希望能運用及發揮個人最好的一面」，而不是全然為了「尋找樂趣」所從事的活

※譯註a：《公主與青蛙》電影原聲帶主題曲歌名。

※譯註b：《美女與野獸》電影原聲帶《Belle（貝兒）》歌詞。

※譯註c：馬丁・塞利格曼，美國心理學家、教育家、自助類書籍作家，被譽為正向心理學之父。

動*5。從療癒創傷的角度來看，「意義」包含學習與慢性疾病「和平共處」的涵義。前者就好比透過攝取蔬菜來獲得養分；後者則像是藉由打針來取得營養，雖然會痛，但是有效。兩相比較之下，大多數人應該會寧可多吃青菜，只是有時候，打針可能是唯一的選擇。

其二，這兩種看法都同意，意義可以帶來「個人生命所能展現的正向確定性價值*6」。也就是說，在我們死去之前，如果能為世界帶來正向的貢獻，生命就有意義，無論我們是否享受過這段人生。意義就是，感受到「妳的影響可以觸及更廣泛的層面。當生命的重要性超越瑣碎的日常或片刻的浮光、當生命具有目的，或者擁有超越混亂的連貫性，生命才會讓人覺得有意義*7。」

其三，意義並非恆久不變。在生活當中，總會有某些時刻感覺上別具意義，其他時候則好像「意義不明確」。因為妳只是在幫忙跑腿、處理雜事，在做這些事情的時候，不管妳有沒有感受到自己正在實現超越自身的偉大願景，好像都沒差。有些時候，當我們在尋找意義，更容易強烈感覺到意義的空乏。也許我們走得太遠，一路上卻不曾體會到意義的存在，於是我們開始懷疑，生活到底有何意義。也許不幸的降臨，奪去了生活所有的意義，叫人只能無語問蒼天。意義，就是如此忽隱忽現。

最後，無論是支持妳成長茁壯還是作為妳的精神支柱都好，不管依照哪一種看法，意義對妳都有好處*8。意義感與生活目的感較為強烈的人，健康程度較佳，也較有可能善用預防性醫療保健服務，來維持身體健康*9。有項探討「生活目的」與健康關係的統合分析發現，生活目的感較強，與總死亡率的風險降低百分之十七有關*10。此外，我們可以透過積極干預的方式，來獲得這些由意義附帶而來的好處。接受以意義為中心的心理治療，有助於提升整體幸福感，建立關係與希望，降低心理壓力，以及改善身體健康*11。即使是針對晚期或末期患者，採取增進生活意義的介入手段，也能改善患者的憂鬱症、焦慮症、痛苦不安及整體的生活品質*12。

簡而言之，「意義」是一種滋養人心的感受，能讓人感覺到自己與超越自身的崇高理念有所連結。生活一帆風順的時候，意義能幫助我們茁壯成長；生活寸步難行的時候，意義能支持我們度過難關。

那麼，意義是從何而來？

意義由妳來創造

常聽到有人說，意義須要由自己來「找尋」或「發現」，就某些人而言，或許真是如此。意義的降臨就像是突然接收到來自上天的啟示，或是歷經多年耕耘以後，總算獲得的寶物。但是其實，意義鮮少是在漫長艱辛的旅程終點，等待我們發現的東西。對大多數人來說，不論最後得到什麼，意義都是支撐我們走完全程的支柱。我們不必尋找意義，而是要創造意義*13。

創造意義的方法，就是去實踐**超越自身的崇高理念***14。

這個「崇高的理念」，例如信仰的神祇，或是對未來的夢想，就是意義來源。不過，光是擁有崇高的理念還不夠，就像買了綠色蔬菜卻不吃，是沒辦法獲得養分的。理想與蔬菜的相同之處在於，這兩者也許不是最能引起人們興趣，卻是最能滋養身心的選項。跟蔬菜不同的地方是，實踐崇高的理念會讓人有種使命感，如同迪士尼女主角受到冒險旅程、開餐廳的美夢或是浩瀚海洋的召喚時所受到的感召。

研究發現，意義最有可能來自以下三種來源*15：

①追求與實現能夠造福後世的宏大目標。例如「找出人類免疫缺乏病毒（HIV）的解藥」或「讓未來的孩子有更好的生活環境」。

②服侍上蒼或其他靈性召喚。例如「達到靈性解放及永恆合一」或「透過我的言語、思想和行為來榮耀上帝」。

③建立充滿關愛、親密的連結。例如「讓我的孩子知道，無論如何我都愛他們」或「用真誠與仁慈的態度，愛護與支持我的伴侶」。

許多人的意義來源會同時涵蓋以上三者，如果妳心目中的崇高理念不屬於以上三種類型，那倒也挺酷的。就妳個人的幸福而言，沒有所謂對或錯的意義來源，只要是能讓妳感覺到「對生活有正面影響力」的事物，就是妳的意義來源*16。

妳的崇高理念是什麼

有的人很了解自己心目中的崇高理念，有的人可能要花上好幾年的時間，才找得到答案。艾米莉亞屬於前者，即使她之前未必知道自己心中早有答案。從十二歲開始，艾米莉亞就夢想成為一名合唱團指揮，而她真的做到了。現在的她，擁有三個合唱團指揮學位，以及令人欽佩的表演資歷。相形之下，艾蜜莉一路跌跌撞撞地完成學業、進入職場、再重返校園，直到她細細回首來時路，才終於有所領悟。這可是比艾米莉亞晚了將近二十年。艾蜜莉的崇高理念是「教育女性活出內在的自信與喜悅」，艾米莉亞的崇高理念則是「藝術」。這個世界的需求沒有停止的一天，因此，我們可以透過許多不同的方式來貢獻一己之力。但是，我們兩人各自選擇的崇高理念能讓我們感覺到，自己正在為世界帶來正面的影響，而這也就是我們創造意義的方式。

透過我們兩人探尋生活意義來源的經驗，或許可以說明，每個人尋找自身生命意義的過程，都是不可預測的。不過，有個共通的思路是，如果停下來仔細聽，就能聽見自己內心的聲音。

聽見了嗎？從妳胸腔中央傳來的穩定節奏？

或者，那是從小腹傳來的緩慢脈動，又或者，是從頭上的智慧光環發出來的聲響。請先暫停一分鐘。說真的，先別往下讀，或者設個計時器，只管仔細傾聽。問問妳自己，當我非常確定現在正在做自己想做的事情，我正在做什麼？

影星陶樂瑞絲・哈特（Dolores Hart）的天賦，就是能夠利用她所謂的「心耳」，去聆聽自己內心的聲音。一九六四年，陶樂瑞絲主演了多部賣座電影，與貓王扮演銀幕情侶，還在休假參觀康乃狄克州伯利恆鎮芮姬娜勞迪斯修道院（Abbey of Regina Laudis）的期間，參與演出一部百老匯戲劇。芳齡二十四歲的她，是眾人眼裡的明日之星，這個世界最看重的一切，包括美貌、事業成就、名望、財富以及英俊的未婚夫，她樣樣都不缺。但是她卻一直覺得有哪裡不對勁，好像缺少了什麼。

從陶樂瑞絲踏入修道院的那一刻起，她的心裡就湧出一股歸屬感。不久後，她便許下誓言，要終身為神服務。她是這麼說的：

> 就某種意義上而言，在我來到芮姬娜勞迪斯修道院之前，我不曾真正覺得自己活得像個人。留在這裡不是一種妥協，事實上，這才是我的人生所要面臨的真正挑戰……我並不是藉著與現實隔絕來逃避我的責任。我相信，如果全人類最終將能獲得真正的救贖，那必定是要從個人的層面做起*17。

陶樂瑞絲之所以進入修道院，並不是因為天主教教義能為她提供一系列她想得到的答案。即使身為羅馬天主教修道院的一員，她仍表示：「我不輕易信服宗教給的答案，我的方法是，一步一步找出自己的答案。」

如果妳還在努力釐清心目中的崇高理念，根據研究顯示，有幾種方法可以幫得上忙。

- 嘗試用孫輩或是學生的眼光，來為自己寫一篇訃聞或「故人閱歷」。
- 請妳最親近的朋友描述「真實的妳」是什麼樣子？有哪些個性上的特點與人生故事成就了最好的妳？
- 想像妳關心的某人正在經歷人生中黑暗的時刻——對方正在承受重大的傷痛，同時感到無助且孤立無援（這兩種感覺是會最快速把意義消磨殆盡的情緒）。請拿出妳最好的一面，寫一封信支持對方度過這段低潮期。然後，把信重讀一遍，送給妳自己[18]。
- 最後，回想過去曾經感受到強烈的意義感、目的感、串連感或是相似感受的時刻。妳當時正在做什麼？是什麼讓妳產生了意義感？

以上這些方法，可以幫助妳分辨內心真正想要向妳傳達的崇高理念，以及妨礙妳找到答案的阻礙。也就是所謂的人類付出者症候群。

人類付出者症候群

在本書的前言部分，我們引述過哲學家凱特・曼恩提過的「人類付出者」與「人類同胞」二詞，這些用詞背後的文化符碼意味著，人類同胞有發展其完整人性的道德義務，人類付出者則有必須為了人類同胞，心甘情願付出完整自我的道德義務。與這些道德信念有關的行為模式，被我們賦予了一個名字，即為「人類付出者症候群」。

我們喜歡把人類付出者症候群比喻成病毒，這種病毒唯一的目的就是要延續自己的存在。妳一出生就感染了這種病毒，從吸進的第一口氣開始，它就進到了妳的肚子裡。就如同狂犬病病毒會讓狗變得有攻擊性、牛海綿狀腦病（狂牛病）會讓牛隻「瘋狂」一樣，人類付出者症候群也會改變人類的行為，以求自我延續。即使這麼做會置宿主（也就是我們）於死地，也在所不惜。

妳是否也罹患了人類付出者症候群呢？請檢視以下症狀描述：

- 妳是否相信，妳有道德義務——亦即，有必要為了伴侶、家人、世界、甚至是妳自己保持漂亮、快樂、沉靜、敦厚，並且體貼他人的需求？
- 妳是否相信，沒能保持漂亮、快樂、沉靜、敦厚與體貼，就代表妳做人失敗？
- 妳是否相信，做人「失敗」就表示妳應該接受懲罰，甚至到了必須自我撻伐的地步？
- 妳是否相信，上述幾點都不是症狀，而是正常且正確的想法？

想當然耳，最後一項症狀就是問題的核心癥結點。這種「病毒」的感染力之所以能如此強大，關鍵就在於其症狀會自我掩蓋。病毒在妳察覺不到它的存在時，便已開始自我延續。也就是說，我們身邊的人也都受到了「感染」，而這些感染者對待自己、對待我們與對待其他人的方式，就好像人類付出者症候群只是再正常不過的人類行為，因此強化了我們認為它完全不是疾病，只是健康、正常的生活方式的觀念。

如果妳成長的文化背景有受到人類付出者症候群的影響，妳所受的教育就會要妳把「保持漂亮、快樂、沉靜、敦厚，並且體貼他人的需求」視為第一優先，勝過其他一切。也許妳還是可以追求個人（讀作自私）的崇高理念，但前提是，妳必須先澈底滿足他人的需求，並且在追求理想的同時，繼續保持漂亮的外表與沉靜的態度。

從表面上來看，人類付出者症候群似乎支持我們去追求某種類型的崇高理念，例如服務奉獻。因為服務本來就是人類付出者份內的工作，只不過，服務精神也是定義歷史偉人的特點之一。奧德瑞・洛德（Audre Lorde）*d 說：「當我敢掌握權力、敢運用力量來實現我的願景，我的內心是否感到害怕，就變得越來越不重要了*19。」

馬拉拉・優薩福扎伊說：「我會提高音量說話，不是為了大聲叫喊，而是為了讓無權發聲的人有機會被聽見。」

※譯註 d：奧德瑞・洛德，美國作家、詩人、女性主義者、民權運動家。

雪莉・奇瑟姆（Shirley Chisholm）[*e]說：「為他人服務是生活在地球上理當支付的房租。」

希拉蕊・柯林頓說：「在你做得到的時候，請用你所能做到的各種方式，為了你在乎的人們，盡你所能地做善事[*20]。」

然而，以上每一位女性「服務奉獻」的方式，都與她們身為人類付出者的角色相違背。而妳要是敢，例如忽視他人的需求，或是在滿足他人需求的同時，無法繼續保持漂亮的外表與沉靜的態度，或者膽敢索求「理應」屬於人類同胞，而不屬於人類付出者的權力，這個世界就會把妳打倒在地。

他們會說：「妳現在是怎樣？」「給我照規矩來。」

這是在這本書餘下章節中會一再重複提到的話題：管好妳自己、乖乖聽話，否則……。

人類付出者症候群極端地強調，女性認為自己是打擊壞蛋女主角的想法是大錯特錯。付出者沒有需求，因此不需要為任何事物而戰。建構出「英雄的旅程」概念架構的喬瑟夫・坎伯（Joseph Campbell）[*f]本人，在被詢問到對「女英雄的旅程」有何看法時，言簡意賅地表示：「女人不須要踏上旅程。在原始的神話旅程中，女人始終都在。而她唯一須要做的，就是明白她是讓人們努力想要到達的終點[*21]。」

女人是個「終點」，只有男人才是能夠打敗壞人的「旅人」。而對女人來說，比自己更偉大的崇高理念，就是男人。

請把這句話告訴馬拉拉，很多人肯定都說過了。請把這句話告訴在伊拉克戰爭期間失去雙腿，後來成為美國國會中第一位身障女性，以及少數亞裔美國籍女性參議員的譚美・達克沃斯。請把這句話告訴多娜・布朗（Tona Brown），她是第一位在卡內基音樂廳（Carnegie Hall）表演的有色人種跨性別女性。請把這句話告訴艾倫・奧喬亞（Ellen Ochoa），她是第一位登上外太空的拉丁美洲裔女性，也是前美國詹森太空中心（Johnson Space Center）指揮官*g。請把這句話，告訴每一個做過枯燥乏味的廠房作業、每週花八十小時幫別人打掃房子、在脫衣舞俱樂部當脫衣舞孃的女性，請拿這句話，去對這些賺錢是為了付帳單、開暖氣以防孩子晚上睡覺受寒，或是有能力讓小孩受教育、將來出人頭地的女性說。

對她說：「妳是有什麼問題？給我照規矩來。妳哪裡都不用去，只要好好當個能讓男人滿足

※譯註e：雪莉・奇瑟姆，美國政治家、教育家、作家，美國史上首位非裔女性國會議員，也是美國史上首位競選總統候選人提名的女性與非裔美國人。

※譯註f：喬瑟夫・坎伯，美國作家、比較神話學教授，《千面英雄》（*The Hero with a Thousand Faces*）為其代表巨作。

※譯註g：艾倫・奧喬亞曾於二〇一三年一月至二〇一八年五月擔任詹森太空中心第十一任指揮官。

的溫柔鄉就行了。」

我們總是這樣告訴其他女人，也這樣告訴自己。在某種程度上，羅患人類付出者症候群就是被說服相信，每個人都應該跟著我們一起受苦。所以，當我們看見某人貌似根本沒在為此努力，我們會覺得義憤填膺。當我們看見女人沒管理好自己的外貌或情緒，而讓他人感到不舒服，當我們看見女人只顧著花時間、金錢和努力來讓自己更幸福，而不是讓別人更幸福，我們會喃喃自語：「她現在是怎樣？如果我得乖乖聽話，那她也一樣啊！她必須要照規矩來。」我們會罵這些任性的女人「身材臃腫」「蠻橫無理」「自以為是」，彷彿她們犯下了天大的錯誤。

就某種意義來說，人類付出者症候群就是在我們人生故事裡出現的第一個壞蛋。它想讓妳漠視妳心目中的崇高理念，因為妳應該要為**人類同胞**奉獻出妳所有的資源。但是，如果我們整天忙著維持**他**人秩序、阻撓**他**人擊敗她生命中的壞蛋，那我們又怎麼能逃脫或是打敗自己生命中的大魔王呢？

好消息是，在妳實踐比自身更偉大的願景，進而創造生活的意義時，妳就已經開始在治療自己與旁人所染上的人類付出者症候群了。

創造意義，治癒人類付出者症候群

以前，人類付出者症候群總是告訴女性，她們的去處（唯一的安身之道）就是進入家庭（這個觀念至今仍然存在）。貝蒂・傅瑞丹（Betty Friedan）*h用文字記錄了一九五〇年和一九六〇年代的社會，是如何運用付出來作為操縱家庭主婦的武器，當時的社會風氣堅持主張持家才是（唯一）能夠成就女性角色的崇高理念，以此強迫女人離開她們在第二次世界大戰期間得以棲身的職場。一如貝蒂・傅瑞丹令人印象深刻的敘述，要是「在廚房的地板打蠟達到性高潮*22」，那只是女人自己的錯，跟任何人都沒關係。而倘若持家主內會讓女人覺得心有不甘或大志未竟，那就意味著她們是失格的女人。在傅瑞丹陳述出這個「沒有名字的問題」之前，估計已有數百萬名女性默默地忍過了一生。

第二波女權主義運動開創出一股新勢力，讓女性能夠竭力爭取不同的權益，或是更為廣泛的權利，而不會被逼問：「妳現在是怎樣？」它為女性開啟嶄新的可能性，而它所推動的個人生活的改變、政治行動與文化變遷，最終也反過來扭轉了文化本身。

這場運動遭受強烈的反彈（反對聲浪永遠都在）。人類付出者症候群會嚴懲那些企圖矯治它的人，因此有許多人都因為抗爭或反叛而付出了代價。但是，這些犧牲所換來的長遠結果，會是一個日益公平的世界。

※譯註h：貝蒂・傅瑞丹，美國新聞記者、作家、行動家、女性主義者，為一九六〇至一九七〇年代的婦權運動先驅，也是美國全國婦女組織（National Organization for Women）聯合創辦人。

人類付出者症候群會阻止妳追求意義。而妳的任務就是不要停下來，繼續實踐妳心中偉大的崇高理念，善用**有計畫性地解決問題**，持續完成壓力循環。#堅持不懈。

但是，不用想也知道，事情才沒那麼簡單。

蘇菲運用了很多種不同的方法來實踐她的崇高理念，也就是「全民科學」。她的工作自然是方法之一。除此之外，她也為有興趣從事STEM相關工作的年輕女性提供指導*i，並且提供諮詢服務及舉辦演講，想讓STEM領域變得更加歡迎有色人種女性的加入。蘇菲對待工作非常認真，天天忍受在不友善的環境下工作好幾個小時，但是她真的帶來了改變。到目前為止，已有好幾百人可以跟妳分享，蘇菲是如何改善他們的人生。

蘇菲對於《星際迷航記》（*Star Trek*）的愛好，大概是她最具玩心的意義來源。在她小時候，蘇菲看著電視上出現的通訊官烏胡拉，就知道她不只是個黑人女孩，她也可以成為科學家和探險家，並且受到他人認真的對待。因為她看見了這一切的可能性，於是她相信，沒有任何事能夠阻止她達成目標。再看看她現在，她果真當上了工程師。

蘇菲是個如假包換的鐵粉，她甚至擁有一套烏胡拉造型服裝。不是柔伊·莎達娜（Zoe Saldana）飾演烏胡拉時的新裝扮，也不是一九七九年《星艦迷航記》的米色連身褲，而是妮雪兒·尼柯斯（Nichelle Nichols）在第三季影集裡穿的大圓領、九分袖、機械紅的連身迷你裙。蘇菲會穿這身造型去參加《星際迷航記》的影迷活動，跟其他粉絲一起沉浸在一個所有人都可以成為工程師或探險家的樂觀主義未來裡。對她來說，角色扮演的意義就是練習在那個樂觀的未來中生活。

不管怎麼樣，那個未來都已經存在，至少存在於蘇菲的心中。腳踩尖頭中筒靴、頭戴蓬鬆的假髮，蘇菲活脫脫就是個身高一百九十五公分的《星際迷航記》理想型人物——也是馬丁・路德・金恩（Martin Luther King, Jr.）博士在說服妮雪兒・尼柯斯繼續飾演通訊官烏胡拉時，所分享的願景*23。尼柯斯回憶道：「這是第一次，我們呈現在世人眼中的模樣，正是我們所該呈現的樣子。金恩說道：『妳能了解，這是內人和我唯一會允許孩子熬夜觀賞的一部戲嗎？』」

想要改善所有科學家受到的待遇，不是只能靠耐著性子解釋何謂特權，以及說明女性和有色人種被「無意間」排除在外的情況。偶爾試試亮紅色迷你裙與貓眼妝，也是個不錯的辦法。當蘇菲在影迷活動會場下車、把鑰匙交給泊車人員，在場所有人都轉過頭來，朝她報以羨慕的眼光。而當大家發現，蘇菲真實的職業是位名副其實的工程師，這往往徹底顛覆了人

※譯註i：STEM是首字母縮略字，代表科學（Science）、科技（Technology）、工程（Engineering）與數學（Mathematics）。

們的想像。

烏胡拉的名字叫做妮歐塔，在斯瓦希里語（Swahili）中代表的意思是「星星」。而那也是我們渴望尋求的目標。

為不幸創造意義

生活安穩無虞時，我們不需要有多少意義感就能過得很好。我們能夠規律地實踐崇高的理念，頭腦也會代謝這些經驗，不斷讓我們覺得世界有其道理，生命有其目的。

但是，日子總不免崎嶇難行。當飛機突然遇到亂流，人們會抓緊座椅的扶手，彷彿穩住座椅就能讓飛機恢復平穩似的。用不著說，妳也知道這樣沒用，但是妳的手卻不知道。妳的手會去抓住任何能被它搆到的東西，而光是抓緊這個動作，就能降低亂流帶來的恐慌。

當生活面臨湍流，例如失業的不確定性、與死神擦身而過、感覺工作對世界毫無貢獻或者缺乏歸屬感，大腦就會緊緊抓住我們心中的崇高理念，彷彿這樣就能防止生活或是這個世界變得天翻地覆。而這麼做真的有效*24。它能幫助我們在越過紊流、恢復穩定之前，忍耐過動盪、死亡、無助或孤獨。

不過有時候，當亂流持續得太久或是當飛機真的失事，儘管倖存下來，妳卻像是被遺留在

「存在的真空狀態」裡，找不到任何意義*25。不幸的發生，會讓我們覺得自己像是被困住一樣，認為我們所做的一切都不會帶來任何改變。在這種危機時刻，我們得先修好飛機，才能再次踏上旅程。而這會須要我們用仁慈與憐憫的態度，去面對內心裡各種難熬的情緒。

每位迪士尼公主的「夢想」故事都有一段情節，描述女主角在遇到危機時，必須先停下來花時間整理自己的內心。莫娜必須修復她的小船、白雪公主需要的是長眠與真愛之吻、蒂安娜被變成青蛙以後，只得暫時停止追求夢想。不過，為了變回人類而了解得「再深入一點」*j，不只讓她距離夢想更進一步，也讓她變成了公主。假使，我們能夠以憐憫的態度來看待自己的心靈、精神、身體與社會所受的創傷，那麼，走出逆境的療傷過程便能增進生活的意義感，讓我們不僅僅是克服難關，而是得以成長蛻變。

有項涵蓋三千名以上，曾經歷創傷的美國退役軍人研究發現，相較於未罹患創傷後壓力症候群（PTSD）的受試者，曾出現PTSD症狀者比較有可能經歷創傷後成長。創傷後成長包括更進一步認識個人長處（「比自己以為得還要堅強」和「更清楚自己有能力應付困難」），以及更深刻的感激生命（「更懂得欣賞自身生命的價值*26」）。

這些人是怎麼做到的？面對不幸事件的發生、當不幸事故讓人無法秉持內心的崇高理念，要

※譯註 j：《公主與青蛙》電影原聲帶歌名。

怎麼繼續實踐心目中的偉大願景呢？

答案是：「妳永遠不可能放棄妳所認定的崇高理念，因為它就存在妳心裡。」

起源故事

想把不幸的遭遇轉變成始料未及的機會，藉此實踐心目中的崇高理念並創造意義嗎？請重新改寫關於妳個人經驗的描述，把重點放在妳從逆境中學到的教訓與獲得的力量*27。我們把這段描述稱為妳的「起源故事」，就像蝙蝠俠是因為經歷雙親逝世的悲劇，才成為超級英雄，神力女超人則是來自與世隔絕的天堂島。

請花半個小時寫下妳的故事，並回答以下問題：

①在妳所面臨的逆境中，有哪些部分是妳無法控制的？（例如，其他人以及他們的選擇、文化規範、當時的生活情況、妳的年齡與過去的經驗、天氣等等。）

②那個時候的妳，是怎麼熬過來的？（提示：我們很確定妳成功戰勝了逆境，因為此刻的妳，正在看著這本書。）

③克服逆境之後，妳運用了哪些資源來協助妳繼續生存？請具體說明。（答案可能包括實用性資源，例如金錢或資訊、社會性資源，或是朋友以及妳尋求幫助與接受幫助

的能力。抑或是妳的社會影響力。或情緒性資源，例如毅力、自我安慰和樂觀主義。）

寫完之後，請再花一點時間，稍加描寫上述資源曾經讓妳有能力克服後續遇到的難題的事情始末。

最後下個總結：

雖然我沒辦法控制＿＿＿＿＿（逆境），我還是努力做到了＿＿＿＿＿（生存策略），並且利用＿＿＿＿＿（資源）來讓自己變得更堅強。經過這件事以後，我學到了＿＿＿＿＿（技能／戰利品／見識）。

練習寫起源故事甚至還能引導妳找到自己心目中的崇高理念，因為書寫的過程會幫助妳注意到過去的妳賴以維生的經驗*28。意義不是由妳經歷的不幸所創造，創造意義的，是妳生存下來的方式。

撰寫起源故事的過程可能會讓人覺得不太好受，不過這正是這項練習之所以有效的另一個原因：它讓妳的身體練習去感受從前有過的傷痛，學習去了解這些感覺並不危險，並且完成多年前早已啟動、至今仍未完成的壓力反應循環*29。而這一切，都要仰賴於妳是否願意回首過去、願意承受不安的情緒，重拾起妳以為只具有負面意義的回憶，並且願意學著用不批判、好奇、甚至是憐憫的眼光來看待它。

崇高理念存在妳心裡

莫娜心中的崇高理念是大海，她可以感受到海洋的召喚。她告訴毛伊自己是被海洋選中的人時，幾乎沒有人同意她說的話。莫娜的家人希望她乖乖待在家，繼承島上的酋長地位。毛伊則是很懷疑，大海怎麼會選中一個不會開船的「捲髮平凡女孩」呢？後來，可怕的事情發生了，莫娜因此墜入絕望的深淵。她甚至還要海洋「去找別人」。

所幸，人稱「村裡的瘋老太婆」*k始終相信莫娜的祖母顯靈，叮嚀莫娜要相信自己。而當莫娜認真思考，是什麼帶領自己走到這個重要關頭，她才領悟：「原來我所聽見的呼喚從來不是外在的聲音，而是源自我的心！」

莫娜之所以是那「萬中選一」，並不是因為外在世界選擇了她，而是她的內心在召喚著她，所以，是她在毫不知情的情況下，選擇了自己。

在毛利語中，「莫娜」的意思就是「海洋」。迪士尼公司美好如實地傳達了這個故事。

任何令妳受到感召的事物，不管是海洋、藝術、家庭或民主，都不在遠方，而是在妳心裡。如同這本書所描述的循環與節律，這股崇高的理念會時有時無、忽快忽慢又時起時落，猶如存在於妳體內的潮汐。但是，無論受到何種力量的阻撓，不論受到人類付出者症候群或是天災人禍的擾亂，也沒有任何東西能夠阻擋妳實踐心中的偉大願景。

妳心中的崇高理念，就活在自己的體內。也許身旁的每個人都持反對意見，也許妳的家人想要把妳綁在家裡（或是把妳踢出門），也許連司令官都對妳嗤之以鼻，只有村裡的瘋老太婆願意認同妳。儘管如此，在人類付出者症候群發出的喧囂之外、在忍受過暴力與不公平的對待之後，妳還是聽得見召喚的聲音。妳知道，「那是來自妳心裡的聲音。」

茱莉望著電視機深吸了口氣，在心裡衡量著問題的答案。她說：「我的女兒最重要。」悲傷的液體開始一滴滴墜落。「黛安娜才是最重要的。教書對我而言很重要，妳懂的，真的很重要，但是就算不能教書，就算我什麼都沒有，只要我有黛安娜，那一切都無所謂。」茱莉哭了好一陣子，哭到答案漸漸不再讓她那麼難過。

這樣就夠了。這一刻的反思，足夠支持她在人生最低潮的日子裡，再多向前跨出幾步。

「我只是須要他多幫我一點忙！我們老是為了同樣的事情吵架，我講的話他都聽不進去，一點改變都沒有。我真的受不了，已經無計可施了，也沒辦法再忍耐了。如果每件事情都要我來做，我還得在乎他的感受、在乎這個家、在乎一切，那我會累死。如果我什麼都不

※譯註k：《海洋奇緣》電影原聲帶歌名。

做，我就得承受他的臭脾氣，還有一切都擺爛的爛狀況，我累了。當他生我的氣、氣沖沖地走下樓，我甚至連想抓狂的力氣都沒有，妳知道嗎？我累到連想吼都吼不出來。」

茱莉還沒有體會到她需要達到的境界——會讓她想好好維護自己幸福的境界。她需要更一針見血的當頭棒喝，強迫她轉念為更寬廣、更長遠的幸福著想。但是有時候，日子過得去，也還擁有繼續努力的理由，那也就夠了。

二戰期間，某位躲避納粹攻擊的不知名猶太人士，在某個地窖的牆上，草草地留下字跡*30：

我相信太陽，縱使日不見光。
我相信愛，縱使它好似不存在。
我相信上帝，縱使祂沉默不語。

這首詩不是用來闡述納粹大屠殺可能具有的「意義」。對受害者和倖存者來說，種族屠殺怎麼可能會有任何「意義」？這首詩所表達的是，人可以憑藉什麼，來度過如此駭人的黑暗時刻。我們會因為壓迫、流亡或絕望等原因，而無法「堅信」自己的信念。但是，創造意義能支撐我們挺過比想像更可怕的惡劣情勢。

當妳實踐內心想望的崇高理念，並與世界建立連結，妳就是在創造「生活的意義」。要做到這一點並不難，卻很重要，因為我們在順心如意時所創造的「生活的意義」，在未來不論碰到什麼樣的逆境，都會成為支持我們的基石。不管發生什麼事，藉著傾聽內心平靜的聲音，相信世界有道理可循，我們就能堅持下去。

這個世界充滿逆境，那會是接下來兩章所要探討的主題。不過，我們希望妳在面對逆境時，能清楚知道自己天生便握有能與之抗衡的武器及能力。妳已經學到壓力反應，知道該如何完成壓力循環。妳已經了解司令官、有計畫性地解決問題與正向再評價。妳也已經釐清妳心目中的崇高理念，認識這些能幫助妳擺脫逆境，並在事過境遷之後療癒妳的身心。

那麼，差不多該來到故事主角捨下內在經驗的庇護，挺身正視敵人面目的時候了。劇情即將急轉直下。不過，妳已經準備好迎接黑暗面了。

懶人包

- 「生活的意義」對妳有好處。實踐超越自身的崇高理念。例如完成宏偉的目標、服侍上蒼或是建立相親相愛的關係，就是創造意義的方法。

- 生活一帆風順時，意義可以增進幸福感；生活寸步難行時，意義可以拯救妳的人生。
- 人類付出者症候群是個人與文化信念及行為的綜合體，它堅決主張某些人類「生活的意義」僅僅來自於保持漂亮、快樂、沉靜、敦厚，並體貼他人的需求。
- 壓力反應循環、司令官和意義都是能夠伴妳同行、在妳與真正的敵人交戰時隨侍在側的資源。

---

1. 一項關於科學家與臨床醫師用來評估「生活的意義」之各項調查工具，及問卷的研究回顧總結認為，意義是「人對於自身生命及其所從事活動所具備的價值與重要性，所形成的高度個人化觀念、認知或信念」。Brandstätter, Baumann, et al., “Systematic Review of Meaning.”
2. Seligman, Learned Optimism.
3. Russo- Netzer,Schulenberg,andBatthyany,“ClinicalPerspectiveson Meaning.”在一份涵蓋個人自精神疾病康復之相關研究的系統性回顧中，有三分之二的研究發現，「生活的意義」是促進康復的顯著因素。其他重要因素：連結感（connectedness）、希望（hope）、身分認同（identity）、意義（meaning）與賦權（empowerment），縮寫為 CHIME。Leamy, Bird, et al., “Conceptual Framework for Personal Recovery.”
4. Metz, Thaddeus, “The Meaning of Life.”
5. Ryan and Deci, “On Happiness and Human Potential.”
6. Metz, Thaddeus, “The Meaning of Life.”

7. King, Hicks, et al., “Positive Affect and the Experience.”
8. Steger, “Experiencing Meaning in Life.”
9. Roepke, Jayawickreme, and Riffle, “Meaning and Health”; Czekierda, Gancarczyk, and Luszczynska, “Associations Between Meaning in Life”; Kim, Strecher, and Ryff, “Purpose in Life and Use.”
10. Roepke, Jayawickreme, and Riffle, “Meaning and Health.”
11. Vos, “Working with Meaning in Life.”
12. Guerrero- Torrelles, Monforte- Royo, et al., “Understanding Meaning in Life Interventions.”
13. Park, “Meaning Making Model.”
14. 「意義是了解你的最強項——並且將其用於服務你所深信的崇高理念」。〈生命的意義，幸福五要素PERMA中的M〉，“Meaning of Life,” Positive Psychology Foundation.
15. 這些是濃縮自個人意義概述（Personal Meaning Profile）的七大意義要素——關係、親密度、宗教、成就、自我超越、自我接納與公平待遇，以及意義創造模型的自尊、從屬關係、確定性與象徵性不朽。Heine, Proulx, and Vohs, “Meaning Maintenance Model.”
16. 從對世界造成的影響來看，崇高理念當然有好也有壞。舉個最簡單的例子，殘殺數百萬條人命的納粹黨人的生命也有許多意義。然而，善惡的本質不在本書所要探討的範疇之內。如果不確定心中的崇高理念是好還是壞，可以參考祖母曾經告訴我們的一句話，而那幾乎也是所有重要宗教領袖都會說的話：「請捫心自問，『我有傷害任何人嗎？有幫助任何人嗎？』」
17. Hart, The Ear of the Heart，第二四一頁。

18. Paul and Wong, “Meaning Centered Positive Group Intervention.”

19. Cancer Journals.

20. 希拉蕊・柯林頓於二〇一六年九月六日下午四點十八分的推特貼文：https://twitter.com/hillaryclinton/status/774024262352941057

21. Murdock, “The Heroine’s Journey.”

22. Friedan, “Up from the Kitchen Floor.”

23. 馬丁（Martin），〈《星際迷航記》的烏胡拉通訊官回憶與馬丁・路德・金恩的對話〉。

24. Park and Baumeister, “Meaning in Life and Adjustment.”

25. Tang, Kelley, et al., “Emotions and Meaning in Life.”

26. Tsai, El- Gabalawy, et al., “Post- Traumatic Growth Among Veterans.”

27. Calhoun, et al., “Relationships between Posttraumatic Growth and Re-silience.”

28. White, Maps of Narrative Practice, and e.g., Vromans and Schweitzer, “NarrativeTherapyforAdults.”Fordepression: Weber,Davis,and McPhie, “Narrative Therapy, Eating Disorders.” For disordered eating: Adler, “Living into the Story.”

29. Gwozdziewycz and Mehl- Madrona, “Meta- Analysis of Narrative Expo-sure Therapy.”

30. Fisher, Everlasting Name. But see also Howe, “I Believe in the Sun,” for history and other translations.

第 II 部

真正的敵人

第四章
黑箱作業

蘇菲開始舉辦巡迴演講，向各種企業說明如何打造支持多元勞動力的職場。這不只讓她有錢賺，賺得還挺多的。此刻，教學法專家艾蜜莉正在幫蘇菲檢查她的演講稿。

「這是什麼？」艾蜜莉問道，手指著投影片上面的一組陌生詞彙。

「小林丸測試。」蘇菲回答。眼見艾蜜莉一臉茫然的模樣，蘇菲接著解釋：「那是星際艦隊學員專用的模擬訓練，這項訓練會刻意設計得讓人破不了關，目的是要測試學員的人格素質。因為贏不了，所以目標是要如何輸得光榮。」

「這是《星際迷航記》的劇情？」艾蜜莉問道。

「答對了。」蘇菲肯定地回答。「這是《星際迷航記》利用系統性偏誤作為考題的橋段。」她點開下一張投影片，指著統計圖表說道：「人們會偏好雇用自己認識的人，或是校友。」接著，她點開下一張寫滿內隱聯結（Implicit Associations）研究相關參考資料的投影片說：「因為人都有無意識偏見，這會讓我們比較喜歡跟自己相像的人。」下一張投影片布滿了電影、電視節目、電玩遊戲與漫畫的圖片。「人們花錢享受的每一種媒體，都會加深這種偏見。因此……」蘇菲再點開下一張投影片，五花八門的角色人物映入眼簾，清一色全是白人、男性和英雄。有穿著閃亮盔甲的騎士、有披著斗篷的神祕男子、擁有心電感應能力的變種人、巫師、偵探、巫師神探等等。「人們會認為，以白人男性為主角的世界不只是正常，甚至是更好。」

之後，蘇菲的語調恢復成平時的狂熱與興奮。「所以呢，這就是我的使命，我要去拯救位在中立區的船艦，但是克林貢人一定會發動攻擊*a。我必死無疑。而我的勝利，就是每一次接受考驗都證明了我的人品。」

「妳打算毫無保留地跟對方說，他們目前打造的是讓人破不了關的局面？」

蘇菲點點頭說：「從科學的角度來看，如果我們能為這種局面取個名字，對我們會比較有利。」

蘇菲所說的科學角度，就是這一章所要談論的主題。

發生暴力事件的當務之急，是要幫受害者止血救命。但是，在過了緊要關頭之後，我們還是

※譯註 a：中立區與克林貢人都是《星際迷航記》的劇情設定。中立區是介於羅慕倫帝國和星際聯邦之間的緩衝地帶，克林貢人則是好戰、虛構的外星民族。

要回過頭來，釐清引發流血事件的源頭，以防止相似的事件再次發生。我們必須查清楚那把傷人的刀子，以及持刀攻擊的兇手。

本書第I部所提到的資源可以為妳止血。它們能夠立即給予妳幫助，真的如字面上所說地救妳一命。而每個人都有能力完成壓力反應循環、控制司令官，並且實踐自己心中的崇高理念，因為這些資源本來就不假外求。不管妳去到哪裡、生活在怎樣的文化圈裡，妳這一生隨時都能善用這些資源。

但是，我們仍須細究導致流血事件的原因，也就是凶器和朝妳舞刀弄槍的敵人。

如果妳是生活在工業化西方社會的女性，妳會遇到一大群特定的敵人，這些敵軍會一而再、再而三地貶低妳的重要性，還會當著妳的面，大言不慚地說那是為妳好，說妳應該感謝他們「出手相助」。而女人往往會傻傻地信以為真，因為打從我們還在媽媽肚子裡的時候，我們就已經面臨強敵環伺的命運。

要說明這整件事情的來龍去脈，我們得先舉幾項大鼠研究來作為討論的範例。我們可以保證，這些研究絕對值得看下去。

請想像這裡有兩隻大鼠。一號大鼠（姑且叫牠老鼠雷夫）跟雷夫・范恩斯（Ralph Fiennes）[*b] 的名字一樣。還是我們乾脆假設牠不是老鼠，而是雷夫・范恩斯本人。現在，雷夫站在一個被稱為「穿梭箱」的箱子裡，這個箱子的底部會定時放電，對他的腳底施以電擊。電擊雖然不會痛，但是不太舒服。雷夫很討厭被電到的感覺，每次被電到，他就想逃出箱子。雷夫還蠻幸運的，這一次通電過後沒多久，就有一道小門暫時打開，這是逃脫的好機會，他也成功了！在司令官快速了解到，原來逃離電擊狀態是可達成的目標時，雷夫體內的多巴胺含量便隨之倍增。雷夫克服了逆境，並且認知到，他有能力可以改變自身的處境。

至於二號大鼠（就叫牠柯林）。這次讓我們選柯林・佛斯（Colin Firth）[*c]。現在，柯林不是在箱子裡面，而是在大水池裡進行強迫游泳測試（這名字光聽就讓人覺得蠻恐怖的）。柯林跟老鼠一樣會游泳。他在電影《傲慢與偏見》和《摯愛無盡》（*A Single Man*）裡都游過泳。但是他不愛游泳，他巴不得快點離開水面。於是，柯林拚命游，卻一直游不到岸邊。每一次的失敗，都讓柯林感到沮喪，漸漸地，沮喪演變成了絕望，讓柯林陷入左右為難的「精神拔河」。最後，司令官對於目標的判斷終於從「有可能達成」轉換為「不可達成」。這讓柯林體內的多巴胺含量少了一半。他求助無門，乾脆就讓自己漂浮著，在陸地出現之前，孤注一擲地保留體力。

接下來的發展，或許是在這項測試當中最令人感到哀傷的部分。到了這個地步，就算我們把柯林從水裡撈出來，並擦乾全身，再將他放進穿梭箱裡，縱使逃生出口近在眼前，他也不會想要

※譯註b：雷夫・范恩斯，英國演員。

※譯註c：柯林・佛斯，英國演員。

逃脫電擊*1。只要柯林願意嘗試，他就能逃離穿梭箱，但是他卻沒辦法這麼做。因為他的大腦已經認知到，嘗試也沒用，做任何事情都不會有改變，進而讓他失去了嘗試的能力。

這種無力嘗試的現象被稱為「習得性無助（learned helplessness）」。包括人類在內，動物只要一再發現自己無法逃離眼前糟糕的處境，就算後來有機會逃走，也不會試圖逃脫。當動物出現習得性無助的表現，牠們會跳過沮喪的情緒，直接跌入絕望的深淵。這不是基於理性所做的選擇，而是由於牠們的中樞神經系統已經明白，「遭遇困難時，無論怎麼做都改變不了現況」。因為牠們認清了自己的無助，因此唯一有利於自我保護的方式，就是停止嘗試。

讀著幾百份類似的研究時，有部分人會忍不住想跑去跟這隻大鼠吐露實情：「柯林！這個實驗被動了手腳。研究人員是故意要整你的，他們想看看你會有什麼反應。」

這正是研究人員在研究人類的習得性無助時所採取的作法。其中一個例子是，有項研究將受試者安置在嘈雜的環境中，並將受試者分為可關掉噪音和不可關掉噪音兩組。研究發現，在無法關閉噪音的組別中，有許多受試者會跟老鼠一樣坐以待斃，直接放棄解決噪音問題。不過，研究人員在實驗結束後，都會確保受試者沒有被困在實驗引發的絕望深淵之中。而當無法關閉噪音組的受試者「得知噪音開關被動手腳，或是實驗經過特殊設計後，無助的症狀很快就會消失*2。」

光是知道確實有黑箱作業一事，馬上就能讓人覺得好很多。

這就是我們要在這一章談的重點。

在青少年反烏托邦系列電影《飢餓遊戲》中，凱妮絲・艾佛丁被迫參加一場「遊戲」，必須在遊戲裡與其他參賽者互相廝殺。這場遊戲本身即為極權政府為了控制各個省分而建立的儀式。在遊戲開始前，凱妮絲的導師對她說：「記住誰才是妳真正的敵人。」

最險惡的敵人不是我們自己，也不是遊戲中的其他參賽者。這場遊戲才是我們真正的敵人，而它總是試圖說服我們去相信，敵人不是它。

接下來，就讓我們切入正題。

父權體制

我們知道「父權體制」這個詞會讓很多人覺得不舒服。如果妳也是其中之一，完全用不著擔心。妳不必接受或使用這個名詞，也能理解活在父權體制下會讓人出現哪些症狀。它所傳遞的訊息，像是一首長年牢記在腦海裡的歌曲，在我們體內不停重播，以至於我們甚至不再注意到它的存在，也沒有發覺到我們是從嬰兒時期開始就深受其害。

從孩子出生的那天起（如果不是早在出生之前），大人就會斷言孩子的性別。倘若男孩和女孩受到的對待別無二致，孩子的生殖器官就不該比其他身體部位更有權力決定這個孩子所接受的教養。然而，大人對待孩子的方式卻像在宣告所有與孩子生理性別有關的事情，例如喜歡的玩具類型、應該接觸的技能、戀愛對象、未來從事的職業等，大人的判斷都是絕對正確的。

男孩與女孩所受的教養差異正在逐漸縮減，漸漸地，有越來越多父親贊成女兒擁有「傳統上屬於男性」的特質，像是「獨立」與「堅強」等等。即使這些父親對於另一半是否具備相同的特點並不是非常感興趣。然而，社會對於女孩和男孩的期待，仍然存在著天壤之別。光看給女孩玩的玩具和給男孩玩的玩具，這個道理便不言自明。而且，這兩者之間的差別並不單純。以男孩身分接受的教養模式，讓男性比較容易有所發展，也更易於接掌權力與權威的地位，這也就是「父權體制」存在的意義。

父權體制涵蓋許多種形式。**公開厭女**就是其中一項。有位真人實境秀的名人宣稱，因為他很有名，只要他想要，隨時可以對女性「上下其手」，而大批的媒體報導則針對這番言論表示，這種事情稀鬆平常，「只不過是更衣室談話（locker-room talk）*d 罷了」。想想看，如果這位名人（或是某個女人）說的是，他可以隨時對「男性毛手毛腳」，結果會變如何呢？

還有個例子是，一名年輕男子殘忍行兇，殺害多人並造成多名傷者，事後卻辯稱是因為女人拒絕跟他發生關係，才會萌生殺意。因應這樣一名自稱為「非自願獨身」者的集體謀殺兇手的暴虐行徑，《紐約時報》刊登了一篇專欄文章，正經八百地論述了「性的再分配」。換言之，男人想跟女人做愛是情有可原的想法 *3。妳看吧，只要女人肯乖乖認分，滿足這些危險男人的性需求，就可以避免這些死傷了。

在我們著手撰寫本書的期間，美國發生了十五起由成年男子或男孩所犯下的大規模公眾槍擊事件，其中多名兇手至少有部分的犯案動機是來自於某種形式的嫉妒、性挫折，或是在感情方面遭到女人或女孩的拒絕*4。此外，有超過半數以上的大規模槍擊事件犯罪者殺害了自己的親密伴侶或家人，包括母親、妻子、女友或小孩*5。

性暴力與關係暴力、性侵害事件有極高的比例發生在女性身上，而且是有系統性地針對女性。女性遭受性侵害的可能性比男性高出三倍，且有百分之九十五的性犯罪者為男性。每五名美國女大學生當中，就有一人曾經在大學期間遭受性侵或是性侵未遂事件*6。從全球角度來看，強暴女性的男性犯罪者皆有表示，其作案的主要動機是基於認為**無論女性的感受為何，男性都有權掌控女性的身體**的基本信念，這種信念在研究領域中被稱之為「性權力*7」。一方面，女人會被怪罪，性侵事件之所以會發生，是因為她們的行為舉止或穿著打扮會「誤導男人」，另一方面，卻有極高比例的犯罪者實際上並未遭到起訴。於此同時，還有被控性侵的公職人員，膽敢藉由暗示**作出指控的女人醜得令人「提不起勁」**，來為自己辯解開脫。

除了嚴重的身體暴力與性暴力威脅，女性還得天天面對跟性別有關的慢性壓力源。這些由父權體制衍生而來的經驗，就像是大城市裡的交通噪音。久而久之，妳會習慣這些噪音，甚至幾乎不會再注意到它的存在，但是這並不代表周圍的環境確實變得安靜。

※譯註d：指的是男性之間粗鄙、低俗、下流、吹噓性經驗的談話，對話地點通常發生在更衣室。

這些噪音包括了「**身體形象**」。我們會在第五章針對身體形象進行更廣泛與完整的討論。不過，我還是想在此大略提及這一點，因為相較於男性，身體畸形恐懼症與異常飲食行為有極高的比例是發生在女性身上，而且是有系統性地影響女性。況且，這種趨勢已經擴及到小學。有五成左右的六歲女孩會擔心自己「太胖」。我們要記得，飲食障礙症的死亡率是高居所有精神健康問題之首。身體形象無關乎虛榮心，卻攸關女性的生命安全。

弱勢發言。如上所述，同樣的趨勢已經擴展到小學。男孩大聲講話、主動回答問題的比例比女孩高出八倍 *8。在成人的世界裡，當與會者以男性為多數，女性發言的次數會比男性少三分之一，唯有當與會者的女性人數多於男性，女性發言的次數才會等同於男性 *9。在美國前總統歐巴馬的第一任期內，他手下的女性職員必須極力爭取，才有機會表達意見，因此她們發展出一套「擴音」戰術。當其中一名女性提出某個重要的看法，其他女性就會重申相同立場，與原發言人站在同一陣線。就連以女權主義者自居的前總統歐巴馬，也還是須要靠積極干預才能創造性別平衡。

在大鼠研究中，這一類的普遍性問題被稱為「慢性輕度壓力」。雖然不至於導致危險，但是大鼠無法預期何時會被斷糧，也無法確定這種情況會持續多久。籠子可能會被以四十五度角傾斜放置數個小時，墊草做成的小床可能會被水潑溼，還有可能連續好幾小時暴露在閃光燈底下。每種刺激條件都稍嫌強烈了點，以至於這種非致命性的無助感就這麼日復一日、一點一滴地侵擾著大鼠 *10。用人類的話來說，研究人員就是在讓大鼠經歷「接二連三的壞事」。

在二十一世紀的西方社會，身為女性經常會經歷到「接二連三的壞事」。那是一種源源不絕、超出掌控範圍之外的低度壓力源。雖然說，大部分的個別事件充其量只是惹人厭煩，但不耐煩的感受是會累積的。

我們的意思不是女人的日子過得不夠苦，或是身為男人或男孩就不會遇到這些問題。隨著企業發現，告訴男性「除非你有六塊腹肌或可以瞬間勃起，否則你就毫無價值」可以幫公司賺進多少錢，不斷限縮的社會框架對男性產生的壓力也與日俱增。各種性別的人都可能死於集體謀殺事件，兇手本人也經常自食惡果，而且男性死於暴力的可能性更高，這也包括自相殘殺的結果。所以說，厭女症的殺傷力可不單單只針對女性。

不過，那已經超出本書所要討論的範疇。《情緒耗竭》想表述的事實是，比起雄性，人類生活的環境更有可能讓雌性返回巢穴時，發現墊草被人潑了水。

有兩種原因會讓女性身分面臨這種「慢性低度壓力」，從實際層面來看甚至比聽起來還要更糟。首先，站在生物學的角度，女性跟男性在面對壓力時的反應很可能不一樣。當雄鼠暴露於慢性輕度壓力源，牠們進行強迫游泳測試的時間會迅速減半。六週後，游泳時間會再次減半。相較之下，雌鼠的游泳時間要經過三週才會縮減為一半……六週後也不會出現變化。比起雄鼠，暴露在慢性輕度壓力源之下的雌鼠更具有毅力。雌鼠在面對困難時會更加努力，牠們的大腦要花上兩倍的時間，才會切換至無助的狀態。這樣看起來，就連雌鼠都做得到#堅持不懈。

其次，我們所面對的其中一種壓力源，就是認為女性承受的壓力並不比男性來得多，也跟男性沒有區別。然而，父權體制影響現代西方社會的一種層面，就是自言「父權體制已不復存在」。

煤氣燈操縱

還記得有部電影叫做《煤氣燈下》（*Gaslight*）嗎？在那部片中，女主角英格麗・褒曼（**Ingrid Bergman**）[*e]的丈夫讓煤氣燈的燈火（當時尚未發明電力照明）忽大忽小，卻跟她說那是她自己想像出來的。他把一支手錶放進她的包包裡，卻告訴她那是她偷來的。他在閣樓四處窺探，想找到女主角去世姑姑留下的珠寶，卻辯稱她聽見的腳步聲也只是她的想像。他不准她跟其他人接觸，說是為她好，因為她的精神狀況顯然不太穩定。

與世隔絕又受人控制的女主角，除了相信丈夫，還能怎麼辦呢？

在那部電影裡，一直到飾演警官的天菜演員約瑟夫・考登（Joseph Cotten）[*f]踏進屋內說道：「妳沒有發瘋，煤氣燈確實是忽明忽滅。」才終於為英格麗・褒曼證明了她的無辜。

這個故事在好幾世代的電影觀眾心中激發起強烈的迴響，使得「煤氣燈操縱」一詞儼然成為專用術語，專門描述女性及其他邊緣化團體，一再被誘騙**事實乃是出自於其想像**的普遍現象。

這樣妳曉得了嗎？有人告訴妳，差別待遇是妳自己憑空捏造出來的時候，這些人的所作所為，就是在對妳施以煤氣燈操縱。

那麼，當妳不確定自己是否被人施以煤氣燈操縱，因為妳覺得搞不好別人是對的，是妳反應過度又太過敏感，這種時候妳所出現的感覺又代表什麼呢？這種感覺就像是，妳明知道自己的判斷應該錯不了，卻又不敢真的相信自己。這就是在告訴妳，妳已經被操縱了。妳的心裡夾雜著疑惑、害怕、憤怒、背叛、孤立、恐慌與困惑等感受。妳察覺出事情不對勁，卻說不出是為什麼，或者哪裡不對勁。因此，妳才會擔心是妳誤會了，或是由於自己無法明確表達反對的意見，而對自己的判斷缺乏信心。

在這種情況下，妳很難找朋友傾訴事情的原委，訴說妳的應變方式與原因。在不了解煤氣燈操縱手段時，妳甚至有可能什麼都不敢說，因為煤氣燈操縱的目的，就是要讓妳對自己的可信度與能力產生質疑。不過請放心，妳的判斷是正確的，妳也不是蠢蛋，妳只是單純被人操縱而已。

電視上的權威人士向大眾宣稱，性別歧視早已步入歷史（#不是所有男人（#notallmen）*g

※譯註e：英格麗・褒曼，瑞典國寶級演員。

※譯註f：約瑟夫・考登，美國演員。

※譯註g：此簡稱版標註用語的原文為「不是所有男人都會那樣」。此標註用語通常用來反駁整體性言論與偏見，原先含有沮喪意味，但自二〇一四年初起，便常帶有嘲諷之意。其原意雖然是為了平反針對男性的概括性批評，但有許多評論家指出，在談論女性弱勢話題時引用這句話，經常會導致偏離主題與轉移對話風向的負面效果。

，附帶一提，種族主義也已經不再是個問題，#大家的命都是命（#alllivesmatter）*h」，所以要是我們領的薪水沒跟男性（或白人）同事一樣多，那純粹是因為我們的能力有所不及，或者更慘的是，因為會吵的孩子有糖吃，只要我們跟著有樣學樣，加薪自然不是問題。如果我們開口要求卻沒獲得加薪，那是因為我們要求的方式不對。雜誌告訴我們，一天喝十杯綠拿鐵的神奇功效，是可以讓我們神清氣爽、光采動人；孩子會知道該說「請」和「謝謝」；老闆也會樂意給我們升遷的機會。而萬一，這些奇蹟都沒發生，那就是因為我們沒有天天喝下十杯綠拿鐵，絕對不是基於系統性偏誤的緣故。

一致且不變的道理就是不管出了什麼差錯，都是妳的錯。總不可能除了妳以外，全世界的人腦子都有洞或精神不正常吧？腦子有洞或精神失常的人是妳才對！是妳努力得不夠、是妳沒把事情做對、是妳能力不足。

搞到最後，除了相信這些鬼話，我們還能怎麼辦？

煤氣燈操縱會製造一種令人極為不安的受制感，同時又讓妳相信，是妳自己困住了自己，這兩者加乘的效果只會讓妳覺得更生氣、更難過，也更絕望。

有些人是故意對妳施以煤氣燈操縱手段的*11。這些惡霸會抓起妳的手來狠甩妳巴掌，還義正嚴詞地對妳說：「別打了！別打了！不要傷害自己！」

但是，對妳施以煤氣燈操縱手段的人，也不全都是混帳東西。其中有些人也是我們稱之為

「父權體制下的盲目無知」的受害者。我們發現，這種盲目無知是由兩個原因所造成，那就是人類付出者症候群以及「順境／逆境非對稱性」。

父權體制之下的盲目無知之一：人類付出者症候群

人類付出者症候群的核心深深埋藏著一種心照不宣的設想，亦即女人應該付出一切、奉獻每分每秒、用盡每一絲氣力來照顧他人。「自我照顧」無疑是自私自利的行為，因為那是運用個人資源來促進付出者的幸福，而不是他人的幸福。

人類付出者症候群是讓「第二輪班」*i 的概念得以寄生其上的骨幹。男女兩性投入在養育子女與打理家務方面的時間及努力分配不均的問題雖然有所減少，卻未見消失。綜觀全球，女性每週花四十小時，男性則為一個半小時*12。即使是兩性關係最為平衡的國家——包括美國、英國與加拿大，女性從事無酬勞動的時間仍比男性多出百分之五十*13。舉例來說，二〇一六年英國女性

※譯註 h：此標註用語是因應社會運動「黑人的命也是命」所生的批評口號。針對此口號的反對聲浪認為，這句口號並不代表人們更願意秉持開放心態去接納多元化，反而只是更加凸顯出對種族問題的無視與否認。

※譯註 i：指的是在完成有薪工作回到家後，仍待處理的家務責任，一般由女性負責。出處請參見亞莉・霍希爾德（Arlie Hochschild）的著作《第二輪班：那些性別革命尚未完成的事》（*The Second Shift*）群學。

投入無酬勞動的時間為每週二十六小時，男性則為每週十六小時*14。

更糟糕的是，人類付出者症候群也是讓性暴力問題得以攀附其上的架構——它蘊含了**男性有權掌控女性身體**的基本信念，倘若女人引起男人的注意，或讓自己陷入男人的掌控之中，性暴力便是可想而知的下場。因為男人有權利得到他們想要的。這不僅是由情緒及文化層面的推力所造成，更是自始至終都受到法律容許的現實情況。幾千年來，英國的法律都規定，女性及其擁有的一切，在婚後均將成為丈夫的合法財產。直到近代，女性才有權在婚後保有其財產（一八八二年）、保留原有姓氏（一九二四年）以及拒絕被丈夫強暴（一九九一年）*15。

人類付出者症候群就是如此根深蒂固地難纏，我們必須正視這些統計數據和年代日期，才能揭發兩性關係長久以來的失衡與不公。在欠缺大規模客觀性衡量與歷史觀點的情況下，我們很容易就會點頭接受那再熟悉不過的不等式：人類付出者不配擁有或支配任何東西，甚至不配掌控自己的肉體，因此當我們聽聞，有女性被男性性騷擾、性虐待或性侵害，我們會感嘆類似的指控毀了男人的大好前程，還會認為提出指控的女人是自己惹禍上身。原告會收到死亡威脅，反觀被告卻登得上最高法院的殿堂。

簡單講，人一不小心就會變得盲目。

那麼，我們要怎麼做才能保持耳聰目明，並且幫助旁人也擦亮眼睛呢？

在我們為大學生介紹到有關人類同胞與人類付出者的概念時，我們會向學生們拋出一個問題：「解決辦法是什麼呢？」學生們提出的第一個答案，幾乎永遠都是：「讓每個人都成為人類同胞！」

讓我們稍微想一下這個答案的可能性。假如世界上的每個人都是爭強好勝、貪得無厭、為所欲為的人類同胞，那這個世界會變成什麼樣子？

在腦中想像這種情景之後，有位主修哲學系的學生不假思索地引述湯瑪斯・霍布斯（Thomas Hobbes）*j 說過的話：「孤獨、貧困、汙穢、野蠻且短暫。」霍布斯認為：「自然狀態」就是「所有人互相爭鬥」的狀態，因為「男人這種以比較自己與其他男性為樂的生物」會「持續不斷地為了榮譽和尊嚴而競爭」。

讓每個人都成為「人類同胞」的結果，是引發永無休止的戰爭，或若遵循霍布斯的思想，結局便是導致極權政府的興起。這種發展還挺有趣的！不過，有這麼多學生會自然而然地假定「人類同胞」（亦即男性）是預設性角色，並將「人類付出者」（亦即女性）假定為替代性角色，這個事實本身即為人類付出者症候群作祟的症狀。這就是「父權體制下的盲目無知」。

那麼，讓我們來假設看看，如果把每個人都變成人類付出者又會怎麼樣？如果我們假定，每個人都有保持敦厚態度與體貼他人需求的道德責任，又會怎麼樣呢？要是我們認定，沒有人天生

※譯註 j：湯瑪斯・霍布斯，英國哲學家、現代政治哲學的奠基者之一。

就有資格對他人予取予求，每個人都應該盡可能幫助別人，那世界又會是什麼模樣？

根據以上假設來推論，在其他人煮飯洗碗的時候，就不會有人只顧坐著看電視，除非雙方彼此同意，輪流休息是對兩人而言最好的作法。法律也不會允許任何人有權掌控他人的身體，因為沒有人會認為那是正確的。不會再有人被煤氣燈操縱，而感受到疑惑、背叛、悲傷與憤怒交雜的混亂情緒，因為沒有人會對他人施以煤氣燈操縱手段。每當有人落入絕望的深淵，他身旁的付出者也不會用批判的態度，而是會以敦厚憐憫的心情相待。父權體制的瓦解，會讓人類付出者的處境更加安全。

人類付出者症候群就是如此積重難返，要付出時間和努力才能加以杜絕。即使是在性暴力預防與應變領域服務了幾十年的艾蜜莉，偶爾也還是會注意到人類付出者症候群殘留在她身上的後遺症，譬如在她的腦中閃過「她為什麼要進他房間？」或是「她為什麼不離開？」等等諸如此類的想法。我們的目標不是要澈底根除這些念頭，而是要盡可能地越早認出它們越好，因為剛萌芽的想法比較容易被抹滅。為了分辨人類付出者症候群有沒有令自己變得盲目，成為父權體制的階下囚，艾蜜莉採取的方式就是誠實地捫心自問。她會問自己：「如果事件相關者不是女性，而是男性（反之亦然），我會怎麼想？」

或是問自己：「我是不是覺得這個女人有道德義務，要讓自己漂亮、快樂、沉靜、敦厚，並且體貼他人的需求？」以及「我是不是認為這個男人有道德權利和義務，可以表現得爭強好勝、貪得無厭、為所欲為，絲毫不必顧及自己的行為對他人的影響？」

人類付出者症候群會約束我們的看法，使我們不再將性別不平等、不平衡與不正義視為不公平的現象，以此讓我們對父權體制的存在視而不見。

但是，人類付出者症候群並不是唯一讓人盲目的原因。

父權體制下的盲目無知之二：順境／逆境非對稱性

艾蜜莉在騎長程自行車的時候，曾經注意過回程的路騎起來比去程更平坦。

「蛤？同樣的路程往南騎或往北騎，不是應該會一樣平嗎？」

事實上，這段「平坦」的路程比水平面高出了不到百分之一的坡度。雖然路看起來很平，但要是這段路真的平坦，從不同方向騎起來的感覺應該會是一樣的，或者是回程時會因為去程騎了二十幾英里（約三、四十公里），雙腿疲勞而覺得比較難騎。然而，回程卻明顯令人感到較為輕鬆。最奇怪的地方在於，由於這段路看似平坦，使得艾蜜莉的頭腦與雙腿自動將回程奔馳的快感，解讀為騎平路的感覺，卻把去程遭遇的阻礙理解成了騎在不平道路上的感覺。

這種偏見被稱為「順境／逆境非對稱性」。之所以會形成這種偏見，是因為人們傾向於將注意力集中在不利的逆境，而非有利的順境。這種傾向在各種各樣的人身上，以及各種不同的情況下都會出現。研究人員發現，不管證據怎麼說，美國人普遍相信，選舉人團和競選財務系統會向人民支持率最低的政黨提供某些不公平的好處。同樣地，大家也相信，跟其他參賽隊伍相比，自己支持的球隊一定吃了更多悶虧。有些人甚至會表示，父母向來對自己的兄弟姊妹比較偏心，無論當事者的手足怎麼說，當事者都對此深信不疑*16。從許多方面來看，大多數人往往會忽略或遺忘曾經得到的好處，卻會牢牢記住曾經跨越的種種阻礙，這是因為比起輕鬆過日子，辛苦克服障礙所須付出的努力和心神相對更多。

受到順境／逆境非對稱性的偏見影響，並不代表妳就是個混蛋。混蛋會抱怨自己受到不公平的待遇，然而事實上，他們得到的是公平的待遇，只是沒獲得額外的優待罷了。不過，在多數時候，當人們堅稱女性沒有過得比男性辛苦，這正是順境／逆境非對稱性的表現。例如有一次，美國國家公共廣播電台（National Public Radio，簡稱NPR）的報導指出，有項新研究顯示，男醫師在介紹女醫師同事時，會將對方稱呼為「某某醫師」的可能性只有一半*17。報導出爐後，女性聽眾紛紛在臉書留言：「每個女人都知道的事情還需要靠研究來證明，女人到底是有多可憐！」男性聽眾則不甘示弱地表示：「對啦，女人最可憐啦！男人就不可憐喔*18！」這些留言回應的男性網友不見得都是混蛋，他們只是忘了自己身為男人所占據的優越地位。

白種人總是會將這套順境／逆境非對稱性，加諸在有色人種的身上。他們會一廂情願地認為，這條路看起來明明就是平的，難道一遇上有色人種，這條路就會變得不平嗎？這肯定是因為棕色人種的自行車手不夠強壯，再不然就是因為他們懶惰或者養尊處優的關係，不可能是賽道的問題。並不是所有白人都是混蛋，然而，大部分的白人確實都是順境／逆境非對稱性的受害者。

同樣的道理，來自富裕家庭的人也會對出身窮苦的人持有這種偏見，一個國家的公民也會對移民人口持有這種偏見，非殘障人士也會對殘障人士持有這種偏見。任何優勢團體的成員都難以相信，其他人所走的道路，並不如自己走的這般平坦，他們只知道自己真的很努力。不過幸好，有個簡單的方法可以幫助我們反思現實，抵銷這種認知偏誤造成的影響。

儘管茱莉正在設法解決婚姻關係中的瓶頸，她還是成功爭取到在相同學區內另一所高中的教師職缺。這份新工作的條件很優渥，主管人很好、薪水給得很大方、工作內容更有彈性、學校的名聲也更大。更棒的是，茱莉要負責帶領戲劇課程，對她來說，這根本就是美夢成真。

收到艾米莉亞的來信，問候她新工作的進展時，茱莉回信寫道：「我愛死這份工作了，我覺得超累，但是超開心！我的腦子興奮得不得了，搞得我胃都痛了。我超幸運的。妳相信嗎？我竟然是這所學校第一個負責帶戲劇課程的女老師耶！這是什麼情況？太誇張了吧。」

這是茱莉第一次指導高中戲劇表演。她在大學時期曾經寫過劇本，也受過基本的戲劇訓練，但是從來不曾像這份新工作要求的一樣，必須從頭到尾負責戲劇表演的完整演出。她有好多事情須要決定，有好多工作必須完成。她發現自己被工作給淹沒了，騰不出時間、事情做不完、對彩排也越來越沒有耐心。

茱莉跟負責為戲劇表演提供音樂指導的樂隊指揮談到自己的情況。對方也有發現到，茱莉承接的責任比前任負責人多出很多。

他問茱莉：「為什麼妳什麼都要做？那些是舞台監督、助理導演和工作人員的工作，全都跟妳沒關係。」

「但是學生要我幫忙啊。」

「那還用說。他們就像是第一次要離巢的雛鳥，妳就讓他們自己去冒險吧。」

茱莉發現自己擔心稚嫩的幼鳥可能會摔落到地面，自然而然地有種身為鳥媽媽的感覺。

「那我要怎麼做？」她問道。

「撒手不管就對了。」

嗯……好的。

茱莉了解到，問題就出在她把自己當成了「鳥媽媽」。身為鳥媽媽，她不只是把學生的需求，也把學生的希望、渴望及安逸，擺在自己的工作與健康之前。

她不禁想，如果換成是當「鳥爸爸」，效果會是如何呢？

茱莉決定嘗試擔任「鳥爸爸」的角色。她開始對認為她會願意接手幫忙的學生說，他們有能力做好自己份內的工作，或是提供他們可能幫得上忙的人選。幾個禮拜過去之後，茱莉再次跟樂隊指揮交換意見，他肯定地表示，茱莉採取的新策略比較接近前任負責人的作風。不過，這項新策略並非十全十美，學生們抱怨連天。於是，主管詢問茱莉，為什麼她不負責張羅戲劇課程的演出。

茱莉回答：「我有在負責啊。前任負責人所做的每件事情我都有在做，鎮上每間學校的指導老師做的事情我都做了。我只是要求學生們要自動自發而已。」

「但是學生說，他們感覺不到妳的支持。」

為什麼同樣身為指導老師，學生們對茱莉的感受會跟前任指導老師有所不同？

艾米莉亞提出解答：「因為人類付出者症候群。就算沒人敢承認，大家對於女性的期待就是跟男性不同。」

「那我該怎麼辦？」

「繼續做好妳的工作，拿傑出的工作表現來讓人對妳刮目相看，妳的同事終究會習慣，妳是一個人類、一個個體、一位指導老師的事實。他們舊有的期待會因為妳的工作能力而被磨得乾乾淨淨。」

茱莉努力地做到這一點，情況也有了轉圜。練習採取鳥爸爸的姿態，稍微降低了這份工作加諸在她身上的性別期許。

但是，結果將會再度證明，這麼做還是不夠。

「高樹」公平性測試

我們可以把塑造人類生活樣貌的優缺點，比擬成形塑樹木成長過程的自然環境。種在開闊、平坦原野上的樹木會將枝枒伸向太陽，長得又直又高；生長在山坡地的樹木也會向著太陽抽枝。因此它會傾斜角度地生長。山坡越陡，樹木傾斜的角度就越大。所以，如果我們把這棵傾斜生長的樹木移植到平坦的原野上，它將會跟原野上的原生樹木呈現完全不同的形狀。這兩棵樹木都適應了它們生長的環境，而我們光看樹的外表，就能推斷得出它們原先生長的地點。

白人男性是在開闊、平坦的原野上長大；白人女性則是在傾斜又崎嶇的地勢中長大，因為原野不是為她們所開墾。有色人種的女性並非生長在丘陵地，而是臨海而上的懸崖峭壁，必須忍受海風的吹襲與海浪的拍擊。沒有人可以選擇先天成長的環境。當妳發現自己長在浪濤洶湧的崖壁上，妳只有兩條路可以走：努力求生或是墜入海底。所以，如果我們讓成長於陡坡和峭壁的倖存者移居到平坦的原野，原野上的原生人種可能會看著這些倖存者，滿腹疑問，無法理解為什麼她這麼不相信別人、不信任體制、甚至也不相信自己身體的感覺。這棵樹怎麼會長得這麼彎曲、還長出這麼多節瘤呢？

那就是她在原來生長的環境中，能夠存活下來的原因。一棵必須跟強風、重力與風化作用拚搏，才得以在陡峭懸崖邊上茂盛成長的樹木，倘若被移植到平坦的運動場，肯定會顯得格格不入。這棵生長自岸邊峭壁、長滿節瘤又被風吹得變形的樹木，或許不符合我們對樹木的想像，卻能經受得起惡劣的生長環境。如果換做是筆直的樹木被移植到懸崖邊上，下場恐怕是凶多吉少[19*]。

有一種現實的逆境是妳認識的白人家長裡，有多少人會明白地教育孩子，萬一被警察攔下來，一定要隨時把雙手放在讓人看得見的地方，並且要恭敬地回答「長官」的問話？對許多非裔美國人家長而言，這就相當於標準作業程序。美國的黑人家長會用不同方式教育孩子，是由於孩子的成長環境使然。警察對待有色人種與白人的態度兩極化，讓白人認為怕警察的黑人非常可笑。因為我們沒見過海洋，所以當黑人說：「我們會這麼做，是為了避免掉進海裡。」我們無從理解。但是，只因為我們沒見過海洋，不代表海洋就不存在。那我們要如何分辨呢？方法就是看樹的形狀。長得歪斜的樹木，必定生長自坡地；會害怕警察的人，就意味著警察對他成長的世界而言，是如同威脅般的存在[*20]。

看似平坦的道路，未必真是平的。沒見識過大海，不代表大海就不存在。藉由觀察人們的樣貌，可以推敲出人們成長的生活條件。與其納悶旁人為什麼沒辦法在平坦的運動場上繁盛地生長，不如好好思考，我們該如何改造原野，才能讓所有人共存共榮。

同情疲勞

父權體制不只會對我們產生直接的影響，也會在我們關心他人時，對我們造成間接的傷害。當我們為了他人承受壓力，我們可能會以為這樣的壓力無足輕重，或是認為對此感到有壓力的自己「不可理喻」，而予以忽視。因此，付出者經年累月地照顧他人的需求，卻未加以理會自己本身由此衍生而來的壓力，導致身體裡累積了數不清的壓力反應循環有待完成。如此累積壓力會引發「同情疲勞」，這也就是讓付出者，包括從事助人專業的工作者（其中多項以女性從業者占多數。例如教書、社會工作、醫療保健服務等）產生倦怠感的主要原因。同情疲勞的跡象包括*21：

- 情感疏離：在應該展現同理心的時候，妳會假裝深有同感，那是因為妳心裡已經不再感覺得到真實的感受。
- 輕視或漠視普通程度的痛苦：妳會覺得「這種程度的問題又不是像奴隸制度／種族屠殺／孩童強暴案／核戰那麼嚴重，有什麼好抱怨的」。
- 感到無助、無望或無力，同時又覺得妳有責任多做點什麼。
- 出於某種浮誇的想法，認為「我不入地獄，誰入地獄」。繼續停留在有害的環境，無論是職場或感情關係。

倖存者指的是熬過創傷事件的人。同伴倖存者一樣，須要愛護及支持倖存者的人，則被稱為同伴倖存者。同伴倖存者就跟倖存者一樣，須要獲得他人的關懷與支持。缺乏外界支柱的同伴倖存者，就有可能產生倦怠感、決定放棄，或是封閉內心的感受，表現得無動於衷。如果想要改變世界，我們必須讓變革推動者了解，如何接受關懷與照顧。

值得慶幸的是，妳在這本書的第III部將會學到幾種實證策略——亦即社會連結、休息以及與內在批判做朋友——幫助妳擺脫同情疲勞，並且預防同情疲勞的發生*22。

要是這個世界可以不要再數落女人的腦子有洞或是精神失常，那就太好了。但是，我們大可不必等到世界改變的那一天，而是從現在開始，就可以拒絕再用那樣的思維來看待自己。這就是本書剩下章節所要教會妳的事。

首先妳必須明白，人類社會真的有黑箱作業。妳要認清，社會規則設立的方式，不只是為了讓某些人受到不平等的待遇，更是為了讓我們看不見規則本身的不公平。

再來，妳要善加利用本書前三章所傳授給妳的內容：①完成壓力循環，幫助妳處理壓力。②運用有計畫性地解決問題與正向再評價，來保持司令官愉快的心情，以及③實踐妳的崇高理念，治癒人類付出者症候群。

1. 完成壓力循環：父權體制帶給妳的感受

正如格洛麗亞・斯泰納姆（Gloria Steinem）*k 所寫的：「真相會讓你重獲自由，但在那之前，它會先讓你一肚子火。」看清楚受人擺佈的現實人生，絕對不是一件無關痛癢的小事。隨著妳逐漸意識到社會上到處充斥著黑箱作業，以及這個世界滿口謊言、企圖向妳隱瞞事實的時候，妳大概很難平靜以對。這些感受會令妳感到不安，當感受趨於強烈，妳會禁不住想要忽略它們，直接舉白旗放棄。換句話說，那就是倦怠感，請不要忽視這些感受。

憤怒是其中一種明顯的感受。有許多女性因為被人類付出者症候群要求，要保持快樂與沉靜，不能放任自己的怒氣影響他人，因而累積了幾十年來從未完成的壓力反應循環。現在，請妳動起來吧！唱歌、尖叫、寫作，做什麼都好。請把體內的怒氣沖刷乾淨，請完成壓力循環。

悲傷是另一種鮮明的感受。我們總會惋惜，如果我們生在一個相信女人才是百分之百的人類、男人才應該體貼他人需求的世界，我們可能會過著截然不同的生活、成為完全不一樣的人。不過，這種想法也令人百感交集，因為正是這個滿嘴謊言、不公不義的世界，造就了現在的妳，而這樣的妳不是也很優秀嗎？儘管不算完美，畢竟沒有人十全十美，但是妳很棒，超級棒。

感到悲傷的時候，該如何是好？妳應該穿過情緒的隧道，允許悲傷的感受在身體裡流動。每一次覺得難過的時候，即使妳還不認識她，那個令妳自豪超級棒的自己，都會陪在妳身邊，她就是照亮隧道盡頭處的那道光芒。

絕望又是另一種感覺。絕望跟悲傷不同，它是司令官放棄目標、認定目標無法達成時，浮現在我們心中的那股無助與無望。

幸運的是，科學有辦法幫我們對付絕望。

2. 拋開無助感：做點什麼吧

在小規模的短期實驗條件下，只要向受試者坦承實驗經過特殊設計，就能減輕受試者無助的感受。但是，長時間的經驗誘發習得性無助的現象時，就須要教育妳的神經系統，讓自己知道，情況並不是如此無助。

那要怎麼做呢？

妳須要做點「什麼」，任何事都可以，但就是不能啥都不做。父權體制的設計就像是一個完美的穿梭箱實驗，它會讓我們再三感到挫折與失望，直到我們宣告放棄。不過，相關研究也證明了我們可以如何拋開無助感。

※譯註k：格洛麗亞・斯泰納姆，美國作家、講師、政治行動家、女權運動倡導者，為一九六〇年代後期至一九七〇年代初期美國女權運動領袖暨發言人。

研究人員對實驗犬的作法是，在狗隻表現出習得性無助之後，研究人員會不斷地把狗拖過柵欄、來到穿梭箱安全的一側。藉由移動狗隻的身體來改變狗隻所在的環境，研究人員便能教會實驗犬，實際努力可以帶來改變的道理。

人類也可以運用相同的方式，來甩開無助感的束縛。我們在第一章曾經學到，解決壓力的方法，不一定要先處理壓力源。面對無助感也是同樣的道理。當覺得自己被綑綁，妳該做的就是擺脫一切的束縛，這會讓妳的身體知道，妳並不是無能為力。

舉例來說，如果看了國際政治局勢的新聞報導之後，讓妳覺得無助又無望，妳該怎麼辦？請別急著轉移注意力，或是麻痺自己。先先找點事情來做吧。譬如整理庭院、修剪花草，悉心照料屬於妳的小天地。帶點吃的去幫朋友加油打氣、帶狗到公園散步、參加「**黑人的命也是命**」遊行等等。妳也可以打電話給州議員，那就叫做社會參與。妳並不是無能為力。妳的目標不是要穩定政府，那不是妳的工作（萬一，那恰好就是妳份內的工作，妳還是須要處理壓力，並且解決壓力源），妳的目標是要穩定自己，好讓妳能維持效能感，完成家人和社會需要妳做到的正事。有句話說：「沒有人能包辦一切，但是人人都能有所貢獻。」而「貢獻」指的就是，除了啥都不做以外的任何事情。

妳可能聽說過，覺得自己迫於無奈、束手無策時，是因為妳沒辦法「理性思考」、妳表現得反應過度，所以問題是出在妳的「心態」、妳的軟弱，或者總歸一句話，那就是妳的錯。妳應該要能跟男人表現得一樣好，假如妳辦不到，那就是妳的問題。

這種說法不僅不正確，說出這種話的人更是在對妳進行煤氣燈操縱。事情的真相是，無可奈何的經驗，讓妳產生了習得性無助。

藉著讓身體做點事情，可以卸下無助感。譬如散散步、把臉埋進枕頭裡放聲尖叫、或是如嘉莉・費雪（Carrie Fisher）*1 所說的：「收拾起破碎的心，將心碎化為藝術。」請創造一個讓妳願意做點什麼的環境，來扭轉無助感的影響。

在動畫電影《海底總動員》裡面，多莉會鼓勵遇到困難的朋友：「繼續游就對了！」她甚至會為此高歌一曲。從續集《海底總動員2：多莉去哪兒？》中，我們得知是多莉的父母教導她，就算記憶力不佳，總還是有辦法突破難關。只要繼續向前游，終究會找到出路。當大腦因為看不見陸地而想放棄希望，妳要繼續向前游，不是因為妳確信繼續游就能到達目的地，而是為了向自己證明，妳還能繼續游下去。

3. 出擊

妳已經開始完成壓力循環，也有為身體找點事情做，好提醒自己，妳並不是無能為力。

※譯註1：嘉莉・費雪，美國演員、劇作家、小說家。

那麼接下來，第三步驟就是：打倒父權體制，把它砸個粉碎。

打倒父權體制的方式，就是創造意義——實踐妳心目中的崇高理念，以治癒人類付出者症候群。

粉碎父權學習單

我所抱持的崇高理念是：

為了實踐以上崇高理念，同時打擊父權體制，我所採取的做法是：

我知道我粉碎了一部分的父權體制，當……（提示：目標須兼具快速、肯定、正向、具體、明確、個人等條件）：

說明：請不要以「終結父權體制」作為目標。性別不平等、種族不平等以及其他形式的不平等，都不會在妳的有生之年終結。妳會看到的是進步，如同妳所見證到過去一百年內達成的進步。因此，妳的目標應該具備快速、肯定、正向、具體、明確、個人的條件，可以是「要送朋友生日禮物時，禮物一律都向女老闆買」，或是「每次開會，都先請女性與會者發言」，抑或是「每天教育寶貝兒子，如何當個人類付出者」。或是單純做到「**天天出擊**」。把妳的目標寫進行事曆，提醒自己，妳今天出擊了嗎？

蘇菲正試著跟艾蜜莉解釋，何謂破不了關的局面。

「要是大家能夠花一個小時，親身體會我作為一個人類有什麼感覺，就不會有人須要參加這個工作坊了。妳知道，會有人問我，我的頭髮是不是真的。有醫師跟我說過，是我太胖了，害他量不到我的脈搏。走在人行道上，也會有年輕人從車子裡朝我丟垃圾……。」

艾蜜莉說：「然後妳竟然還沒一把火把房子給燒了！妳完全是個超級英雄耶！」

蘇菲斷然回答：「我就是。種族主義、性別歧視、身材偏見、微侵略、廣義侵略這個體制相當殘忍，卻沒有人能夠制裁它。這就是小林丸測試，所有人都無法全身而退。可是，每一次我證明自己的品格，我就獲得了勝利。看看這讓我變得多堅強、多有智慧、看看我變得多性感！」她由上而下地指著自己說。

艾蜜莉點點頭，表示同意。「妳是新一代的火辣巨星。」

艾蜜莉說這句話的意思，就是我們下一章要探討的主題。

探究黑箱作業涉及的規模與範圍，可能是件令人痛心的事，同時還會夾雜惶恐不安、萬分氣惱、無力回天的感受。由此可知，大家為何會痛恨「父權體制」這個詞，因為它揭露了長久以來我們已經學會忽略，或是認為人生本該如此的一種深沉痛苦來源。一般來說，「自助」類書籍的目的，是要幫助人們擁有正向的感受，讓人覺得有能力掌控自我的生活，因此它們會略過下一章的內容不提。畢竟，承認有股大規模的社會力量圍繞著我們，未必能讓人感到積極、賦予人力量或是幫助人們掌控生活。

但是，探究現實就跟觀測氣候一樣。兩者都會影響妳的生活，妳不可能置身事外。而且，妳只能夠一小步、一小步地去改變它。不做好準備，就不知道何時該播種、何時該收割。不承認現況，就不會注意到現實正在改變，也不會發現妳的世界正在被人生吞活剝，最終只能坐以待斃。

事情還沒有結束。我們還有另一個妳每天都會遇到的敵人。它嘴巴上說是妳的好朋友，但是實際上，它卻打算慢慢把妳折磨至死。

那就是我們在下一章要討論的主題。

懶人包

- 這個社會真的有黑箱作業。政府單位及其他權力體系會系統性地將女性，尤其是有色人種排除在外。這就是所謂的「父權體制」。
- 「父權體制」會自稱它不存在。它會說，如果我們覺得辛苦，就代表我們「不夠好」，那是我們自己的錯。這就是一種煤氣燈操縱手段。
- 父權體制會助長人類付出者症候群，認定妳的道德義務是要不計一切代價，犧牲奉獻自我以支持他人的傳染性信念擴散蔓延，就跟潮濕的地下室會長滿黴菌的道理如出一轍。
- 解決辦法是什麼呢？答案是，正面出擊（請參見學習單）。

---

1. Saha, Eikenburg, et al.,"Repeated Forced Swim Stress."
2. Seligman, Learned Optimism.
3. Douthat, "Redistribution of Sex."

4.從二〇一六年七月到二〇一八年八月。德州聖達菲高中槍擊案、艾德洗車場槍擊案、馬拉松儲蓄銀行槍擊案以及瑪喬麗・斯通曼・道格拉斯高中槍擊案的犯案者明顯至少有部分動機是基於對女性的嫉妒或遭受拒絕。《The Capital Gazette》報社槍擊案則是涉及犯罪者不滿該社報紙報導其承認騷擾女性的罪行。Berkowitz, Lu, and Alcantara, "Terrible Numbers That Grow."

5.城鎮槍枝安全非營利組織，〈槍枝與家暴〉。大規模槍擊事件構成了槍枝暴力死亡事件中微小卻具有高能見度的一部分，它們跟其他的槍枝暴力事件相似，有極大比例是由男性犯罪，並且發生在家暴及親密伴侶暴力（intimate partner violence）的背景之下。

6.Krebs、Lindquist 等人，校園性侵害（Campus Sexual Assault，ＣＳＡ）研究。

7.Fulu, Warner, et al., "Why Do Some Men Use Violence Against Women."

8.Sadker and Sadker, Failing at Fairness，第二六九頁。

9.Karpowitz, Mendelberg, and Shaker, "Gender Inequality in Deliberative Participation."

10.Dalla, Antoniou, et al., "Chronic Mild Stress Impact."

11.Friedan, Feminine Mystique.

12.請參見"Balancing Paid Work, Unpaid Work, and Leisure," OECD.

13.Altintas and Sullivan, "Fifty Years of Change Updated."

14."Women Shoulder Responsibility," Office for National Statistics.

15.英國上議院，R v R [1992] 1 A.C. 599。

16.Davidai and Gilovich, "Headwinds/Tailwinds Asymmetry."

17. Files, Mayer, et al., "Speaker Introductions at Internal Medicine."

18. 〈A new study confirms it: You likely experienced that moment of awkwardness or disrespect because you are a woman.〉。檢閱時間：二〇一八年十二月七日。https://www.facebook.com/NPR/posts/10155647100291756.

19. Lepore and Revenson, "Relationships Between Posttraumatic Growth."

20. "The Counted: People Killed by Police in the U.S."

21. van Dernoot Lipsky, Trauma Stewardship, chap. 4.

22. See Appendix B: Standards of Self- Care Gudelines; Mathieu, Compassion Fatigue Workbook.

| 第五章 |

比基尼工業複合體*a

茱莉很認真控制壓力。雖然不輕鬆，但她倒也還撐得下去。直到某天，她的身體終於達到了極限。

她的腸胃連續「罷工」了好幾天，甚至長達數個星期，但是她每次照鏡子，都覺得自己看起來沒什麼異狀，便不以為意。她選擇用鴕鳥心態來忽視這件事情，直到一天夜裡，她的肚子痛得讓她再也睡不著覺為止。

茱莉一家人才剛搬進新住處。這是入住新家的第一晚，茱莉一下子躺在床上、蜷起身子，一下子倒在浴室地板，一下子又坐在陌生的馬桶上，冷汗直流、渾身發抖、外加輕微而失控地排泄。她把症狀鍵入搜尋引擎之後，發現 Google 要她即刻就醫。

三小時後，茱莉在急診室裡接受檢查。當醫護人員按壓她的肚子，痙攣與絞痛讓她忍不住噴發出更多排泄物。茱莉早已沒力氣覺得尷尬，但是當護理人員詢問她相關的風險因子：飲食習慣不佳、久坐不動的生活方式、克隆氏症病史、近期腹部手術、鴉片類藥物等，尷尬這個詞卻開始在她腦子裡縈繞不去。「沒有、沒有、沒有！通通都沒有。」有沒有覺得壓力太大，日常生活出現變動呢？聽到這個問題，讓茱莉覺得身體緊繃、臉頻發燙，接著便不由自主啜泣起來。新工作和夫妻關係緊張，這不是每個人都會碰到的事嗎？這些平凡的瑣事有可能害她掛急診嗎？

經過令人不知所措的掃描檢查之後，診斷結果出爐了。診斷報告中出現了「阻塞」一詞。好消息是，這次發病沒有影響到全身，只須要快速、簡單的一「挖」就沒事了。至於後續的追蹤照護，則必須包含「腸道訓練」的部分。

現在，茱莉才真的感覺到尷尬。沒錯，因為排便問題掛急診不是什麼讓人臉上有光的事，但不只是這樣。這次事件彷彿是在指證她做人失敗，證明她的健康狀況欠佳，是因為她對一般正常生活的壓力反應過度。

「妳錯了，身體的反應一點也不誇張。也許妳沒有注意到情況有多糟，妳的身體卻能察覺得出來。當身體向妳傳遞訊息，妳就該相信它。」隔天，艾米莉亞在跟茱莉講電話時說道。

「這聽起來還蠻……妳是說，我的身體知道現在是什麼情況？還會向我傳遞訊息？拜託，真的假的啦？」茱莉閃爍其詞地說道。

※譯註a：工業複合體是一種社會經濟概念，囊括其中的各項產業會透過社會或政治體系／制度建立緊密連結，創造出或支撐起一個可共同獲利的經濟體。

「妳的身體會累積壓力。」艾米莉亞的解釋顯得白費力氣。

「是喔，那它為什麼承受不了我這種正常程度的壓力？」

「正常程度？妳剛換新工作也剛搬家，甚至還在考慮離婚！這等於是一次要應付工業化西方社會最可怕的三種壓力源耶！妳還想要妳的身體怎麼樣？」

事實證明，茱莉對於自己身體的期望，以及身體該做的事，有著非常離譜的觀念。她以為可以透過身材來衡量自己的健康。她想得很理所應當，所有人都這麼以為。

這一章就是要說明，茱莉為什麼會有這樣的誤解，為了矯正觀念，她又必須了解什麼。

打從一個女孩出生的那天起，如果她夠幸運，大人會欣喜若狂地迎接她稚嫩小小身體上一圈圈的嬰兒肥、手指上一條條的細紋、皮膚上一塊塊的斑點，以及她全身上下長滿的每一根細毛。她幼小的身軀有好多需求，要吃東西、睡覺、換尿布、抱抱。大人會留意她身體發出的求助訊號，如果她是個幸運的女孩，那麼無論大人有多睡不飽、多忙不過來，或是感到多絕望，都會願意滿足她的需求。

大部分女孩出生的時候，都曾經受到無微不至的關愛與呵護，疼惜珍愛著我們的每一吋肌膚。在那段時光和那樣的愛裡，我們是如此完美無瑕、美麗動人。

然後，就是後來的事了。

後來，我們就感染了人類付出者症候群，它迫使女孩成為人類付出者——要保持漂亮、快樂、沉靜、敦厚，並體貼他人的需求。驅策男孩成為胸懷大志、爭強好勝、雄壯威武，而且絕對不會犯錯的人。

回想女孩出生的那天，她是如此地完美、須要呵護又充滿生命力，被父母百般疼愛地抱在懷裡，甚至貼著臉頰。

她很漂亮吧？美得完美無暇。

可是妳記得嗎？她就是妳啊。

有個祕密是人類付出者症候群不想讓妳發現的，那就是「妳就是妳」。不論從妳誕生的那一刻起，到妳讀著這段文字的此刻，妳那完美無暇的身體經歷過多少變化，妳都一樣地完美無暇，也跟嬰兒時期的妳一樣，有好多須求需要滿足。

然而，從六歲開始，約有半數的女孩擔心自己「太胖」*1。到了十一歲，這種情況會影響多達三分之二的女孩。進入青春期後，幾乎每個女孩子都會嘗試「控制體重」*2。近期，有項涵蓋超過四千五百名青少年的研究發現，近全數受試者（百分之九十二）都曾經嘗試「控制體重」，更有近乎半數的青少女（百分之四十四）曾經透過不健康的方式來進行體重控制*3。

以前的美國女孩普遍沒有這麼嚴重的減肥傾向，也不是全世界的女孩都這麼想減肥。現今女孩的減肥趨勢，是文化推波助瀾的結果。一九九四年的斐濟群島還沒有電視，也沒有飲食障礙症。自一九九五年引進英國與美國電視後，至一九九八年間，斐濟群島有百分之二十九的女孩出現嚴重的飲食障礙症症狀。其中有百分之十三的患者在電視引進後一個月內便出現這些症狀 *4。

但是，從某種意義上而言，「女孩要減肥」的觀念不僅是沿襲自前人，更是放諸四海皆準。每種文化都有一套鼓勵女性努力追尋的「夢寐以求的美貌典範」。祖母曾經告訴我們在一九三〇年代發生的故事，她小時候家境很窮，住在她父親用零星廢料搭成的屋子裡。雖然家裡很幸運地有廁所，但是廁所的管線連接在屋子的正中央，沒有隱私可言。祖母和姊妹們的身材都很苗條。認真說起來，她們幾乎算是在飢餓邊緣長大的。儘管如此，她們三姊妹到了高中，還是會省吃儉用地湊錢去買「飲食補給品」，也就是糖果（因為糖分可以抑制食慾）。結果，僅僅一個下午，她們就吃光了足夠她們三人吃一個月的糖果分量。

不是只有白人或西方文化才會如此，thickdumplingskin.com *b 網站創辦人、台裔美國人陳凌也曾表示，台裔雙親明確地要她「吃得多，但不能胖」的期望，是導致她與食物和自己身體間關係出問題的原因 *5。

再說，美貌典範也不見得只跟苗條的身材有關。牙買加人眼中的「理想女性」要有窈窕的曲線，因此，當地女孩們會服用「雞隻用藥」（家禽育肥藥物）以求擁有迷人的線條。但這些藥丸卻含有砷的成分 *6。

這個世界處處豎立著美貌典範，也永遠都會有人願意為此賠掉健康。我們總是對身體發出的求助訊號充耳不聞。對身體渴望食物、睡眠、擁抱及排便所發出的絕望呼求裝聾作啞，僅僅在乎身體的外表。

現在，請試著想想看，如果我們從出生起、到童年，乃至青春期以後，始終感受到自己是完美無瑕的造物，那會是什麼感覺？如果社會文化不會一再強調，女性的身體應該呈現怎樣的體態與體型，女孩或女人必須不惜一切地試圖改造自己的身材，以符合社會標準的眼光，那會是什麼感覺？如果我們身體的形狀可以被認為是女性自然的體態而為人所接受，每一天都跟出生的那天一樣受人疼愛，那會是什麼感覺？對有幸變老的人來說，如果老去的身軀映照在鏡子裡的模樣，在我們眼中就如同出生那天稚嫩的身子一樣值得愛惜與呵護，那會是什麼感覺？如果我們可以不在意身材，慈悲地關心身體的需求，而不加以評斷它是否「值得」獲得食物或關愛，那又會是什麼感覺？

如果，還有多少如果？

這一章要教妳的，就是如何愛護自己的身體。

※譯註b：thickdumplingskin.com 是第一個專為亞裔美國女性所設立，與身體形象概念有關的網站，由陳凌共同創辦。

比基尼工業複合體

比基尼工業複合體（Bikini Industrial Complex，簡稱ＢＩＣ）是個複雜的名詞，那是我們倆為那些「專門靠著豎立不切實際的『夢想典範』來獲利，說服大眾可以（其實是必須）追尋典範，再藉由販售貌似可信、實則無效的『速成攻略』，創造出千億美金價值的產業群」所創的名字[*7]。它就像是殘留在地毯裡的陳年貓尿，氣味濃烈、臭氣瀰漫，每天聞到都令人作噁，但是妳看不見它，也沒人想得起它哪時候沒發臭過。我們會利用接下來幾段內容，拿黑光照照地毯，好讓妳看清楚臭味的源頭。

現在妳已經知道，媒體傳遞的各種資訊都是在向妳推銷**瘦即是美**的觀念。譬如運動器材廣告上的油亮腹肌，或是想看天氣預報時，螢幕上跳出的「塑造平坦小腹的神奇妙招」點擊誘餌，以及電視上由瘦得「無可挑剔」的女演員所飾演的公主角色。ＢＩＣ成功創造了一種壓力指數爆棚的文化，要求人們遵循幾乎沒人辦得到，卻被定義為不僅是最美麗，也是最健康與最高尚的典範。

但是，會誤導人的可不只是雜誌封面和小說情節而已。因為聯邦政府及醫學教科書也會誤導人，導致高中健康教育課程，甚至是醫師也會誤導人。比基尼巨頭就如同石油巨頭和菸草巨頭，它們都會遊說政府機構，以確保自家產品獲得國會支持。身體質量指數（ＢＭＩ）分類表及其定義（體重過輕、體重過重、肥胖等等）是由一個九人小組所建立的，在這九名成員當中，有七個人「受雇於減重診所，而鼓勵大眾利用減重機構來尋求協助，對其具有經濟利益」*8。

妳受騙於體重與健康的關聯性，因此永遠都會努力調整體重。

不過，相較於比醫學定義的「健康體重」少個五磅（約二・二六五公斤），比所謂的健康體重多出七十磅（約三一・七一公斤）以上，反而有可能讓妳更健康。在二〇一六年，有項發表於醫學期刊《刺胳針》（*The Lancet*）的統合分析檢視了一百八十九項研究，涵蓋近四百萬名從未吸菸、也不曾被診斷出有醫療問題的受試者。這項分析發現，根據美國疾病管制與預防中心的分類，比起「體重過輕」的受試者，「肥胖」者的健康風險較低。該項分析亦指出，經CDC歸類為「體重過重」者的健康風險，比屬於美國聯邦政府及世界衛生組織所定義的「健康」下限範圍者的健康風險更低*9。

另一項統合分析甚至發現，依照BMI分類標準，屬於「體重過重」者可能比其他分類的人更為長壽，而可預測性死亡率最高的一類，則屬「體重過輕」者*10。

不敢置信的妳一定很想問：「怎麼會這樣？」

我們也覺得：「怎麼會有這種事！」

面對妳再次提出質疑：「這怎麼可能？」

我們也很想回答妳：「真的！這太誇張了！」

即使是自述與這些統合分析的結論相悖、堅信「體重過重」有害健康的研究也讓步承認，

「以人類為研究對象進行的隨機對照試驗，尚未得出具說服力的數據，可以證實肥胖人士所採用的減重方法有助於延長壽命【引用原句】*11。」翻成白話文就是：即使妳靠著購買任何減重配方或建議而真的成功減肥（目前沒有科學根據足以相信妳能因此減重成功），也別指望可以更長壽。更進一步來說，最新研究指出，有醫師開始告誡中老年患者不要嘗試減重，因為有越來越多證據顯示，體重波動的危險會高過維持超標但穩定的體重所可能產生的任何風險*12。

然而，體重汙名的概念是如此深植人心，就連專門從事健康與體重研究的人員，也會傾向於支持「科學體重主義」，亦即在經驗方面站不住腳、只認定「瘦即是好，胖即是壞」的假設*13。就是這樣的假設，引導醫師和科學家寫下這樣的句子：「許多文獻證實，利用任何方式進行減重，對糖尿病患

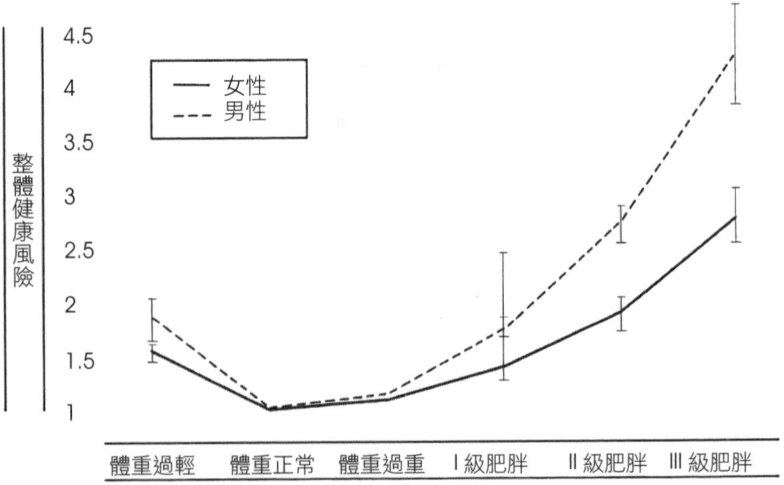

者皆有益處*14。」

「利用任何方式」？譬如得肺結核嗎？接受放射治療嗎？還是進入拘留營？或是截肢呢？得了吧。體重跟健康，是兩碼子事。

ＢＭＩ值與健康之間之所以呈現非線性關係，有部分原因是來自人類的體型與體態天生有別。看看攝影師霍華德．沙茨（**Howard Schatz**）在二〇〇二年出版的《運動家》（*Athlete*，暫譯）攝影集裡，奧運選手各形各色的健美身材與身形，便可一目了然*15。這本作品集所捕捉的每位選手，從身材最嬌小的體操選手到體格最壯碩的舉重選手，都是各項運動領域當中的頂尖好手。而每種體型與體態都可以作為健康的代表。有些人在ＢＭＩ值偏低的狀態最為健康，有些人則是在ＢＭＩ值偏高的狀態下最為健康。

不過，另一部分的原因是因為以ＢＭＩ值衡量個人健康，根本就是無稽之談。ＢＭＩ值其實就只是身高與體重的比值，這也就是為什麼，有醫生曾經向艾蜜莉的一名學生（國際花式溜冰競技選手）表示她的「體重過重」，即使她的體脂肪率已經低得害她出現月經失調的問題。這位學生的超高肌肉量與骨骼緻密度，使得她的體重等同於相同身高的男性。我們想要再次強調，即使是認定「體脂肪不是好東西」的研究也同意，ＢＭＩ值會把「體重正常或過重」，但有可能罹患各種肥胖相關健康問題的半數人口，都誤判為「健康」*16。體型跟健康與否無關，單憑身材是沒辦法辨別健康狀態的。

請問BMI分類表有提到，它的「健康」分類原則比較多是基於偏見，而不是以科學為基礎嗎[*17]？沒有喔。它就這樣把人貼上「不健康」的標籤，藐視科學的存在，賜予醫生和保險公司支配許可權，使其得以治療這種「疾病」並收取費用[*18]。

所有人都吃這一套，因為社會文化一直在灌輸我們「胖子就是懶惰和自私的代表」的觀念。然而，事情的嚴重度遠不只如此。以下這個例子便能說明，這種不良現象的影響程度有多麼深遠。

某一次，艾米莉亞擔任兒童合唱團的指揮時，竟然必須先教導孩子們如何呼吸！這些孩子才不過是十歲、八歲、甚至是六歲的年紀，就已經有概念，想要擁有平坦結實的肚子，因而懂得縮起小腹。可是肚子不放鬆，就無法大口深呼吸，而呼吸量不足，自然就唱不了歌。因此，艾米莉亞得先教會孩子正確的呼吸方式。這些小小演唱家的行為顯示，BIC不只教育我們忽視自身對食物和關愛的需求，它甚至不希望讓我們自在暢快地呼吸。

放鬆妳的肚子吧，它本來就應該圓圓的。那些都是比基尼工業複合體對妳施展的煤氣燈操縱手法。

我們的意思不是說，建構出比基尼工業複合體的幕後黑手或背後集團有意加害於妳。老實說，我們並不覺得那些人有聰明到足以建立起這整個爛體制的程度。只不過，我們絕對不是第一個知道，設立不合理的標準，並且強迫大眾依此標準來衡量自我，是有利可圖的人。

體重汙名危害健康

比基尼工業複合體的成功，叫社會付出了哪些代價？

代價一**財務成本**：這個身價高達千億美金的全球產業，是憑藉讓一般人對自己身材不滿意，才有辦法蓬勃發展。它提供的產品「健身」效果越差，能賺的錢就越多，因為大家總是會一個產品接著一個產品、一種風潮接替一種風潮，不斷地輪番嘗試，以求達到目的。

代價二**機會成本**：把時間和金錢花費在顧慮體態、努力「健身」的時候，是不是等於放棄了完成其他事情的機會呢？除此之外，還有「自我調節性疲乏」。如果把決策性和專注性認知資源，全部耗費在食物、服飾、運動、化妝品、體毛、「毒素」等各種選擇上，又因為身體達不到自己的期望而萬般苦惱，妳是不是會累得無力去在乎本來對妳而言是第一優先的事呢？

代價三則是生活環境充滿典範形象及其廣大信眾所衍生形成的**慢性低度壓力**。就如同傾斜的籠子和閃光燈暴露對大鼠造成的壓力。即使妳不買帳，一旁也會有人說：「真羨慕妳能看得這麼開。」或是「不行，千萬不能放棄自己！」抑或是「妳難道不會擔心自己的健康嗎？那妳（我）繳的保險費怎麼辦？」這幾句話的言下之意其實是：「妳怎麼敢這樣？如果我得遵守遊戲規則，那妳也一樣！給我照規矩來。」正如身體形象行動主義者潔斯・貝克（Jes Baker）所說：「如果有個不跟風也不減肥、對我們熱衷信奉的真理絲毫不感興趣的小胖妞公開站出來說：『**我好快樂！**』這會讓我們的理智線立刻斷裂。因為『那個賤女人破壞了規矩。她當著所有人的面不按牌理出牌。她就這麼不經意地刺傷了我們。更重要的是，她害我們畢生的努力變得一文不值*19。』」

「理智斷線」會導致另一種代價，那就是歧視。肥胖者的工作薪資較低，在求學時期比較容易遭受霸凌（不只是被同學霸凌，也會被老師霸凌）看病時也很容易被醫生打發或馬虎處置，因此，當肥胖者實際出現醫療問題，往往會延誤診斷與治療的適當時機*20。

此外，人類的健康與壽命也是必須付出的代價。節食——尤其是會反覆造成體重升降的「溜溜球節食法」，最終會引起腦功能改變，使得胰島素抗性與瘦體素抗性增加（導致體重上升，讓人想要節食，就此產生惡性循環），引發真正的疾病。別忘了，飲食障礙症的死亡率位居所有精神健康問題之首（甚至高於憂鬱症），死亡人數為每年二十五萬人*21。以瘦為美的思維不僅害我們生病，更奪去了不少人的性命。

儘管有越來越多男性受到身體畸形恐懼症所苦，文化層面向男性身材施加的壓力也與日俱增（即使如此，還是有人自豪擁有「爸氣身材（dad bod）」），體態問題毫無疑問地仍然是個性別議題*22。在無限追求「姣好」身材的過程中，浪費掉的是女人的時間、金錢、精力、機會、健康與生活，而且這種追求，是從我們為孩子的玩具「區分性別」的那一刻開始起跑。讓小女孩接觸體型不符現實的洋娃娃，會提高她們想要變瘦的慾望*23。而即使那份發表於《刺胳針》的統合分析指出，無論BMI值是高是低，男性所承受的健康風險皆「遠大於」女性（引用作者原話）然而在現實中，是誰比較容易因為體重受到文化，甚至是醫師（沒錯）的抨擊呢？當然是女性。女性遭受抨擊的比率是男性的兩倍*24。為什麼呢？因為我們是「人類付出者」。我們的道德義務就是要讓自己看起來漂漂亮亮。換句話說，我們必須符合夢寐以求的典範。

糟糕的還不只如此。身材典範已經融入這個社會實質的基礎設施，從飛機座椅的尺寸和形狀到醫用治療床的承重範圍，例子比比皆是。我們有位朋友，便是因為醫師診間裡的攝影儀器無法承載超過約一一三・二五公斤的體重，而無法進行乳房攝影，但考量到年滿四十歲以上的美國女性，有百分之五到十的人體重超過約一一三・四公斤，這種情況簡直過份得叫人無法原諒*25。

這種怪誕的歧視意味著，在這個社會上，身為肥胖者是很危險的。不是由於肥胖狀態，而是基於在日常生活中會遭遇到的差別待遇、排斥與汙名化。

通情達理的人可能不會認同體重與健康間存在特定關聯性。但是，目前還沒有合理的根據，也完全沒有證據可以證明，體重汙名絕對不會造成積極的傷害。

人瘦真好

媽媽與爸爸合唱團（the Mamas and the Papas）成員凱斯・艾略特（Cass Elliot）的女兒歐文・艾略特（Owen Elliot），在談到母親時曾說：「她很接受她自己是個什麼樣的人，她是個從來不缺男友的性感女人，但是我覺得，如果她可以選擇讓自己瘦一點，她會想變瘦。我現在雖然體重過重，也還是覺得自己很漂亮。但是天啊，如果能夠瘦下來，那該有多好，我相信她也是這麼認為的*26。」

在接受身體與改變身體之間拉扯的矛盾，是很常見且合理的心理狀態。儘管有越來越多證據指出，各種體型與體態都有可能代表健康的狀態，身材汙名卻已經滲透到生活的各個層面，針對肥胖與肥胖者所產生的偏見、成見、誤解及惡名，真的會對我們造成實質的傷害*27。由於社會大眾抱持著「肥胖是種病」的錯誤觀念，使得這種歧視非但不犯法，還變得正規化與合理化。

所以，人瘦真好。因為不管怎麼樣，只要瘦下來，就能像個真正的人類一樣被對待。苗條特權就跟種族特權、性別特權和階級特權一樣地真實。有色人種的女性如果天生下來是白人，遭遇到的不幸就會少一點。跨性別者如果生來就是順性別者，遭逢的噩運就會少一點。自閉症類群障礙患者如果天生屬於神經典型者，面對的困難就會少一點。同樣地，肥胖者如果天生下來就是瘦子，面臨的逆境也會少一點。但是，這些人都無法選擇自己的先天條件，他們只能選擇接受自己，試著忍氣吞聲地在這個不容許他們存在的世界裡活下來。

身材不符合「常規」標準，可能會讓逛街買衣服變得擾人，搭乘大眾運輸時可能會感到挫折，採買日用品時，旁人無聲的意見或以其他方式表達的建議，也會讓人莫名地感到疲累。這些經驗是另類的「慢性壓力源」，就像回到窩裡的大鼠發現巢穴被水潑溼時一樣。這些壓力會不斷累積。

渴望遵循典範的心情完全是合理的。在這樣的衝動之下，BIC又欺騙妳，跟妳說只要更認真、更自律、更沒完沒了的鬼話，妳就能夠符合常規的標準，於是，壓力便由外而內地進入了妳的內心。即使是形象或多或少符合夢想典範的人，也會感受到這種壓力。當他們已經瘦到不能再瘦，就會有人建議他們應該「雕塑」或「鍛鍊」腹肌、手臂、臀部或大腿。不分體型，人人都應該煩惱吃這種食物、做這種運動、穿這種衣服會不會讓人「看起來很胖」，以期能夠符合這個由社會精心鑄造而成的夢想典範。我們的價值觀認為，身材會反映出一個人的道德品行，以及身為人類的價值。肥胖者被認為是「懶惰、黏稠、貪心、墮落、失控、愚蠢、醜陋、缺乏意志力、原始」的*28。相反地，纖瘦的人則會被視為有自制力、體面、乾淨與聰明。追尋典範的好處，還真是令人難以抗拒地多啊！

嘴巴上說擔心妳太胖的人，可能會說他們是在擔心妳的健康，他們甚至也是如此相信。不過，由於肥胖不是病，所以他們真正擔心的，其實是妳的社交生活。他們擔心的是，妳能不能被社會文化所接受。所以說來說去還是那句話：人瘦真好。

為什麼非瘦不可？

正如娜奧米．沃爾夫（Naomi Wolf）[*c]所說，「執著於女性苗條身材的文化迷戀的不是女性的美麗，而是女性的服從。」身材纖細的女人，代表她們懂得管好自己。

一如多項殘害二十一世紀社會的有害規範，苗條典範也是工業革命挾帶而來的副產品。在工業革命之前，圓潤豐腴的肉感女才是美麗的標準，因為當時只有富裕的女人才吃得起高級食物，又不必幹勞力活，也才有本錢堆積出如魯本斯[*d]畫作中女性豐滿的線條。但到了十九世紀，隨著中產階級興起，丈夫養著孱弱的妻子，成為了當代社會時興的風尚。讓妻子不僅是不必，甚至是不能為家庭收入帶來貢獻，遂成為男人的地位象徵與家財萬貫的代表。自此，「嬌貴」和「脆弱」便成了女性應遵從的美德。

這樣的美德基準否認了由演化過程塑造形成的女性特質：結實、堅強、能夠健康受孕、懷孕、分娩、哺乳、養育大量後代。

這就是苗條典範的起源——它來自一種基本的假設，認定女人是男人的財產，以及男人的地位象徵。因為「父權體制」。

蘇菲有兩種衣服，如果把烏胡拉造型服裝也算進去則有三種。她有一個專供上班穿搭的衣櫃，裡頭全是一般人預期專業人士會穿的服裝，她覺得那些衣服就像戲服一樣，跟烏胡拉的連身裙差不多。除此之外，蘇菲也有內搭褲和網版印刷T恤，上面通常印有斗大的英文字樣或是人物圖案。

因此，當由蘇菲擔任顧問的學院系所邀請她參加晚宴，我們便陪她一起去挑衣服。沒有多少女人能跟蘇菲一樣，成年後還對自己的美貌保有絕對的信心。蘇菲是個對自己身材很有自信的肉感女。不過，她還是得踏出家門去試穿衣服。這次，蘇菲選了一家附帶泊車服務及免費暢飲氣泡水的豪華百貨公司。她挑了幾套衣服試穿，包括一套超級無敵辣的洋裝，並請我們提供意見，然後又去換上另一套。

就在這個時候，我們聽到兩個女人站在更衣室門外的對話。她們雖然壓低了音量，但還是讓人聽得見。

※譯註c：娜奧米•沃爾夫，美國作家、記者、女權主義者，被譽為第三波女權運動的主要發言人。

※譯註d：魯本斯，全名為彼得•保羅•魯本斯（Peter Paul Rubens），法蘭德斯派畫家、版畫家，被譽為巴洛克風格的代表人物。

一個女人說道：「她好像根本不在乎欸！還真是不好意思喔，我可是每天早上五點半起床就開始踩跑步機飆汗甩油的人。如果她是太懶惰，或者完全不懂得自重……」聽到這裡，艾蜜莉的耳裡只剩下狂怒的血液直衝腦門的白噪音。

在怒氣噴發的白噪音之外，艾蜜莉聽見另一個女人說道：「妳知道嗎，坦白說我是比較擔心她的健康，她就像個行走的心臟病患者耶！」

「然後，我們繳的稅還得用來補助她因為吃太多奶油夾心蛋糕所面臨的慢性死亡！真是謝了，歐巴馬！」

我們倆互看一眼。艾蜜莉看向蘇菲的更衣室，負責跟人打交道的艾米莉亞便走向那兩個女人。

「妳們講的話，我們都聽得到」艾米莉亞說道。

兩個女人不明所以地看著艾米莉亞。

「妳們在講的人是我們的朋友。」艾米莉亞說道。那兩個女人恍然大悟。她們雖然講話結巴，面露羞愧，卻又裝得不為所動。因為艾米莉亞的身材也不算纖細，這表示她也是隻懶惰蟲和行走的心臟病患者，所以她們又何必在意她的意見呢？儘管如此，艾米莉亞仍然氣憤地向對方說教，解釋不是只有瘦才代表健康，以及身材歧視是僅存尚未受到制裁的偏見等等。而艾蜜莉只是呆呆地站在一旁，不敢相信這種事情竟然真的會發生。

就在艾米莉亞準備要將音量擴大到引人側目的程度時，換回便裝的蘇菲走出了更衣室，手上掛著那件超級無敵辣的洋裝。

「妳要走了嗎？」艾蜜莉問道。

「喔，對啊！不過，我要先去把這件性感的洋裝給買下來。」蘇菲故意用那些女人也聽得見的音量回答，並朝艾蜜莉眨了眨眼睛。

做完三次緩慢的深呼吸之後，我們已經站在蘇菲後面，等她在收據上簽名。那兩個令人不快的女人則擠靠在更衣室旁。

艾蜜莉說道：「過幾個月以後，我們一定會覺得這件事情很好笑。」

「它現在就很好笑啦！」蘇菲說道。

事後，蘇菲穿著那件超級無敵辣的洋裝出席晚宴，並且遇見了她今生的摯愛。

全新「減重目標」

妳可能很想問：「只要給我個數字就好！我的體重應該是多少？」

如果問題有這麼簡單，那該有多好？

除了我們所討論過的個體變異性之外，讓問題沒那麼簡單的還有另一個主因，那就是「防禦體重」。就如同有些人是夜貓子、有些人是晨型人，身體的節律在我們一生當中會有所變化。同樣的道理，有些人體格壯碩、有些人嬌小玲瓏，人的身材在一生中也會有所改變。成年人的身體會維持基本的體態與體型，這就是神經科學家珊卓・阿瑪特（Sandra Aamodt）所說的「防禦體重」。今天稍微吃得多了點，明天的胃口就會小一點。為了穿得下好姊妹婚禮的伴娘服而餓肚子三個月之後……妳的食量就會大得像三個月沒吃東西一樣，直到妳的身體回復到防禦體重為止。防禦體重通常會隨著年齡上升，幾乎不會下降。只有極少部分的人才能透過飲食和運動來減重並維持減重效果，為身體設定新的防禦體重*29。

知道這件事會令妳感到多沮喪？某部分的妳是不是還深信，只要嚴守紀律，妳就可以達到不同的體重？

回顧第二章，我們曾經談過「何時該放棄」，並且建議妳利用決策評估表，分別列出繼續追求目標與放棄追求目標的短期和長期好處。無論妳目前替自己的身體設下了什麼樣的目標，都不妨試著利用決策評估表來進行評估。

或者，聽聽自己內在的聲音。多年來，妳內心的聲音可能一直苦苦央求著妳能放過自己。妳可以選擇繼續努力改變體態。那是妳的身體，也是妳的決定。但至少現在，妳可以調整期望，了解問題有多麼難以克服，以及須要付出多久的努力，才能實現目標。

妳也可以選擇放棄，不再追尋社會文化所構築的夢寐以求的美貌典範。妳的身體由妳決定。

不過，困難的還在後頭。一個小時後，ＢＩＣ就會開始跟妳爭辯、責備妳、批評妳、向妳施壓，要妳照規矩來。

為了妳個人以及所有女人的集體幸福，妳每天都必須與ＢＩＣ抗衡。因此接下來，我們要介紹四種在現實生活中能幫助妳打勝仗的策略。

策略１：接受狼狽的處境

有許多對付ＢＩＣ的方式在過去數十年間紛紛形成，也有越來越多有力的研究顯示，這些方法能有效改善健康、預防飲食障礙症，並能減少伴隨對身材自我批判而來的情緒與焦慮問題。儘管方法有別，這些對策仍有許多共同之處，它們全都鼓勵妳要①練習身材接納，亦即接受自己的身體，②擁抱身材多樣性，以及③聆聽身體的聲音。

這些方法都對妳有好處*30。請務必善加運用。

可是話說回來，我們倆也都沒見過有哪個女人跟身材的關係不是處於某種模稜兩可的狀態，但這也不足為奇。身陷在ＢＩＣ的漩渦中，周圍充滿符合理想典範的形象，甚至連家人也會說：「不過妳有打算要減肥吧？」這種狀況確實讓人很難保持身材接納的態度。

舉棋不定是很正常的反應。因此，與其把目標設定成「接受自己的身體」，不如先練習「接受狼狽的處境」。請用仁慈與憐憫的態度，去面對內心嘈雜、矛盾的想法及感受所帶來的狼狽。

現在的妳知道真相，體型無法支配健康。比基尼工業複合體並不在乎妳的健康，它只關心父權體制和資本主義之類的東西。但是，了解真相並不代表問題就能奇蹟似地解決。認清事實可能讓妳成功了一半，但也只有那一半。

當妳在從事體能活動，妳會知道這件事情對妳有好處，因為它讓妳完成壓力循環，也讓妳能夠做點事情。妳也很清楚，大多數人多半會以為妳是為了「減肥」或「雕塑體態」才運動，而某部分的妳或許也還是很積極地想要調整體態。這些都很正常。不管怎麼樣，動動身體對妳真的有好處，並且對著狼狽的處境和藹地微笑吧。有些時候，日子可能過得極其狼狽，有些時候又風平浪靜，而每一天的生活，都只是妳恰巧活在這個對身材強烈過敏的世界的一部分而已。

策略2：妳就是新一代火辣巨星

所有以實證為基礎的策略都包含了對「美麗」的重新定義。當我們能夠運用發自內心、包容身體現有模樣的定義，來重新建構自己看待美麗的標準，我們就能以仁慈與憐憫的態度去面對自己的身體。

說起來容易，做起來可不簡單。

艾米莉亞很自負於她在指揮時被拍到情不自禁地張大嘴巴、汗水浸漬她一頭亂髮的照片。艾蜜莉看見自己上電視的模樣，就會擔心她的下巴看起來太尖，因為多年前曾有人這麼說過。從來不曾擁有模特兒般骨感比例的我們倆，曾經看過在同時產下兩個七磅（約三一七一克）重的嬰兒之前，身材猶如模特兒的母親，在更衣室對著鏡中的倒影潸然淚下。那時她的身材，就跟我們現在看見鏡子裡的自己相去無幾。

這就是為什麼我們會玩起「新一代火辣巨星」的遊戲，這是教導我們自己放下對身材的自我批判，轉而善待自己的策略。

某天，艾米莉亞為了即將來臨的演出，在一家非常別緻的精品店裡試穿禮服。適合女指揮家的正式衣著很不好找，因為很少有衣服能夠兼備「純黑色、長袖、莊重、專業，又不顯老氣」的條件。對艾米莉亞來說，難上加難的是，除了找到滿足上述條件的服裝，還得要有正好介於「標準」尺碼和「加大」尺碼之間的尺寸，她才穿得下。因此，當她在那家雅緻的精品店試穿到一件讓她看起來正翻了的洋裝，她馬上傳給艾蜜莉一張試穿自拍照，並且改編威爾・史密斯在電影《星際戰警2》裡的台詞，在照片上寫道：我是新一代火辣巨星。

於是，「新一代火辣巨星」便成為我們在互傳訊息時，用來表示摒棄社會建構的理想典範、並且稱讚對方美極了的固定用語。

推薦各位也玩玩看這個好玩的遊戲。

也許現在的妳看起來跟以前不一樣，或是與妳以前夢想擁有的外表有所落差，但此時此刻的妳，就是新一代火辣巨星，這甚至是比曾經身為上一代火辣巨星還要吃香的事。

今天穿的是新買的內搭褲嗎？妳就是新一代火辣巨星。
頭髮要留長還是剪短呢？要換個髮色或髮型嗎？怎樣都好，妳都會是新一代火辣巨星。
生完小孩以後，肚皮變得鬆垮垮嗎？依然是新一代火辣巨星。
比畢業時的體重多了十公斤？果然是新一代火辣巨星。
多活了一年，皮膚長出新皺紋了嗎？妳還是新一代火辣巨星。
接受膝關節置換手術後，皮膚留有疤痕組織？一樣是新一代火辣巨星。
因為戰鬥受傷而截肢？絕對是新一代火辣巨星。
罹患乳癌而須接受乳房切除術？依舊是新一代火辣巨星。
重點在於，妳要依照自己的主張，來重新定義妳身體的價值。請一次又一次地，以仁慈與憐憫的態度接納自己的身體。

妳不見得要用關愛與疼愛的態度來面對妳的身體，關愛與疼愛的態度對身材接納而言，相當於是錦上添花，如果妳能做得到，那當然很好*31。身體須要妳為它做的，其實只是用仁慈與憐憫之心去接納它，不加批判，單純地接受妳所有矛盾的情緒、信念與想望。

我們想說的意思並不是，「美麗」是妳身體應該呈現的樣子，我們想說的是，美麗是妳身體原本的樣貌。

策略3：人人都是新一代火辣巨星

作家、喜劇演員暨肥胖自愛行動主義者琳迪・韋斯特（Lindy West）是透過接觸肥胖身材的正面形象，來了解到自己也可以成為新一代火辣巨星。她建議其他女性「上網瀏覽胖女人的照片，直到這些照片不會再讓妳覺得不舒服為止」。韋斯特表示，李奧納德・尼莫伊（Leonard Nimoy）*e的攝影集《豐腴肉體計畫》（*The Full Body Project*，暫譯）「對她而言是如同神賜的禮物」。她從來沒有看過像她一樣的肥胖身軀，能夠「不受鄙視地被展現，受人表揚，而非譏諷……被視為美麗的事物，而非笑柄」。於是她問自己：「要是我認定自己很珍貴會成真，那會怎麼樣？」她感覺到這個想法對她的腦子產生很大的影響。後來她才發現，已有研究證實，單純接觸到特定的體型，就足以令人對其產生好感。

在某幾場講座的尾聲，艾蜜莉會帶領觀眾一同參與她所謂的「漂亮活動」。艾蜜莉會在事前準備好五十張投影片，每張投影片都會顯示某個適合以「她」作為代名詞的人物，以及「她好漂亮」這句話。這項活動的規則是，每位觀眾要輪流看著螢幕上顯示的投影片，大聲說出「她好漂

※譯註e：李奧納德・尼莫伊，美國猶太裔演員、電影製作人、音樂家、攝影師，曾經飾演《星際迷航記》中的史巴克（Spock）一角近五十年。

亮」。接著，換下一位觀眾看著下一張投影片，說出「她好漂亮」。再換下一位觀眾唸下一張投影片，以此類推。投影片中呈現的人物，包含各種膚色與髮質的女性、有刮腋毛或沒刮腋毛的女性、坐輪椅或戴義肢的女性、切除單側或雙側乳房的女性、跨性別女性、中性氣質的女性、穿著穆斯林長袍布卡（burka）[*f] 的女性以及各種身材的女性，年齡則涵蓋十幾到九十幾歲。

這項活動的原意是要讓在場的每一位觀眾，都能在投影片中看見某個跟自己相似的身影，並聽見他人的讚揚。不過事實證明，當不符合投影片描述的參與者被要求注視在他們觀念裡會引發反感的身體，並且被鼓勵接受那樣的美麗，他們所經歷的衝突感是更為強烈的。艾蜜莉曾經帶領大學生、饒富經驗的治療師乃至於醫護人員進行這項活動，普遍的反應相當一致，所有人都流下淚來，並且驚愕地意識到，起初要能不帶批判眼光地直視這些非「理想」的身體，有多麼令人不自在，及這種不自在在一瞬之間，即可化為喜悅的來源。

讀完這一章後，妳會開始注意到存在於周遭世界的身材多樣性。而當妳看見不遵循夢想典範的人，妳仍然會反射性地出現批判性的想法，或是在看見符合夢想典範的人時，出現嫉妒與藐視的想法，抑或是在達不到社會的要求時，萌生批評及訓斥自我的念頭。每次去到公共場合、搭乘火車或巴士、在結帳櫃檯前排隊、參加派對、工作開會、在教室上課——這些思緒就會浮現。妳會留意旁人的身材，並對此產生情緒反應，而後，妳甚至會因此出現「真是的，我怎麼可以那樣想！」的情緒反應。

這些全都是妳會面臨的狼狽處境，但改變是會慢慢發生的。幾十年來，ＢＩＣ的思想已經深深地影響妳的頭腦。每一次妳踏出家門，就又重新回到ＢＩＣ的世界裡；每一次妳打開電視，就又成為ＢＩＣ的俘虜；每一次更衣，就又讓妳變成了ＢＩＣ的信徒。只要妳有注意到這些情況就好，就如同注意到空氣中飄浮著一粒塵埃一樣。妳可以完全保持中立，什麼都不必做。對著狼狽的自己和善微笑，並銘記正確的道理：「每個人都可以是新一代火辣巨星。妳就是新一代火辣巨星。她是、她們也是，所有人都是。」

策略４：詢問身體的需求

最後，請轉移妳對鏡中倒影與他人身材的注意力，用心體會活在自己身體裡的感覺。跟妳在練習接受自己的身體時一樣，請再一次用仁慈與憐憫的態度來面對妳內在的感知。

當小嬰兒覺得不舒服所以扭動哭鬧，大人必須判斷原因，這個過程便會讓嬰兒知道，身體的感受意味著什麼*32。我們會柔聲細語地說：「小寶貝，妳怎麼啦？肚子餓嗎？很累嗎？覺得孤單嗎？喔，妳是肚子餓了，對不對？」

※譯註ｆ：布卡的英文可寫作burka或burqa，別名眾多，指以一件式罩衫，從頭到腳包覆女性軀體，只露出眼睛部位的服裝，為伊斯蘭教傳統婦女服飾中遮蔽性最完整的一種。

於是，小嬰兒會學到，這種不舒服的感覺是表示「肚子餓」，那種不舒服的感覺代表要「換尿布」，另一種不舒服的感覺則叫做「孤單」。

但是，在她漸漸熟悉身體內在知覺的過程中，她也會吸收到矛盾的文化訊息，影響她看待自己身體的方式。大人會對著她的肚子說：「妳看這個胖嘟嘟的可愛小肚肚！讓人真想咬一口！」也會對著自己的肚子說：「噢，看看我的肥肚腩，我真的好臃腫。」

在她會認字或說話之前，她就會看到商業廣告，也會看到百貨商場裡擺的雜誌封面，儘管她永遠不會向誰提起，她也已經在吸收錯誤的觀念，認為她的身體不像以前一樣漂亮了，如果不讓自己變漂亮，她就不配得到食物、關愛、休息或健康。身為發育中的「人類付出者」，她意會到她的身體不是她的，而是屬於其他人的。她的身體是為了他人的樂趣、他人的慾望、被他人接受或拒絕而存在的。

順應成長過程所受的教育，讓許多女性練就了一身好功夫，堪稱忽視自我需求的世界級高手。我們甚至根本不知道忽略了自己的需求。身體向我們傳達各式各樣的訊息，我們卻「以首為尊」，只重視腦袋裡的雜訊，而把百分之九十五來自內在經驗產生的雜音，全數屏除在外。

請試著把妳的身體，想像成某個如小嬰兒般需要細心照顧的人。一開始，這會讓很多人覺得詭異、不正常，但是請先別急著排斥，試試也無妨。與其光看外表來評斷身體幸不幸福（我們都知道，不能單憑體態或體型來判斷一個人是否健康），不如轉而詢問身體的感覺如何：「怎麼了，寶貝？妳肚子餓嗎？口渴嗎？累了嗎？妳覺得孤單嗎？」只要妳願意傾聽，身體一定會有所回應。也許妳必須先停下手邊正在忙的事，慢慢深吸一口氣，把全副心神都集中在全身重量壓在地板或椅子上的感覺，然後大聲詢問身體：「妳需要什麼？」妳有可能突然心領神會，立即獲得解答，或者感受到某種來自身體的感覺，須要妳加以理解；又或者，答案會是浮現在妳心裡的一段話。無論以什麼樣的形式，身體總會給妳個答案。

雖然身體的需求會隨著妳的成長而出現細微的變化——例如，須要睡多久、幾點就得睡？想要得到誰的關愛？喜歡吃哪一種食物？不過，基本需求是不會改變的。妳的身體需要呼吸和睡眠，需要食物和愛。沒有這些就會死去。身體什麼都不必做、不必呈現特定的體態或體型，就「值得」獲得食物、愛護與睡眠。生病或受傷都不是身體的錯。身體仍然是個令人驚嘆的造物，就如同出生的那天，同樣為關心她的人帶來喜悅。她就是妳的身體。

她就是妳自己。

茱莉真的從來沒想過，自己的身體有什麼感覺。她會留意身材，並且跟大多數人一樣，花大把時間和精力在保持苗條。她會嘗試她所讀到的飲食方式，練習做健身專家推薦的運動項目，還會避免穿橫條紋的衣服。

不過，醫師要求她接受的腸道訓練，讓她不得不去注意自己身體的感受，而不僅僅是外表。

有很多提倡身體自愛觀念的講座都會強調，我們應該要因為身體「做的事」，而不是憑藉身體的外貌去愛它，這麼說還算挺有道理的。但是，對於茱莉或是患有慢性疼痛或疾病的人來說，這個建議就不是很有幫助了。儘管茱莉的身體看起來就跟她以為的健康身體沒兩樣，它卻沒有做到身體該做的事，而且還是以極其慘烈的方式表現出來。

院方有提供飲食指導方針，不過並沒有明確規定哪些東西能吃、哪些不能吃，而是要茱莉多留意她的身體在吃下各種食物以後的感受。結果證明，能讓她的身體覺得舒服的食物，與她過去曾經採納的任何飲食方式，兩者大相逕庭。醫護人員也要求她必須睡得更多、動得更多，但是她怎麼可能有辦法在好好照顧身體的情況下，兼顧得了現實生活呢？

身體需求與現實生活之間的協調就是害她進醫院的始作俑者。

為了達到這兩者的平衡，她會需要幫助，很多很多的幫助。

我們的身體不是完物，有時候它確實會讓我們失望。它很容易受到疾病、破壞和混亂無序的影響，它可能會讓我們感到灰心，而當身體沒能呈現出它們「應有」的狀態，世界會給我們一記迎頭痛擊。所以，我們不是要建議妳應該「愛妳的身體」，彷彿說出這句話就能一招見效。我們要給妳的建議是，請耐心地對待妳的身體，以及身體帶給妳的感覺。

身體不是妳的敵人。真正的敵人在外面的世界，比基尼工業複合體才是妳真正的敵人。它在背地裡催眠妳，讓妳相信「妳才是問題的源頭，身體才是妳的敵人，正是因為妳的身體不夠格，才會害妳這麼失敗」。

這件事情不僅困難，也會讓人覺得狼狽。讀完這一章之後，妳在和朋友聚餐時，聽到友人談論卡路里與脂肪含量，以及她們有沒有「資格」吃甜點，或是說真羨慕妳「想吃什麼就吃什麼」；當妳聽見家人批評自己或他人太過「放縱自己」，妳會想向他們解釋，我們不須要「掙得」享用美食的樂趣，我們本來就有權如此享受，不打算拚命追尋文化建構的典範，也不意味著失敗。「肥胖」並不等於「不健康」。有些時候，妳會選擇一吐為快，有些時候，妳會選擇保持沉默，因為妳不想跟人爭辯。說或不說，都無所謂。這些都是妳會面臨到的狼狽處境。

最後，我們想舉個自身遇到的狼狽實例，來為這一章做個總結。

艾蜜莉在撰寫這一章的時候，正因為受邀擔任一場大型專業活動的主要講者而嘗試減肥（我的老天爺）。研究與經驗告訴她，體重會影響他人看待她的感受，而她希望能以纖細的一面視人。於是，艾蜜莉在一個週五早晨花三個小時寫完身材接納的段落後，走上樓去量體重，因為，那天是週五。

接著，艾蜜莉致電艾米莉亞說道：「這實在太糟糕了！從一方面來看，貼近夢想典範可以為我塑造更專業的形象，被人更認真看待。但是，從另一方面來看，努力迎合夢想典範的行為，正好就跟我以專家身分受邀演講的主題互相抵觸！」

「哇喔，這樣確實不太妙，但這也算是個全新的勁爆話題啊。」艾米莉亞說。

回顧本書的第I部，我們說明了陪伴妳一同前進、能夠為妳止血的隨身資源。在第II部中，我們闡述了敵人狡猾的本性，它會費盡唇舌地說自己是我們的盟友，卻從背後狠狠地捅我們一刀。到了第III部，我們將會為妳具體、明確地詳述出奇制勝的方法。為了讓妳更有信心，我們會再多花一些篇幅，來說明日常的戰鬥及其所帶給妳的感受。我們會告訴妳，有哪些個人、實用的生活小事，可以幫助妳以柔克剛。

懶人包

- 「比基尼工業複合體」是價值千億美元的產業，它會試圖說服我們，自己的身體才是敵人，然而實際上，我們真正的敵人就是比基尼工業複合體。
- 對肥胖者持有偏見所產生的健康危害，可能比自身實際的體型對健康造成的危害更大。為了改變身材所採取的許多舉動，其實會導致健康情況變差。
- 想要接受與愛惜身體現有的模樣，同時又渴望遵循社會文化建構的夢想典範，這種對身體的看法舉棋不定的態度，是正常且近乎普遍的現象。

・解決方法：接受狼狽的處境，告訴自己，妳就是「新一代火辣巨星」！練習把每個人都看成「新一代火辣巨星」，以及重視身體的需求。

---

1. Dohnt and Tiggemann, "Body Image Concerns."
2. Evans, Tovée, et al., "Body Dissatisfaction and Disordered Eating Attitudes."
3. Vander Wal, "Unhealthy Weight Control Behaviors."
4. Becker, "Television, Disordered Eating, and Young Women."
5. "Thick Dumpling Skin"; Cusio, " 'Eat Up.' "
6. "Taking Surprising Risks For The Ideal Body."。檢閱時間：二〇一八年十二月七日。http://www.npr.org/templates/story/story.php? storyId=124700865.
7. Permanent Market Research, "Global Nutrition and Supplements Market."
8. Ernsberger and Koletsky, "Weight Cycling."
9. 男女兩性根據 BMI 分類的總死亡率風險，數據來源為《刺胳針》，補充資料表 e7，http://www.thelancet.com/cms/attachment/2074019615/2068888322/mmc1.pdf。
10. Keith, Fontaine, and Allison, "Mortality Rate and Overweight"; Di An-gelantonio, Shilpa, Bhupathiraju, et al., "Body-Mass Index and All- Cause Mortality."

11. Keith, Fontaine, and Allison, "Mortality Rate and Overweight."
12. Park, Wilkens, et al., "Weight Change in Older Adults."
13. Calogero, Tylka, and Mensinger, "Scientific Weightism."
14. Feinman, Pogozelski, et al., "Dietary Carbohydrate Restriction."
15. Schatz and Ornstein, Athlete.
16. Collazo- Clavell and Lopez- Jimenez, "Accuracy of Body Mass Index."
17. Saguy, What's Wrong with Fat?
18. 如果你想要全面性地了解比基尼工業複合體的政治操弄手段，想要知道它是如何讓世界接受「健康的體重」等於「能讓你保持健康的最低體重」，而不是「顯示整體健康良好的體重範圍」，推薦閱讀Bacon，《Health at Every Size》。如果你喜歡深入鑽研學問，推薦閱讀 Bacon 與 Aphramor 共同撰寫的同儕審閱學術期刊論文〈Weight Science〉。
19. "Why People Hate Tess Munster," Militant Baker.
20. Brown,"TheseWomenWereFat- Shamed";Kolata,"ShameofFat Shaming"; Engber, "Glutton Intolerance"; Chapman, Kaatz, and Carnes, "Physicians and Implicit Bias"; Puhl and Heuer, "Obesity Stigma."
21. Le Grange, Swanson, et al., "Eating Disorder Not Otherwise Specified." "Every 62 minutes at least one person dies as a direct result from an eating disorder." "Eating Disorder Statistics."ANAD.
22. Furnham, Badmin, and Sneade, "Body Image Dissatisfaction"; Kilpatrick, Hebert, and Bartholomew, "College Students' Motivation for Phys-ical Activity."

23. Dittmar, Halliwell, and Ive, "Does Barbie Make Girls Want to Be Thin?"

24. Puhl, Andreyeva, and Brownell, "Perceptions of Weight Discrimination"; Fikkan and Rothblum, "Is Fat a Feminist Issue?"

25. Table 205, "Cumulative Percent Distribution of Population by Height and Sex, 2007 to 2008," https://www2.census.gov/library/publications/2010/compendia/statab/130ed/tables/11s0205.pdf; LeeandPausé, "Stigma in Practice."

26. Farrell, Fat Shame，第一四五頁。

27. 同上。

28. 同上。

29. 關於這項日漸重要的結論的近期範例包括：二〇一三年的一項統合分析發現，平均而言，有多種飲食及運動規劃可維持減重約三・六二公斤的效果超過十八個月：Johansson、Neovius 與 Hemmingsson，〈Effects of Anti-Obesity Drugs〉。二〇一四年一項探討運動減重效果的統合分析發現，體能活動可以維持減重約二・二六五公斤的效果超過十二個月：Swift、Johannsen 等人，〈Role of Exercise and Physical〉。

30. 舉例來說，身體自愛模型（Be Body Positive Model）提供了五種能夠幫助你修復你與身體之間關係的技能：(1)重獲健康。以你的身體、情緒、社交幸福為中心，把「體重」和「體態」擺到一邊。(2)練習直覺性自我照顧，傾聽你的身體、關心身體的需求，而不要試著去控制或調節這些需求。(3)培養愛自己的心，練習自我疼惜，或如身體自愛創辦人柯妮・索布扎克（Connie Sobczak）所說：「培養對你這輩子所擁有、不停變化的皮囊的仁慈與寬容。」(4)宣告你真正動人的美麗，把你對美的解釋從文化定義的標準，改變為「你與周圍世界之間動態的參與關係」。〈宣告你真正動人的美麗〉，TheBodyPositive網站。你可以利用他們的線上資料庫thisisbeauty.org來進行練習，這個資料庫裡有的不只是照片，還有影片、故事和詩。最後一點是⑸建立社群，讓你自己跟能夠支持這些想法的人相處在一起。你也可以閱讀由ConnieSobczak所寫、講述身體自愛模型的《Be Body Positive Model》一書。不同體型的健康（（HAES®）一樣也提出了四大原則：接受你的體型、相信自己、採納健康的生活習慣、以及擁抱體型多元性，他們提倡體型與體態因人而異的現實基礎，就如同種族和性傾向因人而異一樣。HAES的宣言即為：「接納光譜各處顯露的美麗。」Bacon，《Health at Every Size》，第二七四頁。同樣地，身體計畫（The Body Project）的主旨是要減少「苗條典範」與對身體的自我批判的內在化，教導人們如何中斷會強化苗條典範與對身體的自我批判的「肥胖話題（fat talk）」與「身材話題（body talk）」的對話技巧。Stice與Presnell，《Body Project》。

31. 如果你想找一本專門介紹如何徹底愛上自己身體的書，請參考Taylor《Body Is Not an Apology》。

32. 你的內在經驗帶給你的感覺叫做內感受（interoception）。Craig〈How Do You Feel?〉。

第 III 部

模擬訓練

第六章
連結

蘇菲自認是一位成熟的女性。獨居的她在經濟方面自給自足，活生生是個從課本走出來的典型獨立女性。她很自豪於她懂得照顧自己，一個人就能過得很好。她有家人和朋友的陪伴，也很享受約會的浪漫與刺激，但是她不會跟任何人長期交往。她對談戀愛沒那麼有興趣，直到她遇見伯納德。

蘇菲與伯納德的相遇源於一場晚宴。由蘇菲擔任顧問、協助設計全方位STEM課程的大型知名科技大學舉辦了一場系所晚宴，當時，僅剩的空位數不多，蘇菲選擇走向一名捲髮男士身旁的位子。

「請問這個位子有人坐嗎？」蘇菲問道。

男子抬起頭，動作顯得有些侷促不安，在兩人凝視對方的剎那間，蘇菲忽然被粉紅泡泡給包圍，什麼都聽不見，只注意到男子的眼神閃閃發亮，表情溫和且友善，臉頰上還長著雀斑。蘇菲覺得自己彷彿毫無預警地來到了一個全新的世界。

男子朝空位打手勢，蘇菲便坐了下來。她突然感到一陣小鹿亂撞。

「我是伯納德。」男子伸出一隻手自我介紹。

兩人握手的瞬間，蘇菲感受到一股觸電般的感覺，便吃吃地傻笑起來！這個成熟的女人竟然會傻笑。但為時已晚，等到她笑完已經來不及了，現在伯納德一定會以為，她就是那種會咯咯笑的女人。蘇菲清了清喉嚨，深吸一口氣保持冷靜，說出自己的名字。

「我知道妳是誰。」伯納德友善且熱情地點頭。不久之後，伯納德會向蘇菲招認，他當時跟自己說：「她才不會看上你呢。」並且坦承要是他真的覺得追得到她，肯定會害他緊張得神經衰弱。

晚宴過後，兩人每次在校園裡相遇，伯納德總會面帶微笑地向蘇菲招手，而蘇菲每次都會感受到觸電般的電流，在心裡小鹿亂撞。

她問內心的小鹿：「為什麼？為什麼是他？」

蘇菲知道伯納德離過婚，也有小孩，因此他不只沒錢，還揹著許多情緒包袱，根本沒有時間接觸新事物。那不是蘇菲想過的生活。她想要的生活是能夠盡情歡笑、出遊、無後顧之憂的快樂。

但她內心的小鹿並不在乎這些。「他的眼睛很好看！」牠們津津樂道地說。

終於，蘇菲願意向艾蜜莉坦白：「有個男的，他讓我覺得小鹿亂撞。但是我不明白，我是一個成熟的女人，我的生活不需要這個男人，也不想要被他所背負的問題搞得一團亂。」

艾蜜莉說道：「嗯，從科學的角度來看……」

蘇菲搶著打岔：「艾蜜莉・納高斯基，妳千萬不要告訴我：『從科學的角度來看，女人需要男人。』這種話喔。身為一個女權主義者、性教育學者和科學迷，妳絕對不能告訴我，『從科學的角度來看，女人沒有男人就不完整。』」

「我的天，我當然不會講這種話！」艾蜜莉說道。

「那就好。」蘇菲說道。

艾蜜莉強調：「但是，妳心裡的小鹿知道某些妳所不知道的事。」

這一章就是要探討，蘇菲的內心小鹿究竟知道些什麼？

「小時候你每次哭，都是誰來抱你呢？」

這是治療師暨研究人員蘇・強森（Sue Johnson）會問病人的問題。如果蘇是營養學家，問題也許會變成：「小時候你每次肚子餓，都會找什麼東西來吃呢？」家庭背景可以提供豐富、營養的糧食，飲食條件不會引起罪惡感與羞愧感的人，可以很愉快地回答這個問題。反觀家庭背景只能提供少量、劣質的糧食，並會因此引發罪惡感與羞愧感的人，會以極為不同的態度來回答這個問題，就連思考問題時的感受都會有很大的差異。

社會連結就跟糧食一樣，是養分的來源。如同童年的飲食經驗會影響我們現在對待食物的關係，幼年時期的連結經驗也會影響現在的我們與他人之間的關係。在人生的各個階段，我們所需要的特殊營養素會有所不同，但是無論在哪個階段，我們對食物的基本需求是不會變的；同樣的道理，在人生的各個階段，我們對連結的需求也會有所變化，但是不管在哪個階段，我們對連結的基本需求都不會改變。我們生活的文化限制了人們可取得的食物種類，也限縮了人們所能建立的連結。

讓幼兒獨處不僅是放任她孤單寂寞，更是事關生死的大事！這不只是因為缺乏食物與保暖，且未加以遠離掠食性肉食動物的幼兒很容易死掉。事實上，縱使其他需求都獲得滿足，幼兒仍有可能死於孤獨[*1]。與他人接觸是一種基本的生物需求，而孤獨就相當於是一種挨餓狀態。

即使身為成人，連結也能透過生理學的方式滋養我們的身心，調節心跳及呼吸速率，影響大腦的情緒活化作用，將免疫反應導向損傷與傷口部位，改變我們與壓力源的接觸，並調整壓力反應[*2]。我們真的會因為缺乏連結而生病死去，這句話一點也不假。在二〇一五年，有一份涵蓋七十項研究、囊括全球超過三百萬名受試者的統合分析發現，社交隔離和孤獨會導致個人早死的機率上升百分之二十五至三十[*3]。某家保險公司的首席醫療官員在說明一項二〇一五年調查孤獨對健康影響的研究結果時解釋，孤獨「對死亡率的影響等同於每天抽十五根香菸[4*]」。同樣在二〇一八年，英國政府成立了孤獨委員會（Commission on Loneliness），強調孤獨是一種公共衛生問題，並且表示孤獨對健康的影響與罹患糖尿病等慢性疾病不相上下[5*]。在每個成年人跳動的心臟裡，都住著一個**不與他人建立連結就真的會活不下去**的幼兒。

然而，「普遍常識」卻認為，個人的發展應該是從依賴邁向自主的線性進步過程。心理學家在制定與人類發展有關的理論時，得出依靠他人是「不成熟」的行為的結論。他們聲稱，最優秀、最堅強、最理智、最聰明也最成熟的人，是凡事親力親為、不須要他人給予任何協助的人。

雪上加霜的是，人類付出者症候群卻主張，這項結論並不適用於所有人。請試著想像一個小男孩，自己學講話、走路、吃東西、練習控制大小便，他自己學習認字、算數、寫化學題。他從想要媽媽抱抱，變成想要離家獨立生活，等到這個時候，小男孩已經長成一名稱職的人類同胞。另一方面，一個小女孩則應該獨立成長到某個階段，接下來便該步入婚姻與生育，到了這個時候，小女孩也長成了一名稱職的人類付出者。在社會大眾的眼中，建立在自主性基礎的身分給人比較堅強、傑出與陽剛的感覺，立基於連結基礎的身分則會帶給人比較軟弱、低下與陰柔的印象。

普遍觀念仍然認為，健康人士不管有沒有另一半、是否獲得他人認同或是擁有家人或社會的支持，都應該要覺得自己是百分之百的完整。對我們的幸福來說，社會連結應該是「加分」，而不是必要的組成元素。換句話說，社會連結是營養補充品，而不是主食。有鑑於此，第一波女權主義浪潮會將獨立的特質視為典範，也是無可厚非。

可是，與普遍觀念背道而馳的真相是，欠缺人際連結的人，就不算「完整」。我們是說真的。缺乏社會連結的人要想擁有完整的自己，就好比缺少糧食的人想要讓身體獲得營養一樣，這是行不通的。我們都會餓，也都會寂寞。我們必須餵養精神與肉體，否則就只有死路一條。別誤會，我們的意思不是指妳「需要男人」或是愛人、情人之類的對象。我們想說的是，妳須要擁有人際方面的連結。除此之外，自主性與連結的本能都是人類與生俱來所追求的畢生目標。我們需要連結，也需要自主，兩者缺一不可，不相抵觸。人類天生就是會在連結與自主的狀態之間來回擺盪。

本書第III部：模擬訓練是以本章作為開頭，說明有哪些日常選擇與作法，可以幫助我們對抗引發倦怠感的成因——亦即本書第II部論及的敵人。

「模擬訓練」指的是在電影《小子難纏》中，宮城先生教導丹尼爾・拉羅素「上蠟、磨光」的方法。電影中還有一句台詞是「別忘了呼吸」。隨著呼吸，讓我們進入另一個循環、另一種狀態——現在，請吸氣，接著再吐氣。

「連結」真的存在

我們倆身為雙胞胎，擁有一種上天賜予的天賦，讓我們不必練習、不費吹灰之力，就能稱霸兩人三腳競賽。我們倆在八歲那一年參加兩人三腳比賽時大獲全勝，展現出壓倒性的優勢，讓其他參賽者望塵莫及。

我們倆可以在操場上同步奔跑，在校車上也同樣能心有靈犀。每當我們兩人之中，有一人被欺負得哭出來，另一人也會看似無緣無故地突然跟著一起哭。我們甚至不記得是誰實際上被人欺負了。在校車上跟在操場比賽不一樣，沒有繩子把我們兩個綁在一起，能讓我們的感受同步化的，只有情緒調和性[*a]。而將我們倆串聯在一起的調和性與同步性，就跟繩子一樣具體且真實。科學界才剛開始懂得如何測量這種現象。雙人神經科學（Two-person neuroscience，簡稱2PN）是全新的概念，目前研究人員還在嘗試確立測量腦部的連結同步性體驗最正確與最有效的方式，不過至今為止的研究成果已令人大感驚奇[*6]。根據研究結果，當人們共同觀賞一部電影，儘管彼此互不相識，觀眾大腦的情緒反應也會出現同步化現象。單單是與他人共享空間便足以促進彼此的心跳速率同步化。另外，我們會無意識地模仿談話對象的臉部表情，並能體會這些表情所帶有的情緒，也會不由自主地調整肢體動作及講話音調[*7]。我們隨時隨地都在與他人進行共同調節作用，自然而然地同步，甚至還不見得有意識到這些現象正在發生[*8]。妳的內在狀態不但極具感染力，也極容易在職場、家庭、賣場、公車等種種場域，被周遭人士的內心狀態給「傳染」。

人與人之間的共同調節作用始於生命誕生之際，從那時起，這種作用就開始影響我們的大腦[*9]。嬰幼兒與成人照護者之間，彼此交換充滿關愛的眼神會促進多巴胺的分泌，多巴胺是一種神經胜肽物質，廣為人知的作用包括幫助我們與他人建立聯繫，以及協助神經連結的生成。當嬰幼兒與成人照護者互相交換帶有負面意味的眼神，則會促使皮質醇分泌，皮質醇是聲名狼藉的壓力荷爾蒙，會擾亂神經連結的形成[*10]。人在兩歲之前，會以為自己的感覺跟身旁所有人的感覺一致，我們會觀察身旁的大人，判斷他們的感覺，並吸收內化成為自己的感受。這不是意志的選擇，而是本能的驅使。倘若抱妳在懷裡的大人看起來平靜且放鬆，妳的神經系統就會認為它也可以安心鬆懈；如果大人看似很有壓力、很焦慮，那必定是因為有事情值得讓人焦慮，因此妳的神經系統便會讓妳也呈現相同的焦慮狀態*11。

兩、三歲大的小孩，雖然還無法自力更生，卻已經能夠開始了解，別人的內在經驗與自己不同。青春期的孩子或許有辦法獨力謀生，但是人類不像其他許多動物，會就此離群索居。我們會留在社會群體之中，與同儕相互建立連結，而在此時期建立連結的方式，便會受到嬰兒時期的我們與照護者之間的連結（或者更嚴格來說是「依附」）形式的影響。

分享空間即意味著分享能量。連結對我們的影響始於原子層面。構成人體的每顆粒子都會影響周圍的粒子，也會反過來受到周遭粒子的影響，這種相互影響的作用會無限延伸，並且存在於妳所能想像到的各種物質規模。若是把兩個尺寸相同的鐘擺放在一起，只要擺動其中一個鐘擺，另一個也會跟著擺盪，而且兩者會逐漸趨於同步，到最後會同時朝著相同方向擺動。我們是由能量所組成。而能量的本質就是分享、傳遞與連結。與他人共享空間，代表我們的能量會影響他

※譯註 a：情緒調和性不單單是指注視他人的表情或聆聽他人傾訴，而是意味著運用所有感官去體會對方的感覺並感同身受的過程。簡單來說，情緒調和性指的是真誠地認同、理解並將對方的情緒狀態投射到自己身上的行為。

人，他人的能量也會影響我們。這種作用不只發生在物理方面，也會發生在心理層面，不僅無可避免，更是叫人嘖嘖稱奇。

那麼，這種作用對我們有什麼幫助呢？

聽見「連結很重要」，很容易讓人聯想到猶如情感連結般的無形感受。譬如好姊妹為妳加油打氣、另一半在妳須要宣洩時聽妳訴苦、給妳擁抱，以及聽見孩子對自己說「我愛妳」。連結指的正是這些，連結就是一種感覺。

但是，連結也具有實際功用。畢竟，生活很複雜，處處要花錢，也很花時間。我們都需要協助。

茱莉需要協助。她的「腸道訓練」規定她除了遵守其他注意事項以外，每天必須花半個小時「蹲馬桶」。為了擠出時間，茱莉勢必得撇下某幾件事情不管，交由她以外的人來完成。茱莉的媽媽挺身相助，她會在週日煮好各種料理，用保鮮盒冷凍分裝後再拿給茱莉。黛安娜朋友的家長也伸出援手，幫忙接送孩子上下課。令茱莉訝異的是，她所有的朋友都願意出手相助。一位朋友主動做了一份共用行事曆，讓大家方便分配輪流帶食物過來，或是幫忙帶黛安娜外出。

妳知道還有誰也幫上忙了嗎？答案就是茱莉的丈夫。

是時候該介紹傑瑞米出場了。傑瑞米跟茱莉一樣是英文科老師。他的碩士論文寫的是愛德華・摩根・福斯特（E. M. Forster）*b。他有一對長睫毛與一雙散發出智慧氣息的棕色眼睛。在黛安娜著迷於動畫電影《魔髮奇緣》（*Tangled*）的日子裡，傑瑞米總會維妙維肖地模仿男主角費林・雷德（Flynn Rider）「不耐」的表情，把黛安娜和茱莉逗得樂不可支。傑瑞米總是會主動打電話聯絡水電工、承包商或是任何必須聯繫的維修人員，以安排修繕時間，把房子照顧得非常好。最重要的是，他愛茱莉。他不明白，他們夫妻倆怎麼會鬧到今天這個地步。他只知道，每次他想幫忙就會挨罵，因此他便作罷。

經過「急診屎」事件之後，即使茱莉害怕再度引發爭吵，她還是跟傑瑞米坐下來好好談了一次。

茱莉解釋了那起事件（建立長期親密關係的好處之一，就是能夠毫不掩飾地把彼此的排便問題也拿出來討論），並且明確表達她需要的是時間。

傑瑞米回應道：「嗯，房子必須得有人打掃才行。如果要請清潔人員來幫忙，我們又得事先整理東西，我不想這麼麻煩。我可以負責打掃房子，前提是妳必須放心把這件事交給

※譯註b：愛德華・摩根・福斯特：全名為Edward Morgan Forster，英國小說家、散文家、歌劇作家，曾經十六度被提名為諾貝爾文學獎候選人，並有多部作品被翻拍成電影與影集。

我，而且不要對我下指導棋。」

連結不見得總是溫暖而含蓄，不過茱莉同意傑瑞米的提議。傑瑞米將每個星期六訂為打掃日，並且把這件差事當成他跟女兒一起執行的計畫。第一個星期六的下午，茱莉做完物理治療後回家，發現家裡變得很整潔，儘管收納方式跟茱莉一貫的做法不同，但是東西確實收得很整齊，而且完全不用她操心，這讓她差一點就掉下淚來。此外，她也不用忙著煮飯，因為烤箱裡有現成的食物。她最關心的人全都各自在用行動支持她。為了接受他們的幫助，她唯一需要做的，就是放下掌控一切的慾望、拋開完美主義就對了。

這就是她「唯一」必須做的。

有時候，連結是情感上的支持，能提供資訊與教育，就如同醫護人員正在幫助茱莉重新學習如何跟身體和睦相處一樣。還有些時候，連結代表的是吃便飯、搭便車、洗碗、掃地與居家收納。公共衛生理論稱之為「實質性支持」。

對茱莉而言，這種感覺就像是「多了個老婆」。

好的連結對妳有好處

每個人對於連結的需求與渴望不盡相同[*12]。這樣的差異有一部分來自於個性內向或外向，有一部分則是源自於個人對社交活動的喜好程度，除此之外，這樣的差異似乎也可被視為個人性格方面的小怪癖[*13]。研究人員對此進行評估的方式很簡單，他們會直接詢問受試者同意或不同意「我很需要歸屬感」的描述[*14]。對歸屬感的需求程度並不存在「正確的水準」，唯一存在的，只有適合自己的水準。

讓我們來談談獲得需要的連結對健康有什麼好處。請注意，連結不單單只是強調婚姻類型的關係，而是包含各式各樣的正向關係，包括與朋友、至交、死黨、夥伴、好哥兒們和家人之間的關係。不過，配偶關係或許是其中最常見的研究類別，因此，提供多數證據、證明連結對生活有益的研究，也是以配偶關係為主題的研究。

舉例來說，近期有一項涉及多個國家、納入七萬名以上受試者（全數均為異性戀婚姻）的統合分析發現，婚姻品質不佳會導致身體健康變差、壽命變短，也會造成精神健康衰退[*15]。此項分析所採用的婚姻「品質」標準，並非高得令人卻步，其標準包含「自陳式關係滿意度高、對伴侶主要表現出正向態度、敵意與負面行為表現偏低」。說白了就是「我很滿意我的婚姻關係、我喜歡我的伴侶。大致上而言，我們很支持對方，也對彼此很好」。然而，光是擁有這種基本水準的滿意度，就能發揮驚人的效果。婚姻品質較高的人，受傷部位與傷口癒合的速度較快，生活品質也比較不會受到慢性疼痛的影響。事實上，關係品質被認為比吸菸更能準確預測健康狀態，而吸菸是關於不良健康狀態最有力的預測因子之一。此外，相較於男性，優質關係所能帶來的好處有時在女性身上甚至更為明顯。

研究人員發現，這種效益至少有部分可能是源自於「當人們處在優質的關係之中，往往會傾向於照顧好自己」的事實。換言之，我們關懷他人與受到他人關懷的方式，都會對「自我照顧」造成影響。

即使沒有雙胞胎手足，妳也可以與家人建立良好的連結。我們希望在妳的生命中，至少有一個人可以完全體會妳的感受，真實地理解妳的痛苦，並且感同身受地支持妳。

我們把這類能量創造型連結稱之為「愛的泡泡」。

愛的泡泡

建立社會連結就跟攝取營養的食物和練習深呼吸一樣，能為身體提供能量*16。如果我們將人類付出者症候群譬喻為一種病毒，愛的泡泡就相當於是能增強免疫反應的能量補給站。在愛的泡泡裡，也許妳所體會到的是一對一的連結（艾蜜莉的體驗通常屬於這一類）。或者，團隊合作帶給妳的連結感更為強烈（艾米莉亞的經驗則是偏向這一類）。或許，妳與摯友、配偶、教會小組成員或寵物狗之間的連結感，對妳來說才是最棒的（沒錯，我們也能跟其他物種建立連結）。不同的泡泡具有不同的風格，妳與競賽溜冰隊友之間的連結，有別於妳跟家人之間的連結，亦有別於妳與反資本主義、支持婦女權利的編織小組成員之間的連結。但是，這些不同的能量創造型泡泡，都含有兩種特殊成分：信任與結合性認知。

泡泡成分之一：信任

有許多物種會留意在不同個體之間，誰付出了什麼、誰又有所回報，人類也不例外。相信身邊的人會對自己的付出給予等比例的回饋，此一信念即為「信任」。

研究人員，尤其是經濟科學與心理學領域的研究者，會利用信任遊戲作為工具，探討人們受到信任或背叛時的反應。如欲深入了解相關的科學理論，請上網搜尋「信任遊戲」。正規的研究是利用金錢來進行實驗，我們的實驗則是用杯子蛋糕。以下是我們的實驗方法。

研究人員先請艾蜜莉和艾米莉亞分別待在實驗室裡。接著，研究人員給了艾米莉亞四個杯子蛋糕，以及一道選擇題。艾米莉亞可以選擇帶著杯子蛋糕直接回家，或者她可以自由決定要分給艾蜜莉幾個杯子蛋糕。後者的附帶規定為：艾米莉亞分給艾蜜莉的每一個蛋糕，都會自動被當成三個蛋糕來計算。假設艾米莉亞分給艾蜜莉一個蛋糕，那麼艾蜜莉會得到三個蛋糕，而艾米莉亞也還有三個蛋糕；假如艾米莉亞分給艾蜜莉兩個蛋糕，那艾蜜莉會得到六個蛋糕，而艾米莉亞則還有兩個蛋糕，以此類推。

此外，如果艾蜜莉得到了蛋糕，她也可以自由決定，是要回送一些給艾米莉亞，還是直接打包蛋糕走人。

如果艾米莉亞信任艾蜜莉，她可以把四個蛋糕全部讓給艾蜜莉，這表示艾蜜莉將會獲得十二個杯子蛋糕！如果艾蜜莉為人老實，她就會回送艾米莉亞六個蛋糕，這麼一來，兩人各自都能分得六個蛋糕！信任與互惠，可以使蛋糕數量最大化，並能維持兩方關係的和平。

現實世界裡，我們在人際關係當中所給予及接受的「杯子蛋糕」，幾乎可以代換成任何東西——金錢、時間、關注、可口的杯子蛋糕，或是在面對難熬情緒時的同情心。在這些例子當中，最後一項提到的同情心，即是最重要的「杯子蛋糕」。當我們以悲傷、憤怒、受創等難熬的情緒面對他人，倘若對方可以不加批判或不帶防禦地理解我們的感受，那將能幫助我們走出情緒的隧道，直達盡頭的光明。

由此看來，信任的定義可以被歸結成為一個簡單的問題：「你支持我嗎*17？」值得信賴的人會支持彼此，而這種相互信任與值得信賴的感受，能讓雙方的健全達到最佳狀態。

不過，假設艾蜜莉在實驗當時，正因為經前症候群而導致食慾異常旺盛，那十二個杯子蛋糕在她眼中簡直就是天大的誘惑。於是，她當場在實驗室狼吞虎嚥，一口氣全吃光蛋糕後奪門而出，什麼都沒留給艾米莉亞，讓艾米莉亞在心裡深深烙印被背叛的感受。

壓力反應就此啟動。說不定，艾米莉亞會因此受到刺激，決定採取報復行動。但實際上，報復既非最常見亦非最有效的回應方式。遭到艾蜜莉背叛之後，艾米莉亞最有可能採取對她最有幫助的做法，就是回家跟丈夫大肆抱怨艾蜜莉獨吞全部的蛋糕！而這個願意為妻子撐腰的男人，決定自己動手烤一批杯子蛋糕，再邀請朋友來作客，親朋好友帶來了更多杯子蛋糕，大夥也一致認同，正值PMS的艾蜜莉是個過分的貪吃鬼。到最後，等到高漲的荷爾蒙消退之後，就連艾蜜莉自己也覺得過意不去，帶著更多杯子蛋糕來找艾米莉亞道歉，承諾不會再發生同樣的事情。要透過這樣的過程，信任關係才得以修復，愛的泡泡也才能保持穩定[*18]。

然而，倘若艾蜜莉雖然道了歉，卻表示自己真的克制不了大啖杯子蛋糕的衝動，艾米莉亞可能還是會原諒她，但是她會明智地選擇把艾蜜莉流放到泡泡的邊陲地帶。

在能量創造型泡泡的外圍，會有些蠢蛋對艾米莉亞說：「誰叫妳要把全部的杯子蛋糕都讓給別人，活該！」但就是因為這樣，這些人才會在愛的泡泡外面。不信任他人或是不值得信任的人，本身就像是能量排水口，會把能量消耗殆盡。

接下來，讓我們花點時間來探討，信任與「真誠」的關聯。

真誠意味著「完全地做自己」，表現出妳最私底下的模樣，包括可能會惹人非議的那一面[*19]。信任是展現真誠的條件，妳可以跟對方分享某些可能具有爭議的想法與感受，而不會遭到對方背叛。許多自助類書籍（尤其，也有很多行銷類與銷售類書籍）都會提倡真誠的概念。

不過，有策略性地表現出不真誠的一面，也是信任的一部分*20。有時候，妳會同意參加孩子好友的生日派對，儘管妳知道前任也會出席，你們會面帶微笑地進行合乎社交禮儀的對話，因為妳想讓孩子記得這是愉快美好的一天。妳不希望在孩子的記憶中，出現妳像妖精般厲聲尖叫，把別人的生日蛋糕砸到前任臉上的畫面。

以合乎社交禮儀的方式，禮貌地壓抑怒氣「並不真誠」，因為我們所表現出來的並不是完整的自己，而這也是信任的一部分。要做個值得信賴的人，有一部分的條件即是建立在滿足期望與循規蹈矩的基礎之上，也就是要表現得像個品行端正的好女人。

至於真誠的一面，則必須等到當天晚上，在妳打電話給最好的朋友傾訴，妳在派對上表現得多彬彬有禮，但其實妳內心超想變身成浩克，一腳踹飛桌子。當妳哭著說，妳的孩子大概永遠都不會發現妳假裝得有多辛苦，而妳之所以要這麼努力地扮演假好人，就是為了讓她永遠都不必知道妳偽裝得有多累，才會真情流露。

而妳最好的朋友從妳那裡接收到難過的情緒之後，會反過來對妳說：「但是我知道妳有多努力，我以妳為榮。那麼現在，妳打算怎麼宣洩掉身上殘留的怒氣呢？」

當泡泡裡的人選擇用仁慈與憐憫的態度來面對我們心中難過的情緒，我們也願意反過來為對方這麼做，就是能讓泡泡變得無比堅固的原因。

泡泡成分之二：結合性認知

碧麗絲・麥克維克・克林奇（Blythe McVicker Clinchy）[c]歸納出兩種相異的認知方式：「分離性認知」與「結合性認知」。

分離性認知的過程，著重於將概念與其背景條件分開來思考，並且運用經過證實可大力推動科學進步的外在規則，來評估概念。雖說定義如此，然而我們的大腦活在二十一世紀，習慣社群媒體運作，很容易根據碧麗絲在一九九六年所寫到以下這段關於「分離性認知者」的描述，為其冠上「直男說教者」的稱號。

> 如果你是從分離性認知者的角度來看這一章的內容，你在檢視這一章的論述時，會帶著批判性的眼光，堅持認為我是在為每一項論點辯解……你會找尋我論據當中的瑕疵、思考我是不是有可能不當地詮釋我所提供的證據、有沒有其他可替代的解釋、以及我是否刻意省略了與我立場相矛盾的證據[21]。

緊接著，碧麗絲便點出分離性認知的關鍵性優勢：

※譯註c：碧麗絲・麥克維克・克林奇，心理學教授，專研智能發展與知識論。

> 你在評估我的論述時所採用的標準不僅客觀，亦不帶私人感情。這些標準均經過邏輯學家與科學家的認同，並由其歸納設立。

我們所接受的正規教育，幾乎可說是傾盡全力在訓練妳學習分離性認知。分離性認知的好處是可以將資訊去蕪存菁。

相反地，結合性認知意味著從背景條件開始，由內而外地去探討與理解概念。妳要學習換位思考，試著接納對方的觀點。妳必須（暫時）放下猜疑、批判、批評及個人需求，才有辦法探究他人的看法。這不是因為妳接受他人的看法，而是因為妳想了解。接著，妳必須代入妳個人的生活經驗或性格要素，嘗試以不同的觀點來測試、調整、再測試這個看法，試圖去感受將他人的看法納入自身觀點是什麼樣的感覺。有時候，採用結合性認知的過程，會讓人覺得自己彷彿正在蛻變或者變形為某種適合他人的型態——有點像試穿別人衣服的感受。這個過程可以讓妳感覺到，擁有某種特定的看法，會讓妳產生多好（或多壞）的感受。

「結合性認知」得名的由來，是因為這種認知方式不會將概念及其背景條件分開來思考。結合性認知主張，唯有理解概念與其形成背景條件之間的關係，才能真正理解概念的意義。如果說，分離性認知旨在去蕪存菁，那麼結合性認知的目的，就在於探討蕪雜與菁華之間的關聯，以期了解兩者從何而來，以及相伴而生的原因。

雖然每個人都懂得運用這兩種不同的認知方式，但女性比較容易傾向於採用結合性認知，而男性則較易傾向於採用分離性認知*22。

或許是基於這樣的差異，結合性認知經常被貶低為「不理性的」，彷彿在暗示人類的思考模式若不是依據科學方法與邏輯推論，就是只會無理取鬧。不是這樣的。結合性認知是謹慎、費神、通常較為費時，而且極為理性的思考方式，這表示它會遵循可預測的模式與進展。結合性認知會整合情緒與必要資訊，以求理解概念。它也須要運用想像力，須要聽者放下個人因為差異而產生的情緒反應，並且嘗試透過與自己看法截然不同的視角來看待事情。

但是，結合性認知最能夠創造出能量高峰的特性在於，它不僅是讓我們能夠連結與理解他人的方式，它更能讓我們透過與他人的連結，進一步與自身的內在經驗建立連結和理解，並且發展自我的身分認同。

跟男性相比，女性更容易依據人際關係的背景條件，來構築對自我的身分認同。我們不明白為何會有這樣的差異，是女人的天性使然嗎？還是受到文化潛移默化的結果？有誰知道呢？不過從我們的出發點來看，答案是什麼並不重要。重要的是，結合性認知可以培養健康的人際關係與健康的個體身分認同。結合性認知就是女性經常能夠藉由理解自我以及自己在人際關係中扮演的角色—例如姊妹、女兒、母親、朋友—而得到深刻滿足感的原因。

想當然耳，主張女性只能依據人際關係來建構其身分認同，無非是另一種強行施加性別規定，限制女性無法取得其他成長來源及基本自主權的做法罷了。但是如果堅持認為，女性「應該」透過追求「成就」，而非藉由維持關係，來發展其身分認同，那即是把女人（以及所有人）想要經由連結來尋找自我的天性當成疾病來解釋了。透過了解他人來更加認識自己是健康的做法。這兩種認知方式不分對錯，也沒有孰好孰壞，而每個人運用這兩種認知模式的程度也各不相同。我們在此強調（再強調），這兩種思考方式都是我們所需要的，我們須要能夠隨心所欲地進入與脫離連結狀態。

將結合性認知與分離性認知綜合起來得到的結果，即為建構性認知。毫無疑問地，本書就是建構性認知的產物，將分離性認知與結合性認知統整為一個具有特定結構的整體。在撰寫本書的過程中，艾蜜莉和艾米莉亞大可以卯足全力用功讀書，拚命解釋有關大腦與身體對壓力反應的種種科學知識——亦即分離性認知。但是，我們將永遠無從得知妳會有什麼感覺，我們也無法預料在妳的生活當中，什麼才是對付壓力最有效的方式。只有妳才是妳自己的專家，所以我們盡可能大量收錄來自四面八方的故事與經驗，希望妳在閱讀本書的時候，能夠嘗試套用不同的視角去增進理解，看看這些觀點是否適合妳，並考慮是要接受還是拒絕我們所提供的任何想法——此即結合性認知。艾蜜莉、艾米莉亞以及身為讀者的妳，一定能夠找出適合妳的解決方案，即使它對其他人沒幫助也不要緊，對妳有用就夠了。

讓愛的泡泡為妳充電

我們在第一章曾經提過，當妳出現某四種跡象，就是在告訴妳必須先暫時放下壓力源，回過頭來處理壓力本身。在這裡，我們要來談談，有哪四種跡象是在暗示妳應該先放棄維持自主狀態，轉而尋求連結的徵兆。這四種情緒各自都代表妳對連結的渴望。換言之，這些情緒全都是妳在孤單時才會出現的感受。

當妳被人操縱。當妳會自問：「是我瘋了，還是目前的情況真的完全無法叫人接受？」請向能夠理解妳的人求助，讓他們陪妳一起反思現實，證實妳想得沒錯：妳沒有發瘋。

當妳覺得自己「不夠好」。沒有人可以滿足全世界的需求。一個人本來就無法獨挑大樑，人類生來就應該合作。當妳因為孤軍奮戰而覺得毫無斬獲，無法符合整個世界加諸於妳的要求，面對身邊沒完沒了的龐大需求感到無助，請妳要知道，這種情緒就代表孤獨。請主動聯絡妳的應援團，打電話給朋友吐吐苦水，或在社群媒體轉貼各種女孩加油！的迷音圖。觀賞《神力女超人》、《關鍵少數》或《海洋奇緣》，或是任何一部能夠讓妳沉浸在女性與男性、女性、大自然或神聖力量通力合作的故事。

當妳覺得悲傷。動畫電影《腦筋急轉彎》描述的是青少女萊莉頭腦裡的各種情緒，努力應付主角在成長階段面臨到各種危急關頭的故事。負責主導情緒反應的樂樂，為了避免憂憂妨礙大家，直接在地上畫了一個圓圈，命令憂憂只能待在圓圈範圍裡。這正是許多女性對待憂傷的方式，克制、控制、壓制，因為它會造成其他人的不愉快（但這不又是因為，妳身為人類付出者的緣故嗎）。

但是，當劇情來到關鍵轉折點，在樂樂身陷絕望的深淵，即將放棄希望之際，她突然想起萊莉參加曲棍球比賽錯失致勝球的那天。當時，萊莉獨自一個人，幾乎打定主意要放棄曲棍球，是她的父母過來安慰她，帶她去找隊友們，所有人最終熱情地相擁。

樂樂忽然領悟過來，「爸媽和隊友們都是因為憂憂，才會聚在一起」。

悲傷就像一座燈塔，宛如蝙蝠俠的信號燈。雖然很多女性都以為，我們應該掩飾不愉快的情緒，然而關於悲傷的真相是，當有朋友朝著漆黑的隧道大喊「我在這裡！」或者有人願意在黑暗中牽起我們的手說：「我們一起踏出的每一步，將會帶領我們走向光明。」那會讓我們能更迅速穿越情緒的隧道。

當妳感到憤怒。憤怒占據女性生命中特別的一席之地，在愛的泡泡裡也能發揮特殊的作用。比起悲傷，許多女性更容易選擇嚥下憤怒的情緒，就連在自己面前也不敢展露怒氣。我們都畏懼憤怒，不只是怕自己生氣，也害怕別人生氣。因為憤怒的力量可以幻化成武器。但一把主廚刀可以被用來當成武器，也能料理一頓美食饗宴，全看妳怎麼用它。我們不想傷害任何人，而憤怒的威力確實非常非常強大。

請在親朋好友的允許之下，將妳的憤怒帶進泡泡裡，利用它們來完成壓力反應循環。譬如在橄欖球隊泡泡裡，妳可以善用怒氣去打贏比賽或奮發練習。在編織小組泡泡裡，妳可以運用怒氣多發揮一點創造力。利用妳的身體，跳一跳、叫一叫，把那股能量全部釋放掉，讓其他人共同分擔妳的不滿。

「這就對了！那些爛帳不吐不快！」泡泡裡的人群說。

憤怒會帶給妳力量、能量與戰鬥的衝動，在泡泡裡吐出這股能量，即可將隨憤怒而來的潛在危險性，安全地轉化為具有潛在變化性的力量。

超級泡泡

艾蜜莉曾經有八年的時間在史密斯學院（Smith College）*d 擔任健康教育講師，這所校園裡的學生，各個都如同真人版的莉莎・辛普森（Lisa Simpson）*e。她們都非常

※譯註d：史密斯學院是一所著名的私立學院，為全美最大的女子文理學院之一，雖然仍有招收男學生，但比例偏低。

※譯註e：莉莎・辛普森：卡通《辛普森家庭》中的第二個孩子。

聰明、相當有成就，每個人都奮發向上、野心勃勃、勤奮好學、心思敏銳，也很具有社會正義意識。但其中有不少人罹患焦慮症、憂鬱症、異常飲食行為或是出現自我傷害等問題。而艾蜜莉就是她們的健康教育講師。

二〇一四年，艾蜜莉舉辦了一場講座，標題是「愛是一扇敞開的門：如凍結一般的僵化反應與『感應』背後的科學原理」。在這場講座中，艾蜜莉解釋了與情緒有關的科學，並順勢利用該年度的迪士尼賣座鉅片《冰雪奇緣》來做為演講題材。

在籌備期間，艾蜜莉曾經詢問艾米莉亞對音樂方面的建議：「我應該播放電影原聲帶比較好嗎？還是應該請妳這位音樂系教授帶學生到現場演唱比較好？」

「用帶動唱的方式會更好。就讓台下的學生來負責唱。」艾米莉亞說道。

艾蜜莉採納了這個建議，而這也讓那場講座成為了她在史密斯學院任教期間最精彩的回憶。

講座辦在九月某個週五的晚上，有三百名學生報名參加。演講開始半小時後，進入到中段時，艾蜜莉播放了《冰雪奇緣》電影主題曲〈放開手〉（*Let It Go*）的音樂錄影帶，畫面下方附帶完整歌詞。

就在那一刻，幾百名積極向上、天資聰穎、追求完美的女學生，齊聲高唱「那個完美的女孩已經消失了！」她們的歌聲迴盪在整座學生活動中心，連外頭的草地上也聽得見。場面令人動容。艾蜜莉看著一張張仰起的臉龐，臉上映照著艾莎女王第一次澈底展現力量時所散發的五光十色，心裡想的是，該怎麼做才能讓這些女孩每天都能像現在一樣無所畏懼？講座結束後，有幾名學生眼泛淚光地告訴艾蜜莉，那正是她們所需要的，她們所指的可不是演講內容提到的科學知識，而是唱歌的部分。

這就是我們所說的超級泡泡，妳可以透過音樂創作等節奏性表演來創造超級泡泡。超級泡泡可能會出現在合唱團成員、球隊隊員、選舉之夜齊聚一堂的選民同好，甚至是一群同為電影《黑豹》粉絲的陌生觀眾之間。在參與活動的當下，透過同步性的節奏運動、透過唱歌、透過比賽、透過為了達成共同目標而付出的熱切心力，我們會暫時站上神經系統的橋樑，與他人之間的界線會或多或少地瓦解，讓我們體會到個人的身分認同彷彿跨越了形體，構成了一種觸碰不到的「共同體」。這就是超級泡泡。

超級泡泡不只讓人感覺良好，也能積極促進團體內部的合作行為*23。任職於麥克馬斯特音樂暨心智研究所（McMaster Institute of Music and the Mind）的勞瑞・崔諾爾（Laurel Trainor）透過實驗證明，相較於非同步跳動的組別，與研究人員經歷同步跳動的幼童，在研究人員於數分鐘後故意讓鉛筆掉到地上時，比較有可能幫忙撿起鉛筆*24。另外，跟節奏不同步的情況相比，與陌生人用手指敲打拍子的節奏同步時，成年受試者願意幫助陌生人填寫數學與邏輯問卷的可能性會高出三倍*25。

人體生物學懂得欣賞同步動作的樂趣，這也是能獲得無上幸福的強大工具。

當我們能與他人彼此信任、互相表現出真誠的一面，並且運用結合性認知來了解對方，我們就會有所改變，這件事情雖然嚇人，但它不但對我們有益，同時也很重要。我們對於特定對象（合適對象）的了解，會變得如同了解自己一樣地熟悉，而在認識對方的過程中，我們也能夠以全新的方式，更深刻地認識自己。蘇菲心裡的小鹿知道，伯納德就是屬於這類型的對象。

但是，伯納德並不符合蘇菲的擇偶條件，他以晚餐、電影或是其他各種名目為由的邀約，屢屢遭到蘇菲拒絕。蘇菲和伯納德成為了朋友，儘管對蘇菲而言，這幾乎是違心之舉。伯納德是個風趣、聰明又貼心的好爸爸，他聆聽蘇菲說話的方式，更讓蘇菲對自己有了深一層的認識。

「這太叫人為難了吧！」蘇菲對艾蜜莉說道。

艾蜜莉回答：「妳需要正向再評價！當妳覺得為難，往往能讓妳學到最多。」

我們不須要獲得其他人的愛才能好好愛自己；我們不須要擁有另一半才能稱得上「完

整」。但是，我們卻須要別人來教導我們，怎樣才能更愛自己。

最後，蘇菲決定放自己一馬，順從自己的心意投入這段戀情，她的世界於是就此改變。蘇菲表示：「以前的我以為，談戀愛就是做自己，再不然頂多就是知道，如果我有一天血流不止，還會有人幫我叫救護車。但是原來愛情不只是這樣。我能從他的眼裡看見自己，我找到新的方式去認識與愛惜自己，同時我也找到新的方式去認識他、去愛他，這又讓我變得更加了解與珍惜我們兩個，以及我們的兩人世界。」

接著，蘇菲開始提到「複合動力系統的突現性質」等專有名詞，讓艾蜜莉與奮得點頭如搗蒜，而後續的對話就是屬於科學狂人的專業交流了。

重點是，連結對我們有好處。連結不等於軟弱，不代表「欠缺關懷」，而是能讓人變得更堅強。

第一章曾經提過，正向社交互動與情感歸屬能有助完成壓力循環。第六章則告訴我們，連結就跟所有基本的生物需求一樣，也是力量的主要來源。

在下一章中，我們將要來談另一種同等重要的力量來源：休息。

懶人包

・我們跟朋友、家人、寵物、神聖力量等對象之間的連結，就如同食物和水一樣不可或缺。不該凡事只靠自己，人類天生就是會在連結與自主的狀態之間來回擺盪。

・我們隨時隨地都不斷在與他人進行「共同調節」作用，甚至根本沒有意識到這些現象——心跳速率同步化、心情的轉變、幫助彼此感受到被重視，正在發生。

・某些類型的連結可以產生能量。當妳與某人彼此信任，並能互相運用「結合性認知」來了解對方，你們就能共同創造出能量，讓雙方重獲力量。我們把這種現象稱之為「愛的泡泡」。

・悲傷、憤怒以及覺得自己「不夠好」的感受，都是內心孤獨的表現。當妳感覺到這些情緒，請與他人建立連結。

---

1. Bakwin, "Loneliness in Infants."
2. Cacioppo and Patrick, Loneliness, chap. 6; Gangestad and Grebe, "Hormonal Systems, Human Social Bonding, and Affiliation."

3. Holt- Lunstad, “Social Relationships and Mortality Risk: A Meta- analytic Review.”
4. Polack, “New CIGNA Study Reveals Loneliness.”
5. Prime Minister’s Office. “PM Commits to Government- wide Drive.”
6. Hari, Sams, and Nummenmaa, “Attending To and Neglecting People,” 20150365.
7. Golland, Arzouan, and Levit- Binnun, “The Mere Co- presence.”
8. Cacioppo, Zhou, et al., “You Are in Sync with Me.”
9. Goleman, Social Intelligence，第四頁。
10. Gerhardt, Why Love Matters.
11. 連結是生而為人的本質基礎，是人類發展不可缺少的要素，因此有些科學家主張，擁有社交連結的心智才是人類真正的「預設模式」。Hari, Henriksson, et al., “Centrality of Social Interaction.”
12. Baumeister and Leary, “Need to Belong”; Malone, Pillow, and Osman, “General Belongingness Scale.”
13. CacioppoandHawkley,“Loneliness”;Leary,Kelly,etal.,“Construct Validity”; Gooding, Winston, et al., “Individual Differences in Hedonic Experience.”。
14. NicholsandWebster,“Single- ItemNeedtoBelongScale”;Gardner, Pickett,etal.,“OntheOutsideLookingIn”;Kanai,Bahrami,etal., “Brain Structure Links Loneliness”; Beekman, Stock, and Marcus, “Need to Belong, Not Rejection Sensitivity.”
15. Robles, Slatcher, et al., “Marital Quality and Health.”
16. Coan 與 Sbarra〈Social Baseline Theory〉。作者指出：「對人類大腦而言，社會與代謝資源幾乎是可互換的。」

17. Gottman, Science of Trust，第六章。

18. 同上，第十章。

19. Robinson, Lopez, et al., "Authenticity, Social Context, and Well- Being."

20. 同上。

21. Clinchy, "Connected and Separate Knowing."

22. Ryan and David, "Gender Differences in Ways of Knowing."

23. Valdesolo, Ouyang, and DeSteno, "Rhythm of Joint Action."

24. Cirelli, Einarson, and Trainor, "Interpersonal Synchrony Increases."

25. McNeill, Keeping Together in Time: Dance and Drill in Human His-tory.

第七章
強身祕方

茱莉還是覺得很累，不過接受腸道訓練就表示，她終於肯接受協助。她終於願意接受多年來始終需要、卻礙於面子問題（也許吧？）而從未開口要求過的各種協助。基於某種不知名的原因，她的內心始終堅信，自己理應處理好所有事情……直到這「所有的事情」終於拖垮她的身體為止。

因此現在，她正在學習艾莎女王的作風——放開雙手。

在只有傑瑞米學校放假的期間，他自願肩負起照顧黛安娜的責任。這個決定解開了傑瑞米與茱莉之間的某些誤會，也讓兩人更深切體認到彼此對家庭的付出。

經過一週假期的相處，傑瑞米對黛安娜有了更多的認識。他發現，黛安娜在穿著打扮方面非常有主見，但是她的穿衣風格未必符合傑瑞米的標準，也確實不符合學校的服裝儀容規定。傑瑞米原先並不曉得校方明訂的服裝儀容標準，直到學校致電通知他帶衣服到校給女兒更換，他才進入狀況。黛安娜對於飲食也很有主見，但是她的飲食原則完全不符合傑瑞米所知道的任何營養學指導方針。蔬菜類一律不碰、水果類只接受水果風味的軟糖捲或口香糖作為攝取水果的來源。黛安娜不想吃傑瑞米的愛心料理，父女倆爭吵不斷，讓他覺得自己像個王八蛋，滿肚子的怒氣、挫折與擔心，在胃裡不停翻攪。

除此之外，他幾乎沒有自己的時間！他要接送女兒上下課，跟女兒溝通談條件，還得確認每件該做的事都有確實完成，並且所有的事情都會一再重複，一切就像是無限迴圈。

但是，比花時間更可怕的是情緒消耗！傑瑞米必須強迫自己拿出耐性，跟孩子講道理、下指令，還得時時控管挫折感，一邊努力當個慈愛、快樂、好脾氣的父親，一邊暗自在心中倒數假期何時結束。

假期的最後一天，傑瑞米坐在餐桌前，一隻手撐住額頭，訴說一週以來發生的種種。他抬起頭看茉莉，希望得到些許的同情與安慰，卻發現茉莉正面露微笑地看著他，神情愉悅而放鬆。這讓他暫時忘記了自己剛才正在激動地發言。

「妳看起來好多了。我是說，妳看起來還不錯。」

茉莉揚起眉毛，看著傑瑞米。

「我只是想說，妳好像不覺得困擾。」

茉莉同意傑瑞米。「這倒是真的。以前在我覺得壓力大到不行的時候，我常常沒有餘裕再去處理你的問題，但是你還是會把你的壓力堆到我身上來。」茉莉將注意力集中在身體此刻的感受，並說：「不過現在，我覺得我還有餘裕。」

這一章就是要揭曉，是什麼讓茱莉改變了。

尼采（呸）告訴世人：「凡殺不死你的，都將使你更強大。」類似的名句已經傳誦多年，不過就讓我們舉幾個具體的例子來討論吧。譬如說，如果妳被車子撞了沒死，請問那台車會讓妳變得更強大嗎？答案是不會。受傷或生病會讓妳的身體變強壯嗎？也不會。獨自承受痛苦有助性格發展嗎？當然沒有。這些事情全都只會讓妳變得更脆弱、更禁不起傷害。

真正能夠使妳更強大的，是妳在熬過這些事情以後所經歷的一切。

真正能夠使妳更強大的是休息。

休息指的其實很簡單，就是要停止活動筋疲力盡、疲憊不堪、受傷無力或紅腫發炎的那一部分自己，讓它有機會進行自我修復。休息，即是這一章的主題。

「休息」並不只等於睡眠，不過當然，睡眠是不可或缺的。休息也意味著切換不同的活動類型。精神能量就如同壓力，自有其循環，會在任務焦點與執行過程之間來回轉換。有種說法是，人可以利用「恆毅力」或「自制力」來保持每分每秒的專注力與生產力，這種說法非但不正確，更是一種煤氣燈操縱手段，可能對大腦造成潛在傷害。

讓我們花點時間來搞清楚這種奇怪的現實狀況。生活在現代已開發國家的多數人所擁有的每樣東西幾乎都過剩……然而，我們卻無法在滿足維持生命所須的基本生理需求時，不讓自己感到罪惡、羞愧、矛盾、覺得自己懶惰、貪心，甚至是膽大妄為。有一句我們很喜歡的網路迷因是這麼說的：「你不須要為了溫暖別人而引火自焚。」但是，根據人類付出者症候群的說法，妳絕對應該這麼做。身為「人類付出者」，女性背負的期待是要貢獻自我的一切，包括肉體、健康與生命。我們的時間、精力以及注意力都應該投注於維護他人的幸福，而不該浪費在自己身上。妳有什麼意見嗎？妳這個又懶又自私的怪物，妳憑什麼一個晚上要睡到七小時？給我照規矩來，好好跟那些累得只剩半條命的乖乖牌付出者學學！

隨著本章內容的推演，稍後妳將會讀到我們根據科學基礎所提出的結論，明白地告訴妳，為了生存與壯大自己，妳須要花多少時間休息，而妳可能會嗤之以鼻地認為：「我才沒有這種美國時間！」或者「那未免也太極端了吧！」也許妳說的沒錯……但也有可能，人類付出者症候群就是希望妳會這麼想。也許，要想獲得充分的休息以維持良好的健康狀態，妳就必須無視人類付出者症候群所提出的苛刻要求，並且堅定地選擇以自身的幸福、自己的生活為優先。

正如奧德瑞・洛德所說：「照顧自己不是自我放縱，而是自我保護，也是一種政治戰爭行動。」這一章的主旨，就是要幫助妳為這場戰爭做好準備——這場真正為生活而打的仗。我們會提供最有力的科學證據，協助妳建立永續性的生活方式，保護妳免於遭受將自我毀滅視為美德的有害文化敘事的荼毒。

接下來，請找個舒適的位置，讓身體以舒服的姿勢，跟著我們一起來談談何謂休息。

預設模式，又稱為白日夢模式

工作與休息是我們本來就應該兼顧的兩種生活狀態。當我們允許自己在這兩種狀態之間來回切換，不僅可以提升工作品質，也能促進健康。

舉個例子來說，有項研究要求受試者寫下腦中出現的任何想法，卻又明確要求受試者不能寫出跟「白熊」有關的內容。這項指示本身就很耗費心神，足以消耗掉某部分的精神能量。接著，研究人員要求其中一半的受試者在執行實驗的間隔期間盡可能保持放鬆，研究者甚至會播放薩替（Satie）[*a]演奏的鋼琴作品集，來提醒受試者應該放鬆心情。另一半的受試者則沒有接獲任何指示，只是枯坐著等待下一項實驗的開始。這項研究得到了什麼結果？相較於瞎耗時間等待的受試者，享有片刻放鬆的受試者在後續消耗腦力的解題（一系列三位數乘法題目）過程中，多堅持了一倍的時間[*1]。因此結論是：「休息可以讓人堅持得更久，也更有生產力。」

有許多研究證實，無論面對什麼樣的任務，人類能夠發揮出最佳表現的時間、精力及注意力都有限，一旦超出這個範圍，成效就會下降，專注力會開始渙散，工作動機也會隨之消散[*2]。

※譯註a：薩替：法國作曲家與鋼琴家，對十九世紀末與二十世紀初巴黎的前衛音樂影響深遠。

但是，若能在進行耗費心力的活動之後獲得妥善的休息，就能將疲勞的影響一掃而空*3。脫離聚焦於工作時的全神貫注，並回復到平常的狀態時，妳的頭腦雖然看似正在「休息」，但它並不是什麼都沒做，它做得可多了。事實上，在精打細算今年要繳的稅金時，妳的大腦所消耗的能量，跟妳站在餐廳櫃台前，漫不經心排隊等著點外帶食物時所須消耗的能量相去不遠*4。

當注意力並未聚焦於工作，有一群相連的腦部區域會開始在意識背景中運作，讓人彷彿置身於某種低度的做夢狀態，這就是神經科學家所謂的「預設模式網絡（default mode network）*5」。在妳「分神」的時候，預設模式網絡就會啟動。它會評估當前的狀態，並為未來做好準備，有點類似於一台會下西洋棋的電腦，能夠迅速掌握局勢，進行模擬運算，以便預測妳下的每一步棋各自會發展出什麼情況。而且，妳不用積極干預，大腦便會自動啟動預設模式網絡。

傑出的生活教練瑪莎・貝克（Martha Beck）不用透過科學方式也能了解這個道理。每當她的團隊成員坐在辦公室裡腸枯思竭，她的解決辦法就是叫大家放下工作、關閉電腦、出去玩一玩，或者放假休息。在多數競爭團隊選擇「埋頭苦幹」、成立指揮中心、除非找出解決方案否則決不罷休的時候，她卻要她的團隊安心休假。

「這套方法每次都管用」貝克向《彭博商業周刊》表示*6：「我也不知道為什麼，但是這招就是屢試不爽，所以我想我也不必真的搞懂原因何在。」

原因就是預設模式網絡（除此之外，還有部分原因可能是，有些團隊成員大概也趁著休假期間完成了壓力反應循環，因而變得更有創造力與好奇心）。

預設模式網絡是個相當新奇的研究領域，關於它究竟能發揮什麼功用以及如何運作，還有許多問題有待解答。不過，有越來越明確的證據指出，預設模式網絡內不同區域的連通性越平衡，且從預設模式切換為專注模式的流暢性越佳，代表個體越有可能具備創意性、社交技巧，也會越快樂[7]。

讓心智休息並不等於懶散，而是允許大腦有時間去處理它所接收到的訊息[8]。舉例來說，在撰寫本書期間，艾蜜莉常常會寫一、兩個小時，就起身去把髒衣服丟進洗衣機，或是把髒碗盤放進洗碗機。等她回到書桌前，繼續寫一、兩個小時之後，再去收拾洗碗機洗好的碗盤，或是啟動洗衣機的脫水功能。艾蜜莉會趁著洗衣機運轉的時候振筆疾書，她的預設模式也會趁她在摺衣服時運轉啟動。預設模式網絡不須要艾蜜莉幫忙——事實上，它只須要艾蜜莉暫停寫作，好讓它能在不受監督的情況下，試圖解答她剛才拋進腦中的難題。如此一來，等到艾蜜莉再次坐回書桌時，她的預設模式便能向她提出新的見解。如果艾蜜莉打死不肯離開書桌，堅持在沒寫到一定的字數之前不能停筆，也許她是能夠寫出比較長的篇幅，但是卻未必能保證文章的品質。

再說有時候，艾蜜莉也不會像個乖巧的家庭主婦，她也會玩手機遊戲。不過，即使如此也沒關係，因為她的大腦就是須要她去從事任何有助於啟動預設模式的低難度任務。

暫時拋開工作或問題，不等於投降或「放棄」。那反而表示妳正在為了特定任務而動員大腦所有運作程序，包括不須要妳費心關注的腦功能在內。

並不是每個人都能輕鬆切換進入預設模式。有一系列頗為滑稽的研究已經根據經驗證實了這一點*9。

研究人員首先要求受試者接受輕微的電擊，以及其他多種令人感到舒服或不快的刺激。接著，研究人員會問受試者：「你願意支付五塊美金，不再接受電擊嗎？」

「那還用問嗎，當然願意啊！」受試者這麼回答。

於是，研究人員把受試者帶進一個裝有電擊裝置的安靜房間內，並把受試者獨自留在房內十五分鐘，告訴他們：「請自行想點有趣的事情來打發時間。」

研究人員會告知願意付錢以避免電擊的受試者說：「可以隨意使用電擊裝置。」

結果證明，有四分之一的女性和三分之二的男性寧願去觸碰電擊裝置，也不願意呆坐在原地「動腦筋」。平均而言，這群受試者在十五分鐘內自願接受電擊的次數為一到兩次。

這項研究指出，這些願意使用電擊裝置的受試者並沒有進入預設模式，而是出於無聊才會選擇這麼做。無聊是大腦處在主動專注模式之下，卻找不到任何事情可以占據注意力時，所產生的不愉快感*10。所以，這些受試者是因為太想找點事情來吸引自己的注意力，即使那是不會讓人舒服的事。

所幸，我們還能選擇**動態休息**。

動態休息

相信大家都明白肌肉不動就會萎縮的道理。我們也都知道，不休息地持續運動，會導致肌肉疲勞，最後將會累得想動都動不了。更重要的是，所有人都曉得，肌肉要反覆不斷地經過運動、休息、運動、再休息的循環，才會變得健壯。

不過，假設妳不小心摔斷了右腿，在右腿打上石膏、等待骨折癒合的期間，妳對左腿進行運動訓練。在這段時間，左腿發出的訊號會經由脊椎傳遞到身體對側，刺激右腿肌肉的生長。儘管右腿的肌肉生長程度比不上左腿，卻足以預防肌肉閒置而導致萎縮*11。這就是「交叉訓練」原來代表的涵義。亦即，橫跨脊椎進行的訓練。

但是聽好了，重要的可不只那樣：活動肌肉時，尤其是身上最大塊頭的肌肉，並不只是在鍛鍊所運用的肌肉群而已，而是連同肺臟、肝臟和大腦也會一同變得強健。鍛鍊某一部分的身體，可以連帶促進整體的健康，鍛鍊身體最強壯的部分，即是強化全身各部位最有效率的方法。這個道理也同樣適用於認知、情緒與社交層面。

這就是動態休息。在活動某一部分的妳時，趁勢讓其他部分的妳獲得充分地休息。

舉例來說，有時候，艾蜜莉頭腦需要的「休息」並不是洗衣服或是觀賞YouTube影片這一類的低難度任務，而是不同類型的寫作。因此，充分休息的成果便是讓艾蜜莉在撰寫本書的期間，還可以同時撰寫另一本小說。艾米莉亞在寫這本書的時候，也身兼全職音樂教授以及兒童合唱團的指揮。大多數女性都擁有這等水準以上的生產力，因為她們懂得在發揮一部分的自己時，抓準時機讓其他部分的自己休息，而這種「動態休息」能讓我們在每件事情的表現上都更臻完美。

人各有異，休息對每個人來說，也是各異其趣。

但是，有一種需求是人人都需要的，那就是睡覺。

人為什麼需要睡眠？

睡覺是一件非常奇怪的事情。當我們躺下來，連續好幾個小時失去對外在世界的意識，有誰能保證獅子、河馬或其他各種威脅不會趁這時候伺機行動呢？在特定的睡眠階段，人體的運動功能會被關閉，因此身體無法回應腦部的活化作用。我們就這樣躺在漆黑之中，宛如麻痺似的毫無反應，全身澈底癱軟，任由眼球在緊閉的眼皮後方來回滾動，任由注意力從外在世界流瀉進入一種涉及多重感官的強烈幻覺——亦即夢境之中，然而作夢時真實而迫切的感受，卻又會在身體甦醒後的數秒之內，被醒轉過來的心智給遺忘得一乾二淨。

人的一生得花三分之一的時間，讓自己置身在這種對危險毫無招架之力的狀態。

或許大家會覺得沒道理，但事實證明，花三分之一的壽命遊走於無意識狀態、忽視生命威脅，對於生理、認知、情緒與社交層面的效益，甚至更勝過拿這三分之一的人生來完成其他事情所產生的好處。我們的全身，包括大腦在內，會在睡覺的時候全力運作，利用沒有我們從旁干擾的這段期間，以最有效率的方式完成維持生命所需的各項任務。簡單來說，人沒有睡覺，就不算完整。

缺乏睡眠會讓體能活動無法發揮完整的效果。入睡時，骨骼、血管、消化系統、肌肉（包括心臟）以及全身所有組織在白天承受的損傷都會癒合。在進行體能活動後，身體會趁人入睡時自行修復，進而變得更加強壯。相反地，從事體能活動之後若是缺乏睡眠，反而會讓人比平時更容易受傷和生病。所以，如果妳不打算睡覺，那最好別運動。

缺乏睡眠會讓學習無法產生完整的成效。人的記憶會逐步加固，新資訊會被整合併入既有的知識庫中。妳是否正在準備考試、背演講稿或學習新語言呢？建議妳在睡前做一次複習，並且睡滿七到九小時。這麼一來，大腦就會如同旱地裡的野草渴望甘霖般牢牢汲取新知。妳所練習的各種運動技能，譬如滑雪、彈鋼琴或是爬樓梯都能融會貫通，讓妳一天比一天進步。練習的成效並非源於練習本身，而是來自睡眠。若是缺乏睡眠，即使再勤奮練習，技巧還是會退步。所以，如果妳不打算睡覺，努力與練習就全都白費了。

缺乏睡眠也會讓情緒無法保持穩定。也許在夢裡，妳有機會把現實生活中的死對頭揍個頭破血流，一覺醒來便怒氣全消，更能游刃有餘地處理人際關係衝突。有項研究發現，睡眠不足的專業人士在同儕與員工的眼中展現的情緒智商較低[*12]。此外，婚姻滿意度也與睡眠品質有關[*13]。睡不飽不僅會導致配偶之間的衝突加劇，也會提高個體因爭吵而產生的發炎性免疫反應，這種生物標記的數量增加，意味著個人容易因為伴侶提出的抱怨而產生較強烈的情緒反應[14]。所以，如果妳沒睡飽，最好少跟其他人講話。

睡眠非常重要。這句話我們講過了嗎？

人體須要在清醒與睡眠狀態之間來回切換，正是因為大腦在入睡時獨力完成許多任務，我們才得以在清醒時充分發揮正常的表現。

極致的睡眠剝奪形同於酷刑[15]。人類真的有可能死於睡眠剝奪，因為睡眠剝奪就是一種類似於挨餓狀態的生理機能剝奪[16]。研究人員發現，連續兩週剝奪大鼠的睡眠時間，會讓大鼠的免疫系統嚴重受損，致使其血液受到原有的腸道細菌感染，最終導致大鼠死於敗血症。

法國有句諺語說：「頹廢喪志時該做的事，就是好好睡一覺。」人沒有睡覺，就不算完整。

那麼，睡眠不足須要付出哪些代價呢？

慢性睡眠剝奪，亦即睡眠時間太短及睡眠受到干擾，是導致百分之二十的重大車禍的一項引發因子[17]，也會誘發各種常見死因，包括心臟病、癌症、糖尿病、高血壓、阿茲海默症與免疫功能不全，致使罹病風險增加高達百分之四十五[18]。睡眠品質不佳比缺乏體能活動更能準確預測罹患第二型糖尿病的風險，但是妳可有印象，最近一次聽說睡眠充足可以預防糖尿病是多久以前的事了[19]？

睡眠不足會損害腦功能，包括工作記憶與長期記憶、注意力、決策力、手眼協調能力、計算準確性、邏輯推理與創造力*20。連續十九個小時沒睡覺的人（例如上午七點起床，凌晨兩點入睡），在認知與運動功能方面，跟酩酊大醉的人不相上下*21。前一晚只睡四小時的人，以及過去兩週每晚睡不到六小時的人，大腦運作的能力也跟醉漢相差無幾。誠心建議，在喝醉時不會做的事，譬如開車、主持工作會議、照顧小孩等等也別在連續十九小時沒睡覺、前一晚只睡四小時，或是連續兩週每晚睡不到六小時的狀況下輕易嘗試。

睡眠不足也會影響社交生活，職場團隊溝通及團體決策能力會降低，增加敵意對立甚至是不道德的職場行為*22。另外，情緒層面也會受到影響。憂鬱症與睡眠問題的關係密不可分，往往會形成惡性循環*23，縱使不是憂鬱症患者，也會因為失眠而產生自殺念頭*24。同樣地，焦慮症與睡眠之間也有密切相關性，兩者亦互為因果關係*25。如果妳患有憂鬱症、焦慮症或其他精神健康問題——女性罹患精神疾病的比例比男性高出兩倍以上（保守估計認為，每五個女人之中，大約就有一位會罹患精神疾病*26）睡眠即是良藥。

關於睡眠方面的研究，沒有任何可供合理辯論的餘地。醫學見解指證歷歷，睡覺對人有好處，不睡覺只有壞處。不僅危險，還有可能致命。近來，有三項攬括數百萬名受試者的統合分析指出，整體而言，每晚睡眠時間少於五或六小時的人，其總死亡率風險會增高百分之十二左右*27。如果在讀完這本書以後，妳的生活只會出現一種改變，我們希望妳能因此多睡一點。

妳會不會睡「太多」了？

也許妳想說：「但是小睡片刻會讓我覺得更累！」

當睡得不夠飽，身體就會藉著啟動壓力反應來進行代償——亦即，釋放腎上腺素與皮質醇來幫助我們撐過睡得太少所引起的暫時性壓力源，以掩飾其疲倦與功能障礙。因此，睡眠剝奪的結果會有點類似酒精的作用，就像酗酒者可能醉得分不清自己到底有多醉，不眠不休的人也有可能會睏得搞不清楚自己究竟有多缺乏睡眠。

這會產生與直覺相違背的結果。當我們終於睡了一覺之後，壓力反應會降低，因此在實際獲得休息之後，我們有可能反而覺得更累。這是由於身體不再釋放出腎上腺素來掩蓋疲倦的感受，於是我們會埋怨：「真討厭，我睡太多了。」就如同縱慾狂吃之後，我們會說：「糟糕，我吃太撐了。」是相同的道理。

那麼，妳真的有可能睡「太多」嗎？

一般原則是，如果每二十四小時之內都有睡足九小時以上，卻還是覺得休息得不夠，就有可能表示身體存在某些潛在問題，建議尋求專業醫療人員的協助[*28]。

有一次，艾蜜莉對一群學生提到這項原則時，有位女同學舉手發言：「可是我每天晚上都有睡足十小時左右，還是覺得很沒精神。」同學們七嘴八舌地討論起害她沒精神的原因，包括憂鬱症、猝睡症及懶散等等。然而，艾蜜莉還是再度重申：「如果你們每天晚上都睡超過九個小時，卻還是覺得沒睡飽，要怎麼辦？」

「去看醫生。」學生們複誦。

「很好。」

六個月後，那位女同學主動來找艾蜜莉說：「嗨，妳大概不記得我了，我是那個要睡十……」

「我記得妳！」艾蜜莉說。

「那個，其實我後來真的有去看醫生，還做了睡眠測試，結果原來我患有非常嚴重的睡眠呼吸中止症。我在暑假時動了手術，割掉了扁桃腺和腺樣體。現在我會戴口罩睡覺，這件事完全改變了我的生活。我以前從來不知道，自己睡眠不足的情況有多嚴重。」

因此重點是，如果妳每天睡覺的時間超過九個小時，但還是睡不飽，請諮詢專業醫療人員*29。如果妳想說：「但是兩位作者，我試過了。我給自己八小時的睡眠時間，可是我根本睡不著！我完全得不到我所需要的睡眠！」那更要請妳諮詢專業醫療人員，做個睡眠測試。這可能會改變妳的人生，甚至可以救妳一命。

「隱形的職場」

睡覺是一件非常神奇的事情。除了睡覺，還有什麼能夠治癒碎裂的骨頭與破碎的心？除了睡覺，還有什麼能領我們尋回遺失的記憶、覓得嶄新的構想？除了睡覺，還有什麼能將長跑或外傷對身體造成的傷害，轉化成更強韌的體魄？

然而，關於睡眠的道德批判卻深植於西方社會的文化歷史之中。中世紀神學家相信，人類會需要睡眠，是因為「人性墮落遭到上天的懲罰，因此睡眠的意義是在提醒人類勿忘自身背負的罪惡、懦弱與不完美*30。」美國的清教徒先人（錯誤地）警告，「睡眠過度」會導致各種不良的後果，包括癲癇、不孕與貧窮*31。到了一八三〇年代，還有醫學期刊聲稱，睡眠時間超過四小時即為「不知節制*32」、怠惰的表現。

在過去的五十年裡，認定睡眠充足有失道德的想法出現了些許的改變。現今的觀念不再著重於人們不需要睡眠，而是強調如果一個人有時間睡覺，那即是犯錯，那表示他們不夠認真努力。我們把筋疲力盡、拒絕休息塑造成了美德。這樣的想法根深蒂固地存在於文化之中，以至於艾蜜莉甚至記不得有多少女人曾經告訴她，睡覺讓她們有罪惡感。

罪惡感，因為**睡覺**！

艾蜜莉對著一群學員發問：「妳們怎麼會這樣想？那呼吸不也會讓妳們有罪惡感嗎！睡眠是

必要的。為什麼要因為睡覺而覺得有罪惡感呢？」

一位女性回答：「因為那樣很自私睡覺的時候，只有讓自己得到好處。」

說出這句話的女性年僅十八歲，儼然已是一位盡忠職守的人類付出者。

如前文所述，睡眠不僅是保持個人健康的必要條件，也是維持情緒健康與人際關係不可或缺的要素，所以它跟「自私」根本沾不上邊。但是，從這個例子就能看出來，人類付出者症候群也會干擾女性的睡眠。

難怪睡眠問題較常發生在女性身上，尤其是年屆更年期的女性*33。一如研究報導所述，女性的睡眠形同「**隱形的職場**」，她們必須徹夜值勤，隨時提供必要的生理與情緒支持，以確保家人的幸福」。這種情況並不侷限於照顧新生兒時無可避免的頻繁失眠期。更不用說，異性戀夫妻在這段期間內，絕大多數都是由母親犧牲睡眠來照顧孩子。而無論夫妻哪一方擁有全職工作，這種情況都會持續直到孩子上學為止*34。身為人類付出者，女性背負的期待就是應該為了他人的利益，犧牲自我睡眠。這讓我們不得不一點一滴地、日復一日地剝奪自身基本的生理需求，如此日積月累、一天一天耗盡我們的力氣，直到我們再也無力去實現生命寄予我們的任何期望。

但是，妨礙妳睡覺和休息的，並不只是社會傳遞的文化訊息而已。即便妳解決了所有的壓力源，完成了每件待辦事項，也允許自己擁有休息的機會，然而只要壓力本身還沒有被解決，大腦就不會放妳去休息。妳的腦袋會不斷掃視即將撲向妳的獅子，所以在妳嘗試入睡時，大腦會讓妳保持清醒，或是不斷叫醒妳，探看獅子的蹤影。請完成壓力循環，好讓頭腦能夠切換為休息狀態。

百分之四十二

那麼，要休息多久才算「足夠」呢？

科學的答案是：百分之四十二。

這個比例代表的是身體和頭腦需要處於休息狀態的時間百分比。以一天二十四小時來計算，百分之四十二大約相當於十小時。妳不必每天都達到這個比例，只要在一週、一個月或其他時間單位之內的平均值有達標即可。但沒錯，妳就是應該花這麼多時間在休息。

妳可能會想：「這太荒謬了！我哪來那麼多時間休息！」請容我們提醒您，早在這一章的開頭，我們就預料到妳會有這種反應。

我們的意思不是指妳應該要花百分之四十二的時間來休息，而是如果不這麼做，那百分之四十二的休息時間是不會放過妳的。它會一把抓住妳，把妳摔在地上，用腳踩在妳的胸口上，宣告它的勝利。

妳有沒有在完成一項龐大的工作計畫之後立刻得重感冒的經驗？假期頭三天，妳是不是每天都要睡上十二到十四個小時？妳是否曾經跟艾米莉亞一樣，在長時間承受過度壓力後，真的被送進醫院？到目前為止，我們已經清楚證實，壓力是一種生理現象，它會影響人體的各種系統與功能，包括免疫功能、消化功能與荷爾蒙。為了讓每種系統都能持續發揮完善的功用，人體生物學的規則是，我們必須在一生當中投注百分之四十二的時間，來維護這個能讓我們保有實體存在的軀殼。

也許，妳的百分之四十二看起來是像這樣：

- 八小時左右的睡眠時間，最多加減一小時。
- 跟伴侶或是其他值得信賴的親人進行二十到三十分鐘的「減壓對話」。
- 三十分鐘的體能活動。無論是自己一個人或是和其他人一起做運動，妳都要明確地抱持「我現在要轉換狀態、清除『感應』與獲得休息」的心態。體能活動之所以可以算是「休息」，

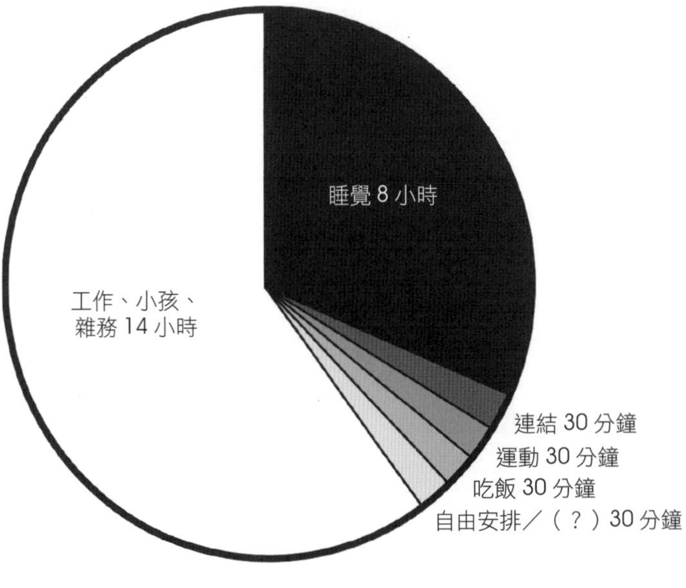

有部分原因是因為它能夠改善睡眠品質，另一部分則是因為它能完成壓力反應循環，讓身體脫離壓力狀態，進入休息狀態。

- 花三十分鐘專心吃飯。「三十分鐘？」別緊張，這三十分鐘包括每頓飯的採買、烹飪與進食的時間，而且可以分次累計。妳可以跟其他人一起吃飯或是獨自用餐，但是不能一邊吃飯，一邊工作、開車、看電視，甚至是聽 **podcast**。請每天花半個小時專心吃飯。吃飯之所以可以算是休息，有部分原因是因為它能提供必要的營養，另一部分則是因為，它是一種動態休息，一種有別於其他生活面向的步調轉換。請試著把吃飯當成冥想來練習吧。
- 其餘的三十分鐘可以依照個人需求，自由安排適合自己的休息方式。對某些人來說，這可能相當於額外的運動時間，因為他們需要較大的運動量才感覺夠暢快。有些人可能會利用這段時間來醞釀睡意，因為他們的大腦需要時間，來從清醒時的忙碌運作轉換為適合入睡的平靜狀態。或許，有些人會想把這三十分鐘拿來花在社交活動上，因為他們對於社會參與的需求比較強烈。再來，也可能有人單純想把這段時間拿來作為通勤、更衣以及進入其他休息狀態前的緩衝時間（因為這就是人生），讓預設模式網絡來掌握主導權，也就是放空心思神遊。

這些數字都只是平均值，而且就如妳所讀到的，妳有時候會一心多用。有些人需要的睡眠時間比其他人更長。根據估計，睡眠需求約有百分之四十會受到基因遺傳的影響，所以即使是同卵雙胞胎，剩餘百分之六十的睡眠需求也可能大不相同*35。艾蜜莉需要睡七個半小時，艾米莉亞則是必須睡滿九小時，對艾米莉亞來說，只睡八小時的效果真的差很多。天生愛運動的人會想多花點時間從事體能活動，美食愛好者會想花比較多的時間來吃東西，個性外向者則會想盡可能地運用時間來跟他人相處。每個人對時間的分配方式各有不同，請根據範例舉出的時間來進行微調，使其符合妳個人的需求。

如果妳現在心裡想的是，我不需要那麼長的休息時間也能應付得過去，那說得也沒錯。妳的確能夠「應付」，每天拖著越來越渾沌的腦袋和身體，這輩子也還是「過得去」。更遑論人生中有些階段，註定得不到充分的休息。例如小孩剛出生？妳根本不用想要睡覺。家裡養的狗年紀大了？那妳每四個小時就得起床。讀大學時兼三份工作？能睡五個小時就要偷笑了。

但是，那些關心妳過得幸不幸福的人，不會希望看到妳一直這樣過下去。在愛的泡泡裡，沒有人希望妳只是「勉強度日」。他們想要看到的，是妳生氣蓬勃、神采飛揚的樣子。那也是我們想要看到的妳。而真正能夠讓妳變強的，就是休息。

假設妳家十歲大的寶貝去參加營隊，結果妳發現主辦單位沒有好好讓孩子吃飯，因為他們很確定，妳的寶貝少吃點也「活得下去」。

假設妳把愛犬託付給寵物保母照顧，結果發現牠竟然被留在寒冷的室外過夜，因為縱使是那種天氣，牠也「熬得過去」。

假設妳的摯友開始穿起緊身束腹，緊到她無法正常呼吸，並且持續輕微地缺氧，爬一層樓梯就氣喘如牛，但是這種程度的氧氣含量也還是足夠讓她「勉強存活」。

當生活條件低於基本身體需求的理想水準，妳的小孩、愛犬與好友都還是「撐得過去」。妳當然也可以。只不過，妳看見孩子挨餓、愛犬受凍、朋友喘不過氣時的反應，就跟我們得知妳必須憑靠著少得可憐的休息時間「努力撐下去」時的感受是一樣的。這不只是因為我們相信妳值得擁有更多，更是因為我們知道妳很辛苦，而我們希望能為妳帶來解脫。

蘇菲過去任職的產業是屬於高產能的專業領域，由於每日工時長達十六個小時，每週至少須工作六天，以至於有很多同事在就業一年後就出現職業倦怠。不願意繼續這種生活步調的人，會被貼上失敗者的標籤——因為他們「承受不了」這種生活，是他們太「無能」。太過習慣身為團體之中最聰明、同時又是最不受重視的人，讓蘇菲一直努力地照著遊戲規則走，但是當成效不如預期，蘇菲選擇透過科學的途徑來尋找答案。

蘇菲手裡捧著一大疊研究論文，對她的上司說：「聽我說。這些文獻指出，縮短工作時數可以提升創造力、生產力與準確性，整體而言，人們能夠做更多工作，並有更好的表現。雖然這聽起來跟一般人以為的觀念相反，但這是真的。」

她的上司不信這一套，更慘的是，他甚至連翻都沒翻那疊論文。看在蘇菲眼裡，這實在太不像話了，他應該要拿出科學家的精神，相信證據說的話才對。

而隨著蘇菲跟伯納德的關係逐漸加深，她也漸漸學會要更愛自己、更善待自己。她不想再因為工作，把自己累得人仰馬翻。於是，蘇菲試著透過其他方式來改變她所面臨的職場過勞文化。她跟幾位她欣賞的同事分享以睡眠為主題的TED演講影片、她促使人力資源部門邀請睡眠專家來講解跟睡眠及創新能力有關的神經科學。她也根據研究建議，改變自己的工作習慣，並感受到創造力與活力的提升。

雖然我們很想告訴妳，蘇菲順利地改造她所面臨的職場文化。然而，她終究沒能成功。不過，她卻善用了創造力與活力的提升，開創了自己的事業。

蘇菲現在還是花很多時間在工作，但是只要她的身體和頭腦告訴她今天做得夠多了，她就會乖乖聽從它們的意見。

「我不希望幫我看病的醫生已經連續二十個小時沒睡覺，我也不想一天付給律師超過十二個小時的鐘點費。我很清楚，人一旦累了，工作起來會變得多馬虎，所以讓工程師一個晚上睡不到七個小時，絕對不是好事。大腦沒休息，工作表現就只能用慘不忍睹來形容。」

哪裡擠得出時間？

如果妳光是為了有地方住或有能力撫養小孩，就得身兼好幾份差，又沒有熟人能幫忙，那妳可能真的沒有餘裕每天花十個小時來幫自己充電。不過，姑且先讓我們來看一下，擁有一份全職工作、家中住著一位配偶以及兩個小小孩的典型美國女性一週的生活。如果妳的日常行程跟她差不多，那麼妳就擠得出時間*36。

在一般的上班日，這位典型的美國女性花在工作方面的時間大約是九個小時。上班八小時，外加五十分鐘左右的通勤時間*37。她的睡眠時間約為七小時四十五分鐘。看電視的時間占兩個半小時*38。她會花一至三小時的時間來照顧家人，花一小時左右處理家

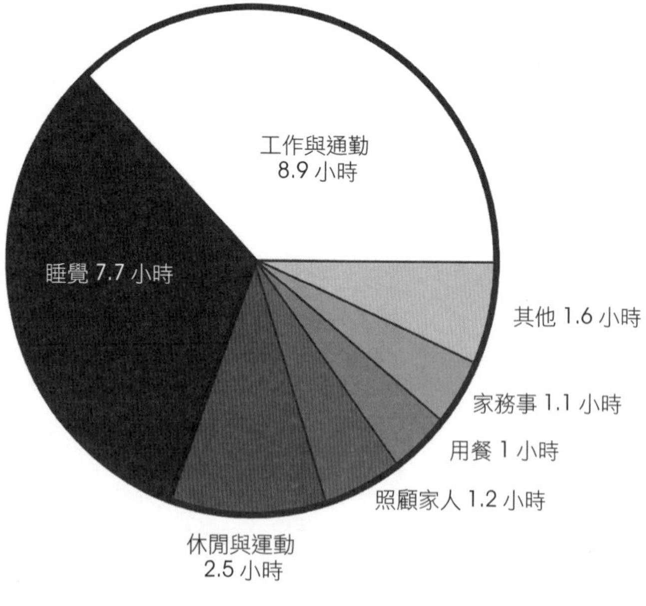

務事，以及一小時吃吃喝喝。其餘的一個半小時，則是花在「其他」事情上。例如參與社區及宗教活動、購物、上課與梳洗打扮。

這些全部加起來，就是二十四小時。

在這個例子當中，明顯必要的改變，也就是要睡得更多、動得更多，同樣也有個顯而易見的解決辦法：那就是縮短看電視、買東西或做家事的時間，端看哪一件事讓妳呈現「預設模式」的時間最短，就先朝它下手。

睡覺是真正讓人無法一心多用的行為。不過，在百分之四十二的休息時間當中，妳可以利用剩餘的時間，同時達成多種有益身心健全的目的：跟親朋好友一起吃飯、散步、上運動課程，以建立連結、騎腳踏車到農夫市集去買菜、跟一千名粉絲一同參與影集《冰與火之歌：權力遊戲》的線上直播活動。重要的是，這些時間只能用來營造專屬於妳的「幸福時光」。

經過這番抽絲剝繭之後，妳可以清楚看出，其實妳真正需要的就只有這麼簡單：睡眠、食物、朋友與運動。妳可以利用以下幾頁的學習單來記錄妳的時間，並從中找出機會來增加妳的休息時間。

全年學習單

請利用第一份行事曆來記錄妳實際運用時間的情況。如果妳的日常生活過得相當規律，那可以一次就把行事曆全部填完。如果生活模式經常改變，那請分次填寫當天的行程，並觀察未來七天的時間分配。

1. 約略標示睡眠時間。至少，這應該要能真實反映出妳實際睡覺的時間。睡眠時間應該要從準備入睡的時間開始算起，並計算到鬧鐘響至妳真正起床的時間為止。這才是妳完整的「睡眠時段」。

2. 約略標示例行事項，包括：

a. 工作（包含通勤時間）。

b. 陪伴與照顧孩子。

c. 社交活動，包括與伴侶之間的互動（別忘了房事）。

d. 用餐，包含備餐時間。

e. 泡澡／淋浴／美髮時間。

f. 購物（包括採買日用品及線上購物）。

g. 看電視、上網／使用社群媒體、玩單人遊戲與滑手機的時間。

3. 大略估算出預期會發生的非例行性事項，例如回診看病、汽車保養、居家修繕等等。有個簡單的方法可以幫助妳進行粗略的計算。請查看過去十二個月內，妳花了多少時間在處理這些事情。把各個細項花費的時間加總起來，除以五十二，即可計算出每週平均花費的時間。

4.根據各個事項所能滿足的需求類型，例如連結、休息（包含睡覺與思緒漫遊狀態）、創造意義與完成壓力循環，使用不同顏色來標示。

請利用第二份行事曆（「理想版」全年行事曆），標示出心目中趨於「理想」的時間分配方式。所謂的「理想」是非常主觀的概念。因為只有妳才知道，妳是不是須要再多睡一點、多完成一些壓力循環、建立更多連結，抑或是須要擁有更多時間。

①就理想狀況而言，睡眠時間最好能夠每天在固定的時間連續睡滿七到九小時，就連週末也不例外。不過若是平日沒辦法睡那麼久，可以利用午休時間補眠，或是趁著週末多睡一點。

②每天預留三十分鐘進行「減壓對話」。如果談話對象是人生伴侶，也可以試著每星期多安排一小時的「家庭會議」。研究建議利用這類對話作為維持關係滿意度的標準方式*39。

③包含三十分鐘到六十分鐘的體能活動時間，每週三到六天，外加準備／交通時間。

④跟第一份行事曆一樣，利用顏色標示出不同的需求類型——社交、休息、創造意義以及完成壓力循環等等。

⑤標示出不屬於思緒漫遊狀態的休息活動，例如講電話、購物或備餐，並觀察妳在從事這

些活動時，能否將焦躁的憂慮轉換為對未來的冷靜規劃。

⑥額外加分項目：標註可以打擊父權體制的活動。舉例來說，假設在妳工作的職場，女同事的比例偏低，那麼妳的工作與通勤時間就是在打擊父權體制。假設妳對孩子的教育是以傳遞正向、具包容性的性別規範為目標，妳就是在打擊父權體制。假設妳是有色人種女性、西方社會中佩戴伊斯蘭教傳統頭巾的女性、非異性戀者或非順性別者，抑或是殘障人士，那麼在妳清醒的每一刻，妳都在打擊父權體制。

花更多時間休息的結果，就是在剩下百分之五十八的人生裡，妳會變得更有活力、更能夠專心、更有創意，也更好相處。更不用說，妳會是一名更安全的駕駛人，較不容易犯下令妳悔不當初的大錯，也更能享受當下正在做的事情，而不只是覺得，那是「該做」的事情而已。

我們知道應該讓自己休息，我們也確實有時間讓自己休息。休息就是這麼簡單、明瞭、輕而易舉，對吧？

當然不對。如果休息是這麼簡單、明瞭、輕而易舉的事，大家早就這麼做了。那麼究竟為什麼對這麼多人來說，這個簡單又明瞭的改變會如此難以實現呢？

馬修・沃克（Matthew Walker）[*b] 在其著作《為什麼要睡覺？睡出健康與學習力、夢出創意的新科學》（天下文化）中，將文化忽視睡眠的現象形容為「令人窒息的絞索」，並強烈主張「大眾在個人、文化、職業與社會層面上，對睡眠的理解及評價勢必要有根本上的改變[*40]」。舉例來說，我們希望延後學生，尤其是高中生早上到校的時間，這首先須要家長的工作時間能夠彈性配合，而這又進一步須要雇主將員工福利視為優先，好讓員工能夠兼顧家庭與公司的需求。而這個例子，只是為了讓所有人都能享有資源以獲得休息與健康，所必須做到的其中一項關於基礎制度的改變而已。想要獲得充分的休息，不會是一件容易的事。

※譯註b：馬修•沃克，英國科學家、神經科學和心理學教授，創立「人類睡眠科學中心」。

	星期三	星期四	星期五	星期六
6 A.M.				
7 A.M.				
8 A.M.				
9 A.M.				
10 A.M.				
11 A.M.				
NOON				
1 P. M.				
2 P. M.				
3 P. M.				
4 P. M.				
5 P. M.				
6 P. M.				
7 P. M.				
8 P. M.				
9 P. M.				
10 P. M.				
11 P. M.				
12 P. M.				
1 A. M.				
2 A. M.				
3 A. M.				
4 A. M.				
5 A. M.				

	星期日	星期一	星期二
6 A.M.			
7 A.M.			
8 A.M.			
9 A.M.			
10 A.M.			
11 A.M.			
NOON			
1 P. M.			
2 P. M.			
3 P. M.			
4 P. M.			
5 P. M.			
6 P. M.			
7 P. M.			
8 P. M.			
9 P. M.			
10 P. M.			
11 P. M.			
12 P. M.			
1 A. M.			
2 A. M.			
3 A. M.			
4 A. M.			
5 A. M.			

	星期三	星期四	星期五	星期六
6 A.M.				
7 A.M.				
8 A.M.				
9 A.M.				
10 A.M.				
11 A.M.				
NOON				
1 P. M.				
2 P. M.				
3 P. M.				
4 P. M.				
5 P. M.				
6 P. M.				
7 P. M.				
8 P. M.				
9 P. M.				
10 P. M.				
11 P. M.				
12 P. M.				
1 A. M.				
2 A. M.				
3 A. M.				
4 A. M.				
5 A. M.				

	星期日	星期一	星期二
6 A.M.			
7 A.M.			
8 A.M.			
9 A.M.			
10 A.M.			
11 A.M.			
NOON			
1 P. M.			
2 P. M.			
3 P. M.			
4 P. M.			
5 P. M.			
6 P. M.			
7 P. M.			
8 P. M.			
9 P. M.			
10 P. M.			
11 P. M.			
12 P. M.			
1 A. M.			
2 A. M.			
3 A. M.			
4 A. M.			
5 A. M.			

等妳讀完這一章，擬定計畫要改善休息狀態之後，回過神來妳會發現，這個世界的架構讓人很難把休息擺在第一位。然而，妨礙女性休息的障礙與男性所面臨的阻礙不同，甚至更難以跨越。原因正是人類付出者症候群。

涓涓細流

為了防止我們休息，人類付出者症候群築起了層層障礙。我們會因為睡覺而有罪惡感；我們會批評自己為了滿足生存的需求，而放棄成就自我的可能性。獲得必要的睡眠，就等於白白浪費三分之一的人生罔顧他人的需求，這又豈是優秀的人類付出者所能容許的行為？

對於須要休息的自己加以批判的念頭，就如同一道涓涓細流，會慢慢沖刷掉休息的成效。我們在本章開頭曾經提過，真正能夠使妳變強的是休息。然而，我們也很清楚，人類付出者症候群不會樂於見到妳的蛻變。

我們想要讓妳變得堅強、健康、自信而喜悅，因此，我們希望妳能正視這道涓涓細流，並用仁慈與憐憫的態度，填平它的源頭。

希望妳會說：「嘿，怨恨，我懂你的心情。在截止期限火燒屁股的時候，卻偏偏因為想睡覺而讓工作效率快不起來，真的很令人崩潰。身為人類，有時候實在讓人心很累，但是誰叫我們就是『人累』呢？」

或是：「你好，擔憂。你之所以會出現，是因為這些事情對我而言很重要，你想確保我不會搞砸。但是你我都知道，如果我不休息，我就沒辦法做好這些重要的事情。」

甚至是：「哈囉，憤怒，我知道小時候的教育讓我們認為，除非表現得完美，否則我們就不值得被愛，而要表現得完美就代表著永遠不能懈怠休息。所以，生氣是很正常的，因為我們不曾感受過每個小孩一生下來就值得擁有的、溫暖而毫無保留的關愛。既然如此，就讓我們照著自己想要的方式，好好疼愛自己，允許自己享受生而為人的樂趣吧。」

「喔，妳有好好休息啊？那還真是恭喜妳。自我照顧真的好重要。妳真是好命，還有這種閒暇時間。」人類付出者症候群會如此中傷妳。

會說這種話的人，真正想講的其實是：「妳還真是有臉破壞規則，還敢表現得好像妳很重要一樣！我都沒有閒功夫來照顧自己了，妳竟然敢明目張膽地尊重妳的身體！妳現在是怎樣？給我照規矩來。」

當妳遇到這種情況，請提醒自己，會說這些話就代表對方跟我們大家一樣，都是人類付出者症候群的受害者。

「真替妳開心耶……」同事拿酸溜溜的口氣嘲諷妳時，妳可以用驚訝讚嘆的態度回答：「我真的很替自己開心。」

妳可以這麼說：「我以前覺得，重視睡眠是很自私的行為，但是後來我發現，是我想錯了。

正是因為我關心的人和我在乎的工作都值得我拿出最好的一面來對待它們，而不是精疲力盡、脾氣暴躁、精神渙散的那個我，所以我才更應該重視睡眠。

或者，妳也可以說：「我發現，我以前真的對自己很不好，要是換個角度來想，我絕對不想看到我的好朋友那樣對待她自己。我還發現到，有一部分的我真的認為，我需要的休息時間可以比別人短。很臭屁的想法吧。接受自己也須要休息的事實雖然很令人感到羞愧，但確實是不得不接受。」

再不然，妳只要微笑就好。提醒自己，對方也是人類付出者症候群的受害者，被折磨得心力交瘁。妳知道的，因為大家都是同病相憐。

沒有休息，就沒有改變

大多數強調要重視睡眠與休息的書籍和文章都會主張，充分休息可以提高生產力*41。休息可以提升工作成效，這一點無庸置疑，如果這個論點有辦法幫妳說服妳的老闆，讓妳的工作時間更有彈性，那就太棒了。不過，對我們來說，休息的重要性並不在於休息能讓人更有效率，而是休息能讓人更快樂、更健康、脾氣更好，也更有創意。我們之所以認為休息很重要，是因為我們認為妳很重要。妳讀這本書的目的，不是為了要具有「生產力」。妳讀這本書是為了成為妳自己，實踐妳心目中崇高的理念，獲得生活的自信與喜悅。為了達到這些目的，妳須要休息。

我們的文化看待妳的方式，是以「具有生產力」作為衡量妳價值最重要的標準，把妳視為消耗品一樣地對待。妳就像是一條牙膏，必須忍受無情地壓榨，直到被榨乾得一點也不剩。從某些民族及某部分歷史的角度看來，這是不爭的事實，譬如奴隸制度就是一個明顯的例子。由藝術家、社會正義行動人士暨愛心幫派政府創辦人翠西亞・赫西（Tricia Hersey）成立的「小睡部門」組織了「集體小睡行動」，聚集有色人種在公共場所睡覺，以此抨擊與反對好幾世代以來，美國黑人的勞動力遭到剝削及竊取的情形。翠西亞的行動直接回應了「為求生存而允許身體休息等同於『懶惰』」的文化訊息。睡眠不僅是種族正義議題，也是性別議題、階級議題，更是基本的公共衛生議題。睡眠不只能夠療癒身體，也可以治癒文化傷痕。

有時候，我們會誤以為休息所產生的罪惡感，代表著我們對於最珍惜的人們與想法懷抱著滿腔的熱血。但是實際上，正是因為連想要改變世界的人都相信，「睡覺是軟弱的象徵，休息是我們的敵人」，正是這樣的背景，才讓社會的現狀得以繼續滋長。

有句老話說：「在……之前，我們絕不罷休！」這句老生常談的含意是，譬如在世界大同之前，我們不應該罷休。但是，在我們剝奪自己身為哺乳類動物的基本需求，還錯誤地以為這是在表現對議題或人民的承諾時，我們自己就會先累垮了，然後便會宣告放棄。唯有確保消耗掉的能量得以持續補充，我們才能繼續為人民、工作及理念奮鬥下去。我們想說的是：要「覺醒＊c」，

※譯註 c：美國黑人俚語，最早的用法「stay woke」（保持警覺）出現於一九七二年，源自非裔美國人用語，意思是關注重大議題，尤其是種族或社會公義問題。現已適用於各式談話內容，不限種族議題。

也別忘了要保持睡眠充足。

既然茱莉還有餘裕，傑瑞米便繼續滔滔不絕地發洩他在這一週照顧黛安娜日常起居所累積的怨氣。傑瑞米說道：「我真的很愛她，但是我還是會忍不住想把她關在房間裡，好讓自己能喘口氣，怎麼會這樣子？這真的太累人了。」

茱莉點頭說道：「我懂。」

傑瑞米不曉得是對著誰翻了白眼，然後跌坐在椅子上。「我知道妳懂。我不是在說妳不懂，我也不是在說我對這些事情完全沒概念。我只是覺得事情不一樣了。最困難的部分不是我必須無時無刻、全心全力地照顧她，最困難的部分其實是，有時候我必須關掉我對她的關心，但是那就跟關閉消防栓一樣難。我不想吼她，我不想當個愛吼人的混帳老爸。我不想讓她以為被男人吼是很正常的事情，妳懂嗎？」

「我懂。」茱莉重複道，回憶起自己愛上傑瑞米的某些原因。

「但是她真的很讓人火大，我實在很想……但是我不想變成那種爸爸，所以我必須忍耐、保持冷靜、不要隨情緒起舞。我必須鼓勵她、規定她的時間，又必須表現得活潑開朗，並且努力說服她去嘗試接觸她不想做的事，這真的太累人了。」傑瑞米又說了一次。

「是啊。」茱莉說道，內心懷疑他有沒有發現，過去十年來，自己一直在為他打理這一切。

「我是個好爸爸。」傑瑞米強調，顯然是在為自己打氣，也是在順便提醒茱莉。

茱莉深吸了一口氣並緩緩地吐氣，不打算讓起伏的情緒哽在心裡。「你是啊。」茱莉說道。不想挑起爭端，她猶疑地補充道：「只要可以偶爾放風，我們兩個都會是更棒的家長。」

回想起以往快樂的時光，茱莉輕笑一聲，學傑瑞米模仿起費林・雷德「不耐」的表情，看著他說：「我對情緒的了解是，你必須先完成你身體裡尚未完成的壓力反應循環，才會覺得好過，否則你只會一直受到壓力的影響。」

「沒錯。」傑瑞米說道。接著便問：「『完成壓力循環』？那是什麼意思？」

二〇一七年一月，MSNBC新聞頻道主持人瑞秋・梅道（Rachel Maddow）在史密斯學院舉辦演講時，有台下觀眾（就是艾蜜莉）詢問她面對倦怠感的處理方式。她的回答是：「我會拋開工作回家去，花點時間待在戶外，我擁有全世界最美滿的家庭和我最心愛的狗兒，我會去釣魚、劈柴，活用不同區域的腦細胞。這算是我唯一知道的解決辦法吧。覺得提不起勁的時候，那是因為大腦裡有個特定區塊被過度使用，才會讓妳產生倦怠感。但是，造物主把我們的大腦分割成很多不同的區塊。試著換用其他區塊的時候，就是在為自己充電。」

有很多女性終其一生寧願相信別人對於自己身體的意見，也不願意傾聽自己身體嘗試要告訴我們的訊息。對某些人來說，太久沒有聆聽身體的聲音，會讓人幾乎無從理解身體想傳遞給我們什麼，也就更難以相信身體的語言。更糟糕的是，我們越感到疲累，身體向我們透露的資訊就越不清晰，也就更難讓我們接收到正確的訊息。

缺乏休息，妳就不是完整的自己。缺少睡眠，妳真的會活不下去。跨越了生存問題以後，休息也是讓妳學會傾聽與相信身體的第一步。再下一步，便是要學習如何跟腦袋裡那個野蠻、嘈雜的聲音和平共處。這個聲音老是愛拿失敗來嚇唬妳，總是強迫妳不准休息。我們稱它為「閣樓上的瘋女人」，而她，即是本書最終章所要講述的主題。

懶人包

- 缺乏休息，真的會讓人活不下去。找時間休息不是在無病呻吟，而是攸關生死存亡的正經事。
- 生活不應該沒完沒了的拚命，而是應該在工作與休息之間來回切換。平均而言，我們需要花百分之四十二的時間休息，這樣的比例相當於一天休息十小時。如果捨不得花時間休息，身體總有一天會造反，逼得我們乖乖就範。

- 人類付出者症候群告訴我們，休息是一種「自我放縱」的行為，若真要這麼說起來，呼吸也應該算是軟弱或自我放縱的表現。
- 讓身體獲得必要的休息，就是在反抗企圖進行黑箱作業，並且讓妳淪落到無可奈何的境地的那股力量。允許自己擁有休息的權利，妳就能重拾自我生命的主權。

---

1. Tyler and Burns, "After Depletion."
2. Hagger, Wood, et al., "Ego Depletion and the Strength Model"; Solberg Nes, Ehlers, et al., "Self- regulatory Fatigue, Quality of Life."
3. Tyler and Burns, "After Depletion."
4. Whitfield- Gabrieli and Ford, "Default Mode Network Activity."
5. Domhoff and Fox, "Dreaming and the Default Network."
6. Brodesser- Akner, "Even the World's Top Life."
7. Andrews-Hanna, Smallwood, and Spreng, "Default Network and Self-Generated Thought."
8. Immordino- Yang, Christodoulou, and Singh, "Rest Is Not Idleness."
9. Wilson, Reinhard, et al., "Just Think."
10. Danckert and Merrifield, "Boredom, Sustained Attention."

11. Bailey, Smart Exercise.

12. Nowack, "Sleep, Emotional Intelligence."

13. Troxel, "It's More Than Sex"; Troxel, Buysse, et al., "Marital Happiness and Sleep Disturbances."

14. Wilson,Jaremka,etal.,"ShortenedSleepFuelsInflammatoryRe -sponses."

15. "Senate Report on CIA Torture: Sleep Deprivation."

16. Everson）、Bergmann 與 Rechtschaffen，〈Sleep Deprivation in the Rat, III〉。基於顯而易見的道德因素，這類研究從未經過人體實驗證明。畢竟，睡眠剝奪可以被視為是持續數世紀以來的酷刑之一。Rejali, Torture and Democracy.

17. Itani,Jike,etal.,"ShortSleepDurationandHealthOutcomes";de Mello, Narciso, et al., "Sleep Disorders as a Cause."18. Meng, Zheng, and Hui, "Relationship of Sleep Duration"; Lee, Ng, and Chin, "Impact of Sleep Amount"; Sofi, Cesari, et al., "Insomnia and Risk of Cardiovascular Disease"; Xi, He, et al., "Short Sleep Duration Pre-dicts"; Lin, Chen, et al., "Night- Shift Work Increases Morbidity."

19. Anothaisintawee,Reutrakul,etal.,"SleepDisturbancesComparedto Traditional Risk."

20. KerkhofandVanDongen,"EffectsofSleepDeprivation";Fortier- Brochu, Beaulieu- Bonneau, et al., "Insomnia and Day-time Cognitive"; Durmer and Dinges, "Neurocognitive Consequences of Sleep Depriva-tion"; Ma, Dinges, et al., "How Acute Total Sleep Loss."

21. Williamson and Feyer, "Moderate Sleep Deprivation Produces."

22. Harrison and Horne, "Impact of Sleep Deprivation on Decision"; Barnes andHollenbeck,"SleepDeprivationandDe-

cision- Making";Byrne, Dionisi, et al., "Depleted Leader"; Christian and Ellis, "Examining the Effects of Sleep Deprivation."

23. Baglioni, Battagliese, et al., "Insomnia as a Predictor of Depression"; Sivertsen, Salo, et al., "Bidirectional Association"; Lovato and Gradisar, "Meta- Analysis and Model."

24. Pigeon, Pinquart, and Conner, "Meta- Analysis of Sleep Disturbance."

25. Spiegelhalder, Regen, et al., "Comorbid Sleep Disorders"; Pires, Bezerra, et al., "Effects of Acute Sleep Deprivation."

26. Kessler, "Epidemiology of Women and Depression"; de Girolamo, et al., "Prevalence of Common Mental Disorders in Italy"; Faravelli, et al., "Gen-der differences in depression and anxiety: the role of age."

27. Liu, Xu, et al., "Sleep Duration and Risk"; Shen, Wu, and Zhang, "Night-time Sleep Duration"; Cappuccio, D'Elia, et al., "Sleep Duration and All- Cause."睡眠時間超過九或十小時者的風險也會增加百分之三十左右，但是睡太少的人比起睡太多的人實在多出太多。一項研究指出，百分之二十八的美國女性睡眠時間不足六小時，相較之下，睡眠時間達九小時以上者僅占百分之九。Krueger and Friedman, "Sleep Duration in the United States."

28. 疲倦是極其複雜的問題，從生物學的觀點來看，它涉及「廣泛的免疫、發炎、氧化及亞硝化壓力（O&NS）、生物能量與神經生理學方面的異常」，而嗜睡可能是由各種醫療問題所引起的一種症狀：Morris、Berk 等人，〈Neuro- Immune Pathophysiology〉。相較於短時間睡眠，長時間睡眠與發炎的關係更為密切：Irwin、Olmstead 與 Carroll〈Sleep disturbances, sleep duration〉。此外，長時間睡眠也與中風的十年風險增加百分之四十五。有關：Lee、Ng 與 Chin，〈Impact of Sleep Amount〉；長時間睡眠幾乎可以用來預測所有與短時間睡眠有關的健康問題：Jike、Itani 等人，〈Long Sleep Duration〉。說正經的，如果你睡這麼多覺，還是覺得睡不夠，真的要去看醫生才好。

29. Cappuccio, D’Elia, et al., “Sleep Duration and All- Cause.”

30. Klug, “Dangerous Doze.”

31. Ekirch, “The modernization of western sleep.”

32. Hegarty, “Myth of the Eight- Hour.”

33. Dzaja, Arber, et al., “Women’s Sleep.”

34. Burgard, “Needs of Others”; Burgard and Ailshire, “Gender and Time for Sleep.”

35. Lane, Liang, et al., “Genome- Wide Association Analyses.”

36. 每個人的生活與需求不同，此處只是舉例說明。示意圖中的所有數字均取自美國人時間利用調查（American Time Use Survey），https://www.bls.gov/tus/。

37. 「平均通勤時間」，紐約公共電台：McGregor，〈每週平均工時現為四十七小時〉。

38. 美國人時間利用調查，https://www.bls.gov/tus/tables/a1_2015.pdf。二〇一五年，女性平均每天花〇・二二個小時（十三・二分鐘）「從事體育活動、運動與休閒娛樂」以及二・五六個小時（一五三・六分鐘）看電視。

39. Gottman and Silver, The Seven Principles for Making Marriage Work.

40. Walker, Why We Sleep.

41. Pang, Rest: Why You Get More Done When You Work Less.

第八章

以柔克剛

想了解蘇菲，就得先了解《星際迷航記》系列影集的結局。在最後一集變節入侵者（Turnabout Intruder，暫譯）出現的珍妮絲・萊斯特（Janice Lester）博士，是相當有抱負的女性角色，卻因為「女性沒有資格擔任星際戰艦艦長」，逼不得已採取瘋狂的手段。萊斯特博士為了成功擔任艦長，便強行與寇克艦長（Captain Kirk）交換靈魂，最後當然遭到阻止，因而未能如願。在故事的尾聲，萊斯特博士被迫回到原來的身體，她啜泣著說：「我永遠都當不了艦長了。」儼然是一副女性被迫捨棄內心崇高的理念，被司令官推下情緒的懸崖，墜入無助與絕望深淵中的經典形象。

在萊斯特博士被押送離開之後，寇克艦長若有所思地說道：「她的人生或許可以過得跟其他女人一樣多采多姿，要是……」

寇克艦長沒講完的那後半句話，我們可以從他先前的台詞推敲得知：「要是她不討厭自己是個女人就好了。」

蘇菲與《星際迷航記》的關係，在故事結局揭曉之後，變得更加一言難盡。儘管這整部影集的時間設定在二十三世紀，結局的情節卻還是訴諸於宿命論，拒絕讓女性擔任最高領導職位，以此展現父權體制的堅不可摧，這一點讓蘇菲覺得氣憤難平。

蘇菲向我們表示：「在我練習漸進式收縮與放鬆肌肉的時候，我的腦子裡全都是寇克艦長被珍妮絲・萊斯特狠狠修理的畫面。我想像萊斯特在寇克艦長講完那句『要是……』的台詞之後，跑回來嗆聲：『要是怎麼樣？你這個爛男人！要是我不「討厭自己是個女人」就怎麼樣？你這個得厭女症的王八蛋！我才不討厭自己是女人，我討厭的是我的目標跟你一樣，卻礙於我的身體，讓我無法如願！這讓我很抓狂，但是你竟然還敢說，我是因為失去理智才得不到我想要的！』接著，萊斯特把他打得滿地找牙，而其他人只會冷眼旁觀地說，『喔，那是他活該，早該有人來修理他了。』」

活在蘇菲心裡的珍妮絲・萊斯特之魂，凝視著存在於現實與希望之間的巨大差距，渴望著改變。直到最近，蘇菲漸漸開始覺得，這一部分的她，或許值得自己用心傾聽。

而本章的主題就是要探討，為什麼我們都應該這麼做。

現在請想像妳走進一個房間，並且聽見妳最好的朋友在跟一個陌生人對話。陌生人說：「妳會受傷都是妳自己的錯。妳怎麼會笨到讓那個男的接近妳？」或是：「閉上妳的嘴。妳覺得有人在乎妳嗎？妳講的話根本沒有人想聽。」抑或是：「妳就是一個臃腫又懶惰的賤女人。」

聽見這個壞心眼的陌生人對妳最好的朋友講出這麼過分的話，妳有什麼感覺呢？妳會覺得舒服嗎？妳有可能用這麼惡劣的態度對妳最好的朋友講話嗎？

當然不會。

那為什麼會有這麼多女性，天天對自己講這些傷人的話呢？

妳值得尊重與關愛，妳值得被珍惜，妳值得被善意對待，妳現在就值得，妳本來就值得，而不是等到妳甩掉五公斤或十公斤的體重之後才值得，也不必等到妳升遷、畢業、結婚、出櫃或生完小孩之後才值得。現在的妳就值得。

我們絕對不是第一個對妳說這些話的人，但是妳腦袋裡那個壞心眼的陌生人仍然繼續對妳惡言相向。在這一章裡，我們要來談談這位出言不遜的陌生人究竟從何而來，妳又該拿她怎麼辦。一如身材接納的概念，我們沒辦法保證，讀完本章可以讓妳往後再也不會批判自己。但是我們可以保證，今後的妳會更懂得善待自己，讓生活過得更喜悅、身體更健康、關係更穩固，並在遇到困難時，更有能力突破重圍。

閣樓上的瘋女人

《簡・愛》是艾米莉亞最喜歡的一本書。她在青少女時期第一次讀到這本書時還無法明確表達，為什麼她對書中的隱喻——閣樓上的瘋女人有著強烈的共鳴。在《簡・愛》的故事裡，男主角羅徹斯特（Rochester）將精神失常的妻子關在閣樓。仔細一想，誰不會這麼做呢？誰不會這樣去對待一隻盤據於我們過去或現在，並且不停譏諷奚落、企圖妨礙我們實現心中想望的惡魔呢？這個隱喻是如此常見，又如此迴盪於人心，因此有極大量的書籍選擇以瘋女人作為女性陷入「天使」與「魔鬼」這兩種極端性格的文學象徵[*1]。行動主義者暨學者佩吉・麥金托什（Peggy McIntosh）於一九八九年提筆寫下了她內心的瘋女人，其描述如下：

> 她偶爾會對那些讓她分辨不清自己是誰的人，感到異乎尋常的憤怒；偶爾又會如幻想般地感應到她和宇宙之間的原始連結……她寫道：「也許我記不得自己是誰，但是你們肯定更不會知道，你們這些天殺的騙子，別想要我相信你知道我是誰。」幾天前，她卻看著我，對我說：「你需要我，我會在這裡陪伴你。」唉，我花了很多時間在照顧她，這讓我的家人很辛苦。結果現在她卻跟我說，是我需要她。我真的不知道要說什麼了[*2]。」

每個人心裡的瘋女人都不一樣。對妳來說，也許她更像個影子，會如影隨形地跟著妳，不斷提醒著妳的缺憾。也許她是個身材細長的怪物，會潛伏在妳的床底下，等妳覺得牛仔褲變緊或是後悔按下簡訊傳送鍵的那一刻才會現身。也許，她就像我們的朋友形容般是個「愛發牢騷又欠揍的六歲小屁孩，自以為什麼都知道，愛講話講個沒完，每次都要等到我的忍耐快達到極限，才知道要閉嘴。」

另一個朋友的形容則是：「她是另一個版本的我，不過她比我苗條、比我年輕、比我有錢、比我會打扮、比一般的社會標準更漂亮、還住在隔壁附帶前院草皮的高級豪宅裡。表面上，她的生活看似如魚得水，但是我知道（而且我得一再提醒自己），跟她的外表相比，或是跟我比起來，她的內心深處其實更傷心、更寂寞，也更空虛。」

還有一個朋友表示：「我心裡的瘋女人比較像是青少女，就是那種聰明、安靜、帶有一點憂鬱氣質，因為被同學排擠，所以總是坐在教室最後面，沒有人想跟她聊天的女孩子……每次遇到不順心的事，我就會聽到她在心裡對我說：『就跟妳說會這樣吧』。」

女性對於自己內心瘋女人的描述，異口同聲地都是一些令人不舒服、甚至是討人厭的角色……除此之外，她們也都會描述瘋女人的脆弱、悲傷或是易受責難之處。

然而，這個不安、虛弱的自己具有非常重要的作用。她成長自我們體內，負責控管介於「目前的我們」與「人類付出者症候群期望我們成為的角色」之間的差距。這一部分的我們肩負著艱鉅與殘酷的任務，必須消彌介在自身與「被期望成為的角色」之間那段無法銜接的巨大差異。這宛如一場酷刑，猶如薛西弗斯一次次把巨石推向山頂後，巨石總又會無情滾下山坡。我們心裡的瘋女人，永遠都在憤怒與無助的絕望之間來回擺盪。

如果妳會因為拒絕朋友的請求而自責不已，那就是瘋女人在作祟。如果妳相信一段關係的破裂全都是妳一手造成的，因為妳付出得不夠多，那就是瘋女人在發功。如果妳跟大多數女人一樣，照鏡子會感到自卑，那是因為鏡子裡映照的，就是妳內心那位瘋女人的模樣。

當介在自身與「被期望成為的角色」之間那段無法銜接的巨大差異逼近眼前，存在我們內心的瘋女人便須評估情況，以決定問題何在。她只有兩種方向可以判斷：不是「這個世界滿嘴謊言，充滿虛假的期待」，就是「我們自己不正常」。

有些瘋女人的保護性比破壞性還強，或是悲傷更勝憤怒，抑或是還挺有幽默感的。她們也許是影子或是心靈受創的小女孩，抑或是被同儕排擠的青少女、「完美」版本的自己，或者是讓屋內咒罵聲繞樑、不絕於耳的閣樓瘋女人。妳心裡的瘋女人是什麼樣子？請花幾分鐘的時間，想像她的模樣，以及她的不安與脆弱之處。

認識妳心裡的「瘋女人」

請利用文字或繪畫的方式來描述妳心裡的瘋女人，好好面對這個嘗試消彌介在自身與「被期望成為的角色」之間那段無法銜接的巨大差異，而顯得難搞又脆弱的自己。她看起來像是什麼樣子？她是從什麼時候開始出現的？她又有什麼故事呢？

她會對妳說什麼？請寫下她的感受和想法。請留意哪些事情會令她對妳嚴加批評、出言侮辱或是苛求完美。也許妳會想要特別註記這些事項，利用不同的顏色來進行區分。而這些就是讓妳精力枯竭的原因。

妳是否能從她的瘋言瘋語中聽出一絲悲傷或畏懼？問問她害怕什麼，或是在難過什麼。聽聽她的故事，但是別忘了，她不是正常人。提醒她，妳是成年人、屋主或老師，她可以信任妳，妳會為她保留閣樓，讓她永遠都有安身之處。

請謝謝她一直以來都認真盡責地幫助妳生存下來。

走火入魔的自我批判

艾米・波勒（Amy Poehler）[*a] 在回憶錄《好的，麻煩你》（*Yes Please*，暫譯）一書中，將她內心的瘋女人形容為一隻惡魔，「它會帶著酸腐的口臭，靠在妳的耳邊重複對妳說，妳又胖又醜又沒人愛[*3]」。〔有聲書版本是由凱薩琳・透納（Kathleen Turner）[*b] 為惡魔配音。〕這就是**走火入魔的自我批判**，這會讓妳認為，妳與「被期望成為的角色」之間的差距不僅是妳的錯，更代表著妳的人生注定會失敗，導致妳的內心充滿了罪惡感與羞恥感。

※譯註 a：艾米・波勒，美國演員。

※譯註 b：凱薩琳・透納，美國演員。

一如布芮尼・布朗所說：「罪惡感是覺得『我犯了個錯』。然而，羞恥感會讓你覺得『我是個錯誤』。」相對於羞恥感，罪惡感至少還能讓妳有藉口去盼望，有天妳也會有資格澈底感受身為人類的尊榮。然而，羞恥感所批判的，卻是妳的核心自我*4。

相較於**對失敗的自我批判**，或許**對成功的自我批判**還顯得更陰險狡詐。自我批判的想法會在妳贏得獎項或是收到感謝函時悄悄浮現。瘋女人會對妳發出噓聲：「妳以為妳是誰啊？妳覺得妳跟別人一樣了不起嗎？拜託，妳還差得遠！勸妳不要往臉上貼金，自我滿足地以為：『也許妳本來就很不錯。』想得美，給我照規矩來！」

吹毛求疵的完美主義

吹毛求疵的完美主義是瘋女人搞破壞的另一種方式。完美主義可以分為許多不同的類型，有些類型大致上沒有壞處，甚至還能帶來幫助，有些類型則可能產生相當大的弊端*5。

大致無害的類型：偏好整潔與條理勝過混亂、注重細節，會確認工作有無失誤、對自我及他人的標準很高。上述任一要素若是過度發揮，就會造成弊病，甚至有可能與強迫症有關。把完美主義當成適應不良性策略，用來對付壓力、憂鬱症、焦慮症、寂寞、壓抑的怒氣與無助的絕望時，就會導致這種下場。但是，如果能妥善處理情緒（利用**有計畫性地解決問題與正向再評價**），高標準和秩序井然就不會為妳帶來任何壞處。

大致有害的類型：相信不完美就等於失敗，譬如只要犯下一個小錯誤，就等於前功盡棄。此外，因為感受到來自他人的壓力，而要求自己每件事只許成功、不許失敗。這些類型的完美主義通常會伴隨著憂鬱症、焦慮症、異常飲食行為、負面關係以及生存的無助感。

完美主義的根本問題在於，它讓司令官備受煎熬。妳所設定的目標是「完美」，這個目標本來就難以達成，隨著妳開始工作、吃飯、更衣，甚至是在新的一天剛剛展開之際，只要有某件事情不達「完美」，對妳而言彷彿就是全盤皆輸。而有時候，在妳設下「完美」目標的同時，有部分的妳就已經知道這個目標很難達成，因此在妳思考工作計畫、該吃什麼、該穿什麼，或是新的一天該如何安排時，妳都能清楚意識到，妳不可能達成目標，這讓妳甚至是在有所行動之前，內心就已充滿無力感。

自我疼惜

自我疼惜是跟**走火入魔的自我批判**與**吹毛求疵的完美主義**相對立的概念。在過去二十年間，已有為數眾多的研究向大眾證明，減少自我批判，增進自我疼惜，能帶來很大的進步*6。妳八成有聽過自我疼惜這個名詞，妳可能也看過克莉絲汀・聶夫（Kristin Neff）*c的TED x演講影片，

※譯註c：克莉絲汀・聶夫，德克薩斯大學奧斯汀分校教育心理學系副教授。

或者拜讀過克莉絲汀或克里斯多福・葛莫（Chris Germer）*d 的著作，抑或知道自我疼惜是妳應該嘗試的事情之一，就如同冥想、正念或感恩練習。妳大概曾經對自己想過，對啊，我們都應該對自己好一點！或是我不應該對自己那麼嚴格。

妳的想法沒有錯，自我疼惜對妳有好處。或者至少可以說，缺少自我疼惜會對妳有害，導致自我評斷、孤立、與對痛苦的過度認同 *7。自我疼惜可以減少憂鬱症、焦慮症與異常飲食行為，改善整體生活滿意度。當妳能夠溫柔地對待自己，才能發揮以柔克剛的力量。

也許妳曾經短暫嘗試過自我疼惜……後來又重拾自我鞭笞的習慣。

當有人再次向妳提起自我疼惜的概念，妳會覺得：「我知道應該對自己好一點，我真是個……」

請就此打住。妳即將要脫口批評的那個人，是我們的姊妹同胞，我們絕對不准妳講她壞話。

如果自我疼惜真的這麼有幫助，為什麼我們還不去做呢？

在提倡自我疼惜的道路上耕耘十年，以及與我們心裡的瘋女人相處一輩子之後，我們發現有三種原因可能導致這個看似相當具有感染力的觀念，實際上意外地難以落實。

自我疼惜非易事的原因之一：我們須要自我鞭笞……不是嗎？

有很多女性一輩子都在督促自己要更努力、實現更多、表現得更好。達不到他人期望時，就會覺得自己一無是處、想要慶祝成功時，就會斥責自己「驕傲自負」、考慮接受未臻完美的成績時，又會責備自己「安於現狀」。每當我們體認到自己與「被期望成為的角色」之間存在著巨大的差異，瘋女人就會拿起鞭子抽打我們。換言之，我們就會自我鞭笞。我們一意孤行地拿一生的時間來成就至今為止所達成的每件事，無論是取得學位、逃離不安穩的家庭環境、達到令人稱羨的財富水準，或是建立自己的家庭。

這是瘋女人的悲哀。她鞭打我們，然後我們達成目標。因此這讓我們以為，自我鞭笞是我們之所以能夠達成目標的原因。若是缺少自我鞭笞，我們便一事無成。

這是抗拒自我疼惜的人最常表述的理由。她們擔心，如果不對自己狠一點，就會害自己失去所有努力的動機，成天坐著邊觀賞各大城市《貴婦的真實生活》（*Real Housewives*）*e，邊吃泡在百威淡啤酒裡的早餐穀片。

即使面對最粗淺的調查，這個論點也絲毫經不起考驗。我們真的是因為不努力就會被自己虐待，才會這麼努力想實現目標的嗎？一旦鬆開手裡握的皮鞭，我們就會永遠耽溺懈怠嗎？當然不是。事實正好相反，正是因為目標對我們而言太過重要，我們才會願意為了達成目標而去承受施

※譯註d：克里斯多福．葛莫，臨床心理學家、哈佛醫學院精神病學兼任講師。

※譯註e：美國實境系列節目。

加於自身的痛苦。由於一路走來都是憑靠著自我鞭笞，我們於是相信，那必定是讓我們能夠達到現有成就的原因。

勤於練習自我疼惜可以降低壓力荷爾蒙，並能提振心情*8。此外，亦有多年研究證實，自我寬恕與生理及精神幸福程度較佳有關*9。這些做法都不會減弱妳想要完成重要目標的動機。

很多女性朋友讀到這裡就會發現，在面對瘋女人走火入魔的自我批判與吹毛求疵的完美主義時，自己的內心深處常常很清楚，自己已經盡了全力，也能夠諒解即使拿出自己最好的一面，偶爾還是會遭遇失敗。她們會開始留意自我鞭笞的行為，並且練習放下鞭子，因為她們了解到，真正能讓自己變強的不是鞭子，而是毅力、人際關係以及允許自己休息的能力。她們已經明白，要先懂得善待自己，才能學會以柔克剛，而那正是她們想要獲得的力量。

然而，在某些人心裡，那個走火入魔、吹毛求疵的瘋女人卻聲稱，我們沒資格減少壓力或改善心情、我們本來就該受苦、我們不值得仁慈或憐憫，也不配擁有以柔克剛的力量。因此，不管我們達到什麼樣的成就，她永遠都會嚴厲地懲罰我們。

這種狀況已經不再是自我批判，而是一種自我迫害的行為*10。過去曾經受到虐待與忽視、缺乏父母關愛並曾遭人羞辱的人，比較可能表現出走火入魔的自我批判，並且因此感到無助與孤獨*11。憂鬱症患者在試圖安慰自己時，大腦會啟動威脅反應*12。事實上，害怕自我憐憫與害怕接受他人的同情有關。這表示，憂鬱症患者的內心相信，孤獨反而是件好事，孤獨可以防止他人看見自己真實、核心的黑暗面。同樣地，忍受折磨也是好事，忍受折磨才能阻止自己變得強大，避免自己必然無法有效利用或甚至是濫用自己擁有的力量。

如果妳也有這樣的想法，請先別嘗試自我疼惜。試著先從對他人表現慈愛開始吧。佛教所說的慈愛冥想，指的是從我們最關心的至親摯友開始，到只有點頭之交的面孔，到素昧平生的陌生人，再到老死不相往來的死對頭，最後乃至於我們自己，如此層層擴大地祈願愛與憐憫、和平與安適的降臨。在自我疼惜看似遙不可及時，不妨先練習向他人表現慈愛。

找到足以應付瘋女人的辦法之後，終於讓茱莉放下了追求完美的執念。

艾米莉亞向茱莉提起瘋女人的概念，包括那整段與《簡・愛》有關的陳年往事，身為英文科老師的茱莉也對那本書愛不釋手。

茱莉問道：「所以，妳心裡的瘋女人就是長那樣？像被關在密室裡的柏莎？」

艾米莉亞說道：「我想是吧。雖然她精神錯亂，是個危險人物，但她也是因為社會的愚昧無知才會受困。我覺得很同情她。」

「那艾蜜莉呢？她的瘋女人有代表人物嗎？」

「妳有看過《海洋奇緣》嗎？」

「我只看過七百遍而已。妳忘啦？我家有小孩啊。」

「艾蜜莉說，她的瘋女人是帖卡（Te Ka），那個恐怖的熔岩怪物，但它其實也是生命女神塔菲堤（Te Fiti）。」

「這還真有趣，艾蜜莉的外在形象跟這兩個角色很不搭耶。我決定要好好思考這個問題。」茱莉說道。

茱莉認真地剖析。起初，她以為她心裡的瘋女人是個「完美版」的自己：她是個完美的妻子、母親、老師、朋友及女兒，她完美至極、人見人愛、耐心十足、聰慧過人，做起任何事情都得心應手，從來不需要任何協助。她對於真實版茱莉的需求、缺點與人性限制，偶爾會顯露出輕蔑的態度。

最糟糕的是，完美版茱莉的存在不僅會讓茱莉對自己刻薄，連帶地也會殃及無辜。有時候，茱莉會隨口批評別人。有時候，達不到完美版茱莉的標準也會讓她遷怒傑瑞米。

直到某個週六下午，茱莉做完物理治療後，回到家發現黛安娜和傑瑞米一起坐在餐桌前，黛安娜在寫作業，傑瑞米幫忙訂正。茱莉看著她的寶貝女兒，納悶著在黛安娜的小腦袋瓜裡，會塑造出什麼樣的瘋女人，並且疑惑著面對這個世界開始扔向她的荒誕期待，這個小女孩是怎麼應付的。

就在這一刻，茱莉忽然明白，「完美版茱莉」只是她所建構出來的防衛機制，目的是為了保護她內心真正的瘋女人。而那所謂的瘋女人，其實根本算不上女人，只是個小女孩罷了。

這個小女孩生性敏感，很怕遭人拒絕。她喜歡閱讀和戲劇。一如其他小女孩會偷穿媽媽的鞋子、偷擦媽媽的口紅，小小茱莉就如同玩辦家家酒似的假扮起「完美版茱莉」，有模有樣地模仿著「成年人行為」。在茱莉還是個小女孩的時候，這只是場遊戲。但是隨著茱莉漸漸長大，為了掩飾在她骨子裡，她仍然是個不想惹人生氣的小女孩，完美版茱莉便逐漸成為了她必要的武裝防備。

一旦認清瘋女人的真面目之後，剩下的就好辦了。從那天起，每當感覺到完美版茱莉蔑視的眼神，茱莉都能坦然地面對內心批評的聲音，宛如對待一個戴著面具偽裝自己的普通小女孩。

茱莉會對自己這麼說：「嘿，小朋友。在我面前，妳可以不用假裝喔。」她會想像自己把小女孩抱在大腿上，向她保證沒有人會生氣，需要幫助是很正常的。大家都會支持她。

自我疼惜非易事的原因之二：療癒過程也會痛

在這幾十年的人生中，每當妳覺得自己沒有達到標準——譬如成績不夠好、顏值不夠高、情緒不夠收斂、家人不夠開心，妳就會拿起皮鞭鞭打自己，然後加倍努力。每一次，妳的靈魂都被打得皮開肉綻，舊有的傷口一再迸裂，刺痛神經，鮮血直流。

鞭撻自己顯然是很痛苦的行為，所以在自我鞭笞的同時，我們也會想方設法地去控制痛苦的程度，讓我們能夠熬得下去。很多女性都已經習慣隨時隨地忍受著些許的痛苦。我們認為這很正常。那是我們選擇相信總有一天，自己一定可以符合人類付出者症候群的標準，在經過漫長的等待之後，終於能夠完全被人類社會所接納，因而有資格得到關愛，所需付出的代價。

偶爾，太深的傷口會讓人轉而採取危險的方式，譬如酒精和藥物、自我傷害、異常飲食行為、強迫性行為等來暫時麻痺疼痛，但是長久下來，這些方式終究會讓傷口越變越深。

所以，我們才會在這裡，勸妳放下手裡緊握的鞭子。

請實際想像：如果放下鞭子，停止自我鞭笞，改以仁慈之心和憐憫之心來面對難熬的情緒，會如何呢？

請想像妳正在嘗試這麼做。讓瘋女人鬆開手裡的皮鞭吧。

實際這麼做以後，妳會發現，多年來在妳身上反覆迸裂的傷口，終於要開始癒合了。

然而，關於傷口癒合，有個事實是絕大多數的自助類大師都不會坦白告訴妳的。那就是「療癒過程也會痛」。

舉個例子來說，摔斷腿一定會痛，而且還會一路痛到骨折癒合為止。從骨折的那一刻起，到痊癒之前，妳的腿不會突然之間就好起來。因為療癒過程也會痛。而摔斷腿該怎麼辦？要打上石膏，固定住骨折的位置，才能讓傷口澈底癒合。

等妳不再刺激多年來自殘導致的舊傷口時，它們才終於能夠開始癒合。這會帶來一種全新的疼痛。這種疼痛跟自我鞭撻造成的疼痛不同，妳沒辦法用同樣的方法忍耐過去。妳原本很擅長忍受被鞭子抽打的痛苦，但是現在妳必須學習全新的方法，來承受這種全新的疼痛。如同一位接受「慈悲心療法」的患者所說，開始練習自我疼惜的過程，就像是「打開一口承載著無以承受的悲傷之井[*13]」。

我們的朋友性治療師雷・麥克丹尼爾（Rae McDaniel）將這種全新的疼痛形容成抗菌劑對傷口引起的刺痛。這是一種健康的疼痛，它能幫助傷口乾淨地癒合。運用這種譬喻來進行重新定義（正向再評價），有助於提高我們的忍受力，也能幫助我們找到除了透過麻痺痛覺或者可能有害的方法之外，可以促進傷口痊癒的方式。

艾米莉亞喜歡拿龍蝦來比喻。龍蝦是被塞在硬殼裡長大的軟糊狀動物，牠會長大，但是牠的殼不會。等到有一天，龍蝦的身體長得太大的時候，受到硬殼擠壓的不適將會迫使牠鑽進石頭底下，褪去尺寸過小的舊殼，重新長出更大更厚實的新殼。這個過程雖然不舒服，也會使牠暫時變得毫無防備之力，但若沒有經歷這番辛苦，牠就永遠無法蛻變得更大、更強壯。

無論妳喜歡哪一種隱喻，我們想表達的是：「自我疼惜不見得會讓妳感到舒服或平靜，但是它確實能幫助我們以柔克剛。」

自我疼惜非易事的原因之三：力量令人生畏

現在請想像，妳拋開了想要符合外界標準的渴望。妳放下了鞭子，傷口開始逐漸癒合，於是妳學會了新方法，能夠忍受這種全新、具有療癒效果的疼痛。

然後呢？隨著傷口痊癒……我們會變得更加堅強。我們會不斷變強、再變強，變得前所未有的強，也許強得超乎我們的想像，強到不必再受人類付出者症候群的擺布。

而人類付出者症候群絕對不會就此善罷甘休。我們會感受到強烈的反作用力，我們會害怕如果我們膽敢發揮以柔克剛的力量，必定會遭到世界的懲罰。

但是有時候，我們也會懼怕自身擁有的力量。想像自己變得強大，會讓妳有什麼感覺？

實情是，如果我們不必再花力氣忍受自我批判加諸於自身的痛苦，很多女性其實會畏懼自己變得太過強大。

我們很清楚，個人的能力越強，所須承擔的責任就越大。而我們會擔心，自己擁有了更強的力量，卻無法承擔起更大的責任。假設熱心公益、造福人群是妳的嗜好，妳也開始因為這項嗜好而多了一份收入。因此，妳將嗜好轉變為小型事業，公司的業績也蒸蒸日上。到了後來，妳會須要調整原有的生活模式，了解行銷技巧與企業納稅義務，跟潛在合夥人及客戶開會，聘僱員工並為其福利負責。所以，妳現在要考慮的已經不再是妳自己和妳的嗜好，妳的每一個決定都關係到其他人的生計。很多女性的內心都有一股微弱的聲音，擔心自己身為公司的領導者，卻對於公司該如何運作毫無頭緒。這整件事情原先只是一項嗜好而已，妳還沒有準備好要走到這一步，更難去想像經過這些發展之後，會讓妳有什麼感覺，妳又會具有幾分的信心。難以想像未來那個具備知識、專長與優勢的自己，會害我們裹足不前，無法朝那樣的未來邁進。

自我疼惜起初會讓人覺得很困難，對某些人來說，自我疼惜永遠不會是一件容易的事，這些都是正常的。不過，練習自我疼惜的好處，就是可以學會以柔克剛。以下我們就要介紹習得以柔克剛的祕訣。

學習以柔克剛的第一步：跟瘋女人當好朋友

如果妳還沒有仔細想過能代表妳內心「瘋女人」的角色，請花點時間去想像。

將瘋女人形象化的目的，是要把妳跟她分開來思考，創造出一種情境，讓妳可以把她當成朋友——運用結合性認知來看待。我們通常更善於在對待他人時運用結合性認知，對待自己則不然*14。不知怎地，基於某種不明原因，就連最嫻熟的結合性認知者在嘗試理解自身的內在經驗時，都有可能會轉而採用分離性認知。這也就是說，在思考自己的人生時，我們會將自己做出的決定及行動，自其背景條件和身分認同中抽離，我們會依據人類付出者症候群的錯誤標準來評估自己的決定與行動。但是，如果我們可以把自我批判的意念擬人化，我們可以更有效地理解它。有許多不同治療方式都會利用某種形式的「擬人化」來發揮其治療功效，顯然有很多學者與不同學派已經了解到，帶著善意的好奇心，從旁觀察內心萌生的自我批判意念，是有效的做法*15。

具體化自我批判的念頭以後，妳就能運用結合性認知，把自己跟瘋女人一分為二，並且跟她建立關係，甚至是友誼。跟自己的內在經驗做朋友，是很強大的力量。在妳覺得苦不堪言，運用正向再評價也無法為妳減輕痛苦的時候，自我疼惜就能幫得上忙*16。在動畫電影《腦筋急轉彎》裡，雖然樂樂對小彬彬說：「嘿，一切都會沒事的。我們可以一起解決！」小彬彬卻無法因此振作起來。這是正向再評價，但是這招沒效。真正能讓小彬彬感到安慰的，反而是當憂憂坐在他身邊，感同身受地陪著他一同哭泣。尤其，對於自我批判和羞愧感都很高的人來說，以仁慈和憐憫的態度去面對內在經驗，會比正向再評價更具有療癒效果*17。

介於自己與「被期望成為的角色」之間的巨大差異永遠都不會消失。所以，重要的並非差異的程度、本質或任何其他因素。重要的是，妳要怎麼接受這個事實。換句話說，妳要如何跟妳心裡面的瘋女人和睦共處。

請用仁慈之心與憐憫之心去面對那個老是批評自己的妳吧。請謝謝她一直以來都認真盡責地幫助妳生存下來。

學習以柔克剛的第二步：「轉身直面怪異之處」

標題是來自大衛・鮑伊（David Bowie）*f的歌曲〈改變〉（*Changes*，暫譯）裡的一句歌詞。這句話想表達的意思是：「請留意這個世界正在發生的所有事。無論那是什麼，都不要積極地與之對抗。」這句話所傳達的精神正是本書的精髓「請認清現實」。再來，如果妳辦得到，請試著去愛妳所認清的現實。但是，認清現實是妳該做的第一步，亦即看清楚一切的真相，甚至包括會令妳感到不安的部分。這或許就是正念練習當中最強效的「活性成分」*18。

這種經驗偶爾會被形容為「接納」，一如佛教禪修在探討特定層面時會如此稱之。我們比較不喜歡這種說法，因為它無形之中帶有一種隱含的無助感，彷彿像是在說：「就接受現實吧……就此放棄任何改變的希望。」

因此，我們選擇稱之為「觀察性距離」。

雖然多數人天生並不擅長，不過這種技巧可以透過學習來獲得。

我們想利用一個相對較為和平的例子來作說明。在我們所處的社會（麻薩諸塞州西部），屋主每個月都會收到電力公司寄來的通知，信中會比較收件人與鄰居家的能源使用量。提供這一類

※譯註f：大衛・鮑伊，英國搖滾歌手、詞曲創作者、演員。

同儕比較的資訊有助於降低用電量，既能幫民眾省錢，又能減少碳足跡*19。在理想情況下，這類資訊往往會促使人們捫心自問：「還有什麼是我能做得到的？」即使答案是：「我已經盡可能做到我所能做的了。」這些資訊還是具有發人省思的作用。

但是在現實生活中，人人都討厭看到通知書寫出自己家的用電量比鄰居家來得高。人們會覺得自己受到電力公司的羞辱，認為數據造假，甚至相信這是一種詐騙手法（讓自家產品的愛用者感到慚愧，對電力公司有什麼好處？）。我們還聽過一位女士稱之為「獵巫行動」。

那麼，這種羞愧與憤怒的反應究竟是被什麼給挑起的呢？

當我們被告知自己家的能源使用量比鄰居家高，介於用電量方面的現況與期望中的超級節能、蒙古包式綠能生活之間的差距，就會喚醒我們心裡的瘋女人。而她只有兩種選擇：不是我們做得不夠好，就是電力公司有問題。選項一：我們是恣意燃燒化石燃料的邪惡人類，這會引起瘋女人狂暴的自我羞辱與自我批判。選項二：電力公司是謊話連篇的混帳東西，惹得瘋女人語無倫次、大肆詛咒愚蠢的電力公司竟敢寄來這種白痴信件想給我們難堪。

有時候，這個世界確實謊話連篇。然而有時候，妳也未必表現得出最好的一面。

不過，當妳心裡的瘋女人因為憤怒與恐慌而表現得情緒激動，這就是妳該「轉身直面怪異之處」的時候。換句話說，妳應該拉開觀察性距離。要冷靜地保持中立，想清楚有什麼因素會導致現況與期望之間存在明顯的差距。以電力公司的通知書為例，想一想有哪些原因可能造成妳的用電量高於「平均值」呢？妳住的是老房子嗎？妳是不是在家工作、有小孩，或開電動車呢？妳的能源使用量偏高，會不會是因為妳經常在家自己煮，而這反而有助於降低速食消費所造成的環境衝擊呢？或者，妳住的社區是不是有很多暖氣用電量較低的小公寓，因而拉低了當地「平均值」呢？

妳會問自己：「還有什麼是我能做得到的？」也許妳的答案是：「我已經盡可能做到我所能做的了。」但是偶爾，妳的答案可能會是「我還有進步的空間」。在這種時候，請不要因為妳之前沒有再多做一點而苛責自己。在此之前，妳已經盡力了。因為妳已經檢視過自己的內心。妳已經轉過身去，正視妳所發現的怪異之處了。

每個人的生活都不一樣，我們都在用自己的方式全力以赴。妳今天的「全力以赴」也許不能算是「最好的表現」，但卻是今天的妳所能達到的極限。這樣講很奇怪，但事實就是如此，而且要是我們沒站穩腳步，我們還可能被捲進無助與孤獨之中。感恩，就是讓我們站穩腳步的方法。

正視怪異之處，塑造美好世界

詹姆斯・鮑德溫（James Baldwin）[*g]說過：「凡事並非面對就能改變。但若不面

※譯註g：詹姆斯・鮑德溫，美國作家、小說家、詩人、社會行動家。

對，一切都不會改變。」在這句名言的前面，是一段比較鮮為人知的話語：「而除此之外，你們給了我一種可怕的優勢：你們『白人』永遠不必理會我。我卻必須注視你們。我對你們的了解，勝過你們對我的認識。」

轉身注視令人不安的真相、轉身直面怪異之處，就是一種可怕的優勢。被迫忍受欺壓、暴力或氣候變遷衝擊的人並沒有選擇權。正因如此，擁有某種權力、特權或機會的人，更應該選擇利用這種令人生畏的優勢，去認清現實，看清楚一切的真相，甚至包括會凸顯出現況與期望落差的那部分。

瘋女人無法克制自己。只要她發現，我們付出的程度沒有達到社會對我們的要求，她就會失去理智，不是把錯怪到我們身上，就是指稱世界才是罪人。不過，讓我們姑且看看這個例子。

假設妳是個白人，有位有色人種指控妳所做的某個行為帶有些許種族主義的意味。這件事非常糟糕，被貼上種族主義者的標籤，讓妳心裡的瘋女人瞬間失控，妳明明是個絕對不會歧視任何人的善良老百姓。如果瘋女人反應過度，並且斷言這個世界（也就是那位對妳提出指控的有色人種）是個謊話連篇的混帳東西，堅持認為妳什麼也沒做錯，那麼妳就不會做出任何改變，世界也不會變得更好、更公平。妳的反應可能會是：「才不是這樣！我不是種族主義者！」

另一方面，如果妳心裡的瘋女人過度認同他人對妳的批評，開始訓斥妳跟三K黨是半斤八兩*h，罵妳是個廢物和騙子，這又會讓妳飽受自我折磨的摧殘，變得太過脆弱，無法做出有效的改變。妳的反應可能會是：「身為白人令我無地自容，救救我吧，黑人同胞們！」而這種反應同樣起不了好效果。

瘋女人的心慌意亂雖然無法激勵妳採取任何行動，卻能為妳提供有用的資訊。首先，它讓妳看見現況與期望之間存在的差距。其次，它讓妳知道這個差距對妳而言很重要。所以，在拉開觀察性距離之後，妳得出的評估結論可能是：「公平對待每一個人對我來說很重要，不過目前看來，實際情況並非如此。我會繼續努力改進。」

「根據這項新資訊來判斷，那雖然不是我的本意，卻是實際發生的情況」。這真的是一種很詭異的感覺。在我們全力以赴，卻仍然達不到世界對我們的要求時，那種感受真的很奇怪。而當我們懂得拉開觀察性距離來面對這個怪異之處，我們才能真正成為改變世界的力量。

※譯註h：三K黨，美國種族主義代表性組織，奉行白人至上主義。

學習以柔克剛的第三步：感恩（嘆息）

專為女性讀者寫的自助類書籍，怎麼能略過不提「練習感恩」這件事呢？妳說對不對？現在的妳已經知道「感恩」對妳有好處。因此，每次經人提醒要懂得感恩的時候，也許總有一小部分的妳會苛責自己，老是遺忘這份感謝之心。

感恩練習真的對妳很有幫助，不過在往下討論之前，我們想先提醒妳一件事：感激好事發生，並不等於抹滅壞事存在。數世紀以來，女人總是不斷被提醒，要懂得感恩我們現在能過上這麼好的日子，這已經比以前女人悲慘的待遇好太多了。「要感謝妳所擁有的」這句話，已經被拿來當成對付女性的武器，用來湮滅我們奮力發出的吶喊，並且恥笑我們眼前面臨的苦難。感恩不等於對問題視若無睹。真要說起來，感恩反而能為將來的進步提供奮鬥的原動力。感恩就等於是一種經過濃縮與提煉，本質最為純淨的正向再評價*20。

會忘記懷抱感謝之心很正常（因為順境／逆境非對稱性），所以我們都須要互相提醒。

那麼，感恩練習要怎麼做呢？

就我們的經驗來說，流行文化普遍提倡的感恩練習，通常是類似於「感謝妳所擁有的」之類的練習，例如「每天列出十件感謝的事」，但這其實不是非常有幫助。艾蜜莉嘗試過這類方法，但是那些練習總會讓她覺得更糟，因為那只會提醒她，有多少人得不到她所擁有的一切，這會讓她感到無助與無力。

於是，艾蜜莉埋首鑽研資料，並且依照實證介入的指示來練習……結果獲得了十分顯著的成效。她發現，真正能夠發揮功效的技巧有兩種，而兩者都跟「感謝妳所擁有的」沒關係。關鍵在於，要練習**感謝陪伴妳的人**以及**感謝事情發生的方式**。

感謝陪伴妳的人是在短時間內激發感恩之心的權宜之計。羅傑斯先生（Mr. Rogers）[i] 在獲頒終身成就獎時，曾邀請全場觀眾花十秒鐘的時間，來回憶那些「幫助你珍惜自己內心良善的人、關心疼愛你且無私祝福你的人以及鼓勵你真實做自己的人」。這就是練習**感謝陪伴妳的人**的方法。

如果妳想做得更澈底一點，妳可以寫封信寄給對方，以表達感謝之情[21]，或是親自把信交到對方手上，妳甚至可以當面為對方大聲朗讀信件內容，如果妳想體會感恩情緒大噴發是何感受。諸如此類的「感恩拜訪」可以提升妳的幸福指數整整一個月，或者甚至長達三個月之久[22]。

感謝事情發生的方式是增進感激之情的長效作用劑。在每一天結束之前，請回想並記錄下今天發生了哪些事件或情況讓妳覺得感謝。

1. 為事件或情況下標題，譬如「寫完第八章」或是「沒有大吼或大哭地順利開完會」。

※譯註：i：羅傑斯先生，原名為弗萊德・羅傑斯（Fred Rogers），美國電視節目主持人、作家、童書作者。

2.寫下事情發生的經過，並詳細記下與事件有關的每個人所做或所說的一切，包括妳自己在內。

3.描述妳當時的感受，以及現在回想起這件事所帶給妳的感受。

4.說明事件或情況發生的原因。起因是什麼？有哪些條件綜合起來造就當時的局面？

假設在記錄過程中，妳發覺自己被拉進了負面、批判性的思想與感受之中，請把它們溫和地放到一邊，並將注意力重新拉回妳所感謝的事物上頭。

有研究要求人們每天以這種方式記錄三件事情，並且持續至少一週，但是艾蜜莉嫌太多，所以她每天只記錄一件事情，但將時間延長為三週。而她發現，效果好極了。透過這種記錄方式，她的大腦不只會留意正向事件的發生，也會去注意她在營造正向事件發生時所運用到的個人優勢，以及協助事情朝正向發展的外在資源*23。

蘇菲對我們說道：「昨天晚上，我跟伯納德提到之前在百貨公司遇到的那些女人，妳們猜他說了什麼？」

「他說了什麼？」

「他先擺出一臉嚴肅的表情，然後說：『妳的人生或許可以過得跟其他女人一樣多采多姿，要是……妳肯在跑步機上飆汗甩油，而且穿得下S號上衣就好了。』我驚喜地喊出：

『珍妮絲・萊斯特！』他接著說道：『那一集超難看的，對不對？』後來……」

蘇菲滔滔不絕地說著那天晚上後來發生的事，看在所有人的眼裡，這很明顯地表示她的人生開啟了新的階段。在這世界上，還有什麼能夠比一個真心理解妳內心瘋女人的男人還要浪漫呢？

距離那時，已經過了好幾年。蘇菲和伯納德最近一起買了房子。伯納德的小孩很喜歡蘇菲，蘇菲也經常出乎意料地發現，自己真的好愛他們。直到現在，只要蘇菲遇到她所謂「見怪不怪的鳥事」，她都還是會傳一句簡短的「珍妮絲・萊斯特！」給伯納德。

在這最後一章，我們即將要為目前為止所學到的一切劃下句點，藉此，我們想提一個根本的問題：這本書所提到的任何內容究竟為什麼重要？我們過得好不好，換言之，我們能不能自由地轉換於生而為人的各種狀態之間，很重要嗎？只要我們沒有傷害其他人，那麼不管我們有多心力交瘁、不堪負荷、嚴格地批判自己，或是多麼倦怠疲乏，又有什麼關係呢？

當然有關係。之所以有關係，是因為身為本書作者的我們，希望這個世界可以變得更美好。我們想要讓越來越多人感受到生活變得越來越美好。我們認為妳也想要看見那樣的未來。而妳，就是世界的一份子。

當妳虐待、藐視或羞辱自己，妳只是在為這個世界多添一份殘酷，但是當妳仁慈、慈悲地對待自己，妳就是在為這個世界增添一份善意與同情。對自己慈悲，不是自我放縱或自怨自艾，而是仁慈。不僅是妳為了讓世界更美好所能貢獻的微薄之力，也是最重要的一件事。在妳獲得自由之前，我們得不到全然的自由，這就是為什麼我們大家必須齊心協力地去為每個人開創自由。我們的健全與妳相繫。

在我們用仁慈與憐憫的態度面對自身的內在經驗之前，世界不盡然會有所改變。但是當我們這麼做，這個行動本身就是一場改革。當我們改變，世界就會跟著改變，因為我們每一個人，包括妳在內，都是這個世界的一份子。這是我們共同的家，而我們兩個——艾蜜莉與艾米莉亞就是妳的姊妹。

懶人包

- 在我們每個人的心靈閣樓裡都住著一個「瘋女人」。她肩負著一項不可能的任務，亦即消彌介於「目前的我們」與「人類付出者症候群要求我們成為的角色」之間的差距。
- 自我疼惜與感恩讓我們能夠看清楚介在自己與世界期望我們成為的角色之間的差異，而不必苛責自己或是將自己與世界隔絕。

- 自我疼惜並不是一件容易的事，因為療癒過程會帶來疼痛，變得強大也會讓人心生畏懼。但是，自我疼惜可以透過療癒的過程幫助我們獲得以柔克剛的力量，治癒人類付出者症候群。
- 我們不必等待世界改變，現在就可以開始療癒自己與他人。

---

1. Gubar and Gilbert, The Madwoman in the Attic.
2. McIntosh, Feeling Like a Fraud.
3. Poehler, Yes Please, 16.
4. Whelton and Greenberg, “Emotion in Self-Criticism.”
5. Stairs, “Clarifying the Construct.”
6. Sirois, Kitner, and Hirsch, “Self- Compassion, Affect.”
7. MacBeth and Gumley, “Exploring Compassion.”
8. Pace, Negi, et al., “Effect of Compassion Meditation.”
9. Davis, Ho, et al., “Forgiving the Self”; Macaskill, “Differentiating Dispo-sitional Self- Forgiveness”; da Silva, Witvliet, and Riek, “Self- Forgiveness and Forgiveness- Seeking.”
10. Neff and Germer, “Pilot Study.”
11. Stuewig and McCloskey, “Relation of Child Maltreatment.”

12. Gilbert, McEwan, et al., "Fears of Compassion."

13. Mayhew and Gilbert, "Compassionate Mind Training."

14. Clinchy, "Connected and Separate Knowing."

15. Forexample:"unblending"inInternalFamilySystems:Earley,"Self- Therapy."Or"defusing"in Acceptance andCommitmentTherapy: Hayes, Luoma, et al.,"Acceptance and Commitment Therapy."Or the"empty chair"strategy of Emotion Focused Therapy: Kannan and Levitt,"Review of Client Self-criticism."It's also similarto"decentering":Fresco,Moore, etal.,"Initial Psychometric Properties"and to"self- distancing":Ayduk and Kross,"From a Distance."

16. Diedrich, Grant, et al., "Self- Compassion as an Emotion."

17. Gilbert and Procter, "Compassionate Mind Training"; Gilbert, "Intro-ducing Compassion- Focused Therapy."

18. Gu,Strauss, et al., "How Do Mindfulness- Based Cognitive"; van der Velden, Maj, Kuyken, et al., "Systematic Review of Mechanisms"; Al-subaie, Abbott, et al.,"Mechanisms of Action."

19. Ayres, Raseman, and Shih,"Evidence from Two Large FieldExperi-ments."

20. Lambert, Fincham, and Stillman,"Gratitude and Depressive Symptoms."

21. Toepfer, Cichy, and Peters, "Letters of Gratitude."

22. Gander, Proyer, et al., "Strength- Based Positive Interventions."

23. This is the most effective of the positive psychology interventions. Bolier, Haverman, et al., "Positive Psychology Interventions."

結語

從此過得歡欣喜悅

我們想為《情緒耗竭》寫下充滿希望、振奮人心的結語，賦予它一個「從此過得幸福快樂」的結尾。但是，就在寫完這本書的同時，我們才注意到某個特殊的情況：妳手上這本「自助類」書籍，幾乎沒有提到與快樂有關的隻字片語。

原來，這本書跟「快樂」無關。

不過，在這本書的各個章節裡，卻都能見得到另一個詞，那就是喜悅。喜悅跟快樂不是一樣的東西嗎？不，它們不一樣。正如布蘭妮・庫柏（Brittney Cooper）*a 在《雄辯的怒火》（*Eloquent Rage*，暫譯）一書中寫道：「快樂是取決於『事情的發生』，取決於發生了什麼事，基於妳的人生走得順不順利，一切是否順心如意。而喜悅則是源自於清楚明瞭人生目的的內在清明 *1。」當我們努力去實踐超越自身的偉大願景，那便是在創造意義；當我們有如一口鳴鐘般與心目中的崇高理念產生共鳴，那即是喜悅。正因為這崇高的理念源自於我們的內心，因此不論周遭發生任何「事情」，外界環境都無法奪走我們喜悅的來源。

※譯註 a：布蘭妮・庫柏，美國作家、女性與性別研究教授、文化評論家、行動家。

然而，事情並不只是這樣而已。在我們思考「從此過得歡欣喜悅」，而非「從此過得幸福快樂」所代表的含意時，我們又領悟到了一項與普遍觀念背道而馳的真理，那就是：喜悅不是「從內而生」，喜悅是源自於我們與其他付出者之間的連結。

自我感覺「夠好」是通往喜悅之道的墊腳石，覺得自己「不夠好」則是一種孤獨的表現。我們之所以須要由他人來告訴自己「妳已經表現得『夠好』了」，不是因為我們缺乏自知之明，而是因為聽見其他人說出這句話，以及（同樣地）花時間提醒他人這句話，才能讓我們真正覺得自己「夠好」。付出與回報，能讓我們感覺圓滿。

須要接受他人提醒「妳可以相信自己，妳可以溫柔、慈悲地對待自己，如同妳會拿出最善良的一面去對待可憐的孩子一樣」，是正常與健康的人性展現。須要協助來感覺「夠好」不是病態，也不是「索求無度」，而是正常的表現。這就如同妳須要向妳愛的人保證，他們可以相信自己，可以溫柔、慈悲地對待自己，猶如妳對待他們的方式一樣。而這樣的彼此對待，這樣的連結，才是讓我們開啟喜悅人生的跳板。

請容我們再次重申，健全不是一種精神狀態，而是一種行動狀態。健全指的是，能夠自由地流轉於生而為人的各種狀態之間。而付出者透過各種方式不斷提供與接受支持，這種持續性的相互扶持即是為了達到健全狀態，不可或缺的行動。

治療倦怠感的解藥不是「自我照顧」，而是所有人的彼此關心。

請相信妳的身體、善待自己。妳已經做得夠好了，現在的妳，就已經做得夠好了。妳的喜悅非常重要，請轉告妳認識的每一個人。

懶人包

- 處理壓力源並不等於處理壓力。妳不須要把壓力源全數處理完畢，就可以先著手對付壓力。換句話說，妳不必等到世界改變，就可以先改變妳的人生，而透過改變妳的人生，妳才能夠改變世界。
- 健全不是一種存在的狀態，而是一種行動的狀態。健全指的是，流暢地轉換於生而為人所會經歷的各種週期與狀態的自由。
- 「人類付出者症候群」是具有渲染力的錯誤信念，它認定妳有道德義務必須不計一切代價地支持他人，澈底奉獻自我——包括犧牲妳的時間、注意力、活力、愛、甚至是肉體。從現在起，請用心體會，與關心妳、寬待妳的人相處會讓妳產生什麼樣的感覺，跟對妳予取予求的人相處，又會帶給妳怎樣不同的感受。
- 我們不該凡事只靠自己，人類天生就是會在連結與自主的狀態之間來回擺盪。我們跟朋友、家人、寵物、神聖力量等對象之間的連結，就如同食物和水一樣不可或缺。

1. Cooper, Eloquent Rage，第二七四頁。

謝辭

人類天生就不擅長單打獨鬥，我們本來就應該團結合作。雖然這本書的封面上印的是我們倆的名字，但要是沒有各路人馬的協助與支持，這本書就不會誕生。以下便是促成本書問世的幾位功臣。

感謝才華洋溢又討人喜歡的經紀人琳賽・艾基康（Lindsay Edgecombe），不遺餘力地推銷這本書，並且始終堅定地相信「主張男女平等的自助類」書籍是個絕佳的點子，甚至是必要的嘗試。

感謝出色的編輯莎拉・衛斯（Sara Weiss），不厭其煩地說明這本書的初衷，讓我們沒有偏離自己內心的崇高理念，同時允許我們展露出超級強烈的女權主義以及帶有女性氣質的一面。

感謝與我們分享生活點滴的所有女性，幫助我們拼湊出女性真實人生的縮影。希望我們都有如實呈現出妳們的故事。感謝曾經在臉書留言回答問題的每位網友，你們證明了利用臉書也可以進行具有實質性與洞察力的對話，即使是針對會引發強烈情緒的主題也不例外。感謝查爾斯・卡佛（Charles Carver）*a對**差異減少回饋迴路**的著墨，我們要謝他的太多了，還要謝謝他願意花時間跟

※譯註a：查爾斯・卡佛，美國心理學教授、作家。

艾蜜莉講一個小時的電話。感謝茱莉・曼徹（Julie Mencher）[*b]推薦我們閱讀《連結促進女性成長》（*Women's Growth in Connection*，暫譯），這本書為我們補足了構思本書時所欠缺的架構。

感謝我們兩人的丈夫，要是沒有他們，我們真的寫不出這本書。更具體地來說，我們想要感謝艾蜜莉的丈夫繪製本書的圖表，也要感謝艾米莉亞的丈夫負責處理有聲書版本的音效。

我們從二〇一五年開始動筆，在二〇一八年完成了本書。委婉地來說，這個世界在這段期間發生了很多變化。這段時光見證了**#她不退讓**社會運動的形成，以及川普政權與英國脫歐等事件；希拉蕊・柯林頓成為了美國第一位因為敗選而道歉的總統候選人。「非自願獨身（incel）」一詞變成大眾用語，**#我也是**（#MeToo）[*c]運動成為全球對話的焦點。馬克辛・沃特斯（Maxine Waters）[*d]再度登上她政治生涯的高峰，艾瑪・岡薩雷斯（Emma Gonzalez）[*e]大聲疾呼人民遭受政府蒙騙，克莉絲汀・布萊西・福特（Christine Blasey Ford）[*f]博士向美國參議院司法委員會敘述昔日性侵事件對她造成的創傷。

簡而言之，當今世界比幾十年前的社會更需要一本女性求生手冊。寫這本書的過程，陪伴我們度過了艱難的這幾年。我們由衷地希望，《情緒耗竭》可以為所有曾經豐富本書內容、充實我們生命以及讓世界變得更多彩多姿的人，帶來些許的回報。

※譯註b：茱莉・曼徹，美國心理治療師、諮商師、訓練師、教育家。

※譯註c：二〇一七年，好萊塢王牌製片人哈維・溫斯坦（Harvey Weinstein）被爆出性騷擾事件後，由眾多名人發聲而接續引燃的社會運動。

※譯註d：馬克辛・沃特斯，美國眾議院金融服務委員會主席、加州民主黨眾議員，曾於二〇一八年入選為《時代雜誌》全球最具影響力百大人物。

※譯註e：艾瑪・岡薩雷斯，美國社會行動家、槍枝管制倡導者。

※譯註f：克莉絲汀・布萊西・福特，美國心理學教授。

"Average Commute Times." WNYC, n.d., https://project.wnyc.org/ commute-times-us/embed.html.

"Balancing Paid Work, Unpaid Work, and Leisure." OECD, n.d., http://www.oecd.org/gender/data/balancingpaidworku npaidwork andleisure.htm.

"Declare Your Own Authentic Beauty." TheBodyPositive, n.d., http:// smedelstein.com/creative/bp/authentic-beauty.htm.

"Eating Disorder Statistics." ANAD, n.d., http://www.anad.org/ education-and-awareness/about-eating-disorders/eating-disorders -statistics/.

"Guns and Domestic Violence." Everytown for Gun Safety, n.d., https://everytownre-search.org/wp-content/uploads/201 7/01/Guns -and-Domestic-Violence-04.04.18.pdf.

"Relationship Between Posttraumatic Growth and Resilience: Recovery, Resistance, and Reconfiguration." In *Handbook of Posttraumatic Growth: Research and Practice*, ed. Lawrence G. Calhoun and Richard G. Tedes-chi. Routledge, 2014.

"Senate Report on CIA Torture: Sleep Deprivation." Human Rights First, n.d., https://www.humanrightsfirst.org/senate-report-cia-torture/ sleep-deprivation.

"The Counted: People Killed by Police in the U.S." *Guardian*, n.d., https://www.theguardian.com/us-news/series/counted-us-police -killings.

"The Meaning of Life—The M in PERMA." Positive Psychology Foun-dation, May 28, 2011, http://www.positivepsyc.com/blog/the -meaning-of-life-the-m-in-perma.

"Thick Dumpling Skin." March 27, 2017, http://www.thickdumpling skin.com.

"Why People Hate Tess Munster (And Other Happy Fat People)." Mili-tant Baker, January 28, 2015, http://www.themilitantbaker.com/2015/ 01/why-people-hate-tess-munster-and-other.html.

"Women Shoulder the Responsibility of 'Unpaid Work.' " Office for Na-tional Statistics (UK), November 10, 2016, https://visual.ons.gov.uk/ the-value-of-your-unpaid-work/.

Adams, Geoffrey K., Karli K. Watson, et al. "Neuroethology of Decision-Making." *Current Opinion in Neurobiology* 22, no. 6 (2012): 982-89.

Adler, Jonathan M. "Living into the Story: Agency and Coherence in a Longitudinal Study of Narrative Identity Development and Mental Health over the Course of Psychotherapy." Journal of Personality and Social Psychology 102, no. 2 (2012).

Adriaenssens, Jef, Véronique De Gucht, and Stan Maes. "Determinants and Prevalence of Burnout in Emergency Nurses: A Systematic Review of 25 Years of Research." *International Journal of Nursing Studies* 52, no. 2 (2015): 649-61.

Aldao, Amelia, Susan Nolen-Hoeksema, and Susanne Schweizer. "Emotion-Regulation Strategies Across Psychopathology: A Meta-Analytic Review." *Clinical Psychology Review* 30, no. 2 (2010): 217-37.

Alsubaie, Modi, Rebecca Abbott, et al. "Mechanisms of Action in Mindfulness-Based Cognitive Therapy (MBCT) and Mindfulness-Based Stress Reduction (MBSR) in People with Physical and/or Psychological Conditions: A Systematic Review." *Clinical Psychology Review* 55 (2017): 74-91.

Altintas, Evrim, and Oriel Sullivan. "Fifty Years of Change Updated: Cross-National Gender Convergence in Housework." *Demographic Re-search* 35 (2016).

American Time Use Survey. "Time Spent in Detailed Primary Activities and Percent of the Civilian Population Engaging in Each Activity, Aver-ages Per Day By Sex, 2015 Annual Averages." Bureau of Labor Statistics, https://www.bls.gov/tus/tables/a1_2015.pdf.

Andrews-Hanna, Jessica R., Jonathan Smallwood, and R. Nathan Spreng. "The Default Network and Self-Generated Thought: Component Pro-cesses, Dynamic Control, and Clinical Relevance." *Annals of the New York Academy of Sciences* 1316, no. 1 (2014): 29-52.

Anothaisintawee, Thunyarat, Sirimon Reutrakul, et al. "Sleep Distur-bances Compared to Traditional Risk Factors for Diabetes Development: Systematic Review and Meta-Analysis." *Sleep Medicine Reviews* 30 (2016): 11-24.

Apfelbaum, Evan P., Katherine W. Phillips, and Jennifer A. Richeson. "Rethinking the Baseline in Diversity

Research: Should We Be Explain-ing the Effects of Homogeneity?" *Perspectives on Psychological Science* 9, no. 3 (2014): 235-44.

Aphramor, Lucy. "Weight Science: Evaluating the Evidence for a Para-digm Shift." *Nutrition Journal* 10 (2011).

Ayduk, Özlem, and Ethan Kross. "From a Distance: Implications of Spontaneous Self-Distancing for Adaptive Self-Reflection." *Journal of Personality and Social Psychology* 98, no. 5 (2010).

Ayres, Ian, Sophie Raseman, and Alice Shih. "Evidence from Two Large Field Experiments That Peer Comparison Feedback Can Reduce Residential Energy Usage." *Journal of Law, Economics, and Organization* 29 (2009).

Bacon, Linda. *Health at Every Size*. BenBella, 2010.

Baglioni, Chiara, Gemma Battagliese, et al. "Insomnia as a Predictor of Depression: A Meta-Analytic Evaluation of Longitudinal Epidemiological Studies." *Journal of Affective Disorders* 135, no. 1 (2011): 10-19.

Bailey, Covert. *Smart Exercise: Burning Fat, Getting Fit*. Houghton Miff-lin, 1994.

Bakwin, Harry. "Loneliness in Infants." *American Journal of Diseases of Children* 63, no. 1 (1942): 30-40.

Barnes, Christopher M., and John R. Hollenbeck. "Sleep Deprivation and Decision-Making Teams: Burning the Midnight Oil or Playing with Fire?" *Academy of Management Review* 34, no. 1 (2009): 56-66.

Baumeister, Roy F., and Mark R. Leary. "The Need to Belong: Desire for Interpersonal Attachments as a Fundamental Human Motivation." *Psychological Bulletin* 117, no. 3 (1995).

Bazzini, D. G., E. R. Stack, et al. "The Effect of Reminiscing About Laughter on Relationship Satisfaction." *Motivation and Emotion* 31 (2007).

Becker, Anne E. "Television, Disordered Eating, and Young Women in Fiji: Negotiating Body Image and Identity During Rapid Social Change." *Culture, Medicine and Psychiatry* 28, no. 4 (2004): 533-59.

Beekman, Janine B., Michelle L. Stock, and Tara Marcus. "Need to Be-long, Not Rejection Sensitivity, Moderates Cortisol Response, Self-Reported Stress, and Negative Affect Following Social Exclusion." *Journal of Social Psychology* 156, no. 2 (2016): 131-38.

Berkowitz, Bonnie, Denise Lu, and Chris Alcantara. "The Terrible Num-bers That Grow with Each Mass Shooting." *Washington Post*, March 22, 2017.

Blanchard, P., D. Truchot, et al. "Prevalence and Causes of Burnout Amongst Oncology Residents: A Comprehensive Nationwide Cross-Sectional Study." *European Journal of Cancer* 46, no. 15 (2010): 2708-15.

Bolier, Linda, Merel Haverman, et al. "Positive Psychology Interven-tions: A Meta-Analysis of Randomized Controlled Studies." *BMC Public Health* 13, no. 1 (2013).

Brandstätter, Monika, Urs Baumann, et al. "Systematic Review of Mean-ing in Life Assessment Instruments." *Psycho-Oncology* 21, no. 10 (2012): 1034-52.

Brodesser-Akner, Taffy. "Even the World's Top Life Coaches Need a Life Coach. Meet Martha Beck." *Bloomberg*, May 18, 2016.

Brown, Harriet. "These Women Were Fat-Shamed by Their Doctors—And It Almost Cost Them Their Lives." *Prevention*, October 29, 2015.

Burgard, Sarah A. "The Needs of Others: Gender and Sleep Interrup-tions for Caregivers." *Social Forces* 89, no. 4 (2011): 1189-1215.

Burgard, Sarah A., and Jennifer A. Ailshire. "Gender and Time for Sleep Among US Adults." *American Sociological Review* 78, no. 1 (2013): 51-69.

Byrne, Alyson, Angela M. Dionisi, et al. "The Depleted Leader: The In-fluence of Leaders' Diminished Psychological Resources on Leadership Behaviors." *Leadership Quarterly* 25, no. 2 (2014): 344-57.

Byron, Kristin, Shalini Khazanchi, and Deborah Nazarian. "The Rela-tionship Between Stressors and Creativity: A Meta-Analysis Examining Competing Theoretical Models." *Journal of Applied Psychology* 95, no. 1 (2010).

Cacioppo, J. T., and L. C. Hawkley. "Loneliness." in *Handbook of Indi-vidual Differences in Social Behavior*, ed. M. R. Leary and R. H. Hoyle. Guilford Press, 2009.

Cacioppo, John T., and William Patrick. *Loneliness: Human Nature and the Need for Social Connection*. Norton, 2008.

Cacioppo, Stephanie, Haotian Zhou, et al. "You Are in Sync with Me: Neural Correlates of Interpersonal Synchrony with a Partner." *Neurosci-ence* 277 (2014): 842-58.

Calhoun, Lawrence G., and Richard G. Tedeschi, "Relationships between Posttraumatic Growth and Resilience: Recovery, Resistance, and Reconfig-uration." *Handbook of Posttraumatic Growth: Research and Practice*.

Calogero, Rachel M., Tracy L. Tylka, and Janell L. Mensinger. "Scientific Weightism: A View of Mainstream Weight Stigma Research Through a Feminist Lens." *In Feminist Perspectives on Building a Better Psychological Science of Gender*, ed. T. A. Roberts, N. Curtin, et al. Springer Interna-tional Publishing, 2016.

Cancer Journals: Special Edition. San Francisco: Aunt Lute Books, 1997.

Cappuccio, Francesco P., Lanfranco D'Elia, et al. "Sleep Duration and All-Cause Mortality: A Systematic Review and Meta-Analysis of Prospec-tive Studies." Sleep 33, no. 5 (2010).

Cardozo, Barbara Lopes, Carol Gotway Crawford, et al. "Psychological Distress, Depression, Anxiety, and Burnout Among International Humani-tarian Aid Workers: A Longitudinal Study." *PLOS One 7*, no. 9 (2012).

Carver, Charles S., and Michael F. Scheier. "Feedback Processes in the Simultaneous Regulation of Action and Affect." *Handbook of Motivation Science*, ed. Guilford Press, 2008.

Castaldo, Rossana, Paolo Melillo, et al. "Acute Mental Stress Assessment via Short Term HRV Analysis in Healthy Adults: A Systematic Review with Meta-Analysis." *Biomedical Signal Processing and Control* 18 (2015): 370-77.

Cerasoli, Christopher P., Jessica M. Nicklin, and Michael T. Ford. "In-trinsic Motivation and Extrinsic Incentives Jointly Predict Performance: A 40-Year Meta-Analysis." *Psychological Bulletin* 140, no. 4 (2014).

Chapman, Elizabeth N., Anna Kaatz, and Molly Carnes. "Physicians and Implicit Bias: How Doctors May Unwittingly Perpetuate Health Care Dis-parities." *Journal of General Internal Medicine* 28, no. 11 (2013): 1504-10.

Christian, Hayley E., Carri Westgarth, et al. "Dog Ownership and Physi-cal Activity: A Review of the Evidence." *Journal of Physical Activity and Health* 10, no. 13 (2013): 750-59.

Christian, Michael S., and Aleksander P. J. Ellis. "Examining the Effects of Sleep Deprivation on Workplace Deviance: A Self-Regulatory Perspec-tive." *Academy of Management Journal* 54, no. 5 (2011): 913-34.

Cirelli, L. K., K. M. Einarson, et al. "Interpersonal Synchrony Increases Prosocial Behavior in Infants." *Developmental Science* 17 (2014): 1003-11.

Clinchy, Blythe McVicker. "Connected and Separate Knowing: Toward a Marriage of True Minds." In *Knowledge, Difference, and Power: Essays In-spired by "Women's Ways of Knowing*." Basic Books, 1996.

Coan, James A., and Davie A. Sbarra. "Social Baseline Theory: The So-cial Regulation of Risk and Effort."

Current Opinion in Psychology 1 (2015): 87-91.

Collazo-Clavell, M. L., and F. Lopez-Jimenez. "Accuracy of Body Mass Index to Diagnose Obesity in the US Adult Population." *International Journal of Obesity* 32, no. 6 (2008): 959-66.

Conner, Tamlin S., Colin G. DeYoung, and Paul J. Silvia. "Everyday Creative Activity as a Path to Flourishing." *Journal of Positive Psychology* (2016): 1-9.

Cooper, Brittney. *Eloquent Rage: A Black Feminist Discovers Her Super-power*. St. Martin's Press, 2018.

Craig, Arthur D. "How Do You Feel? Interoception: The Sense of the Physiological Condition of the Body." *Nature Reviews Neuroscience* 3, no. 8 (2002).

Cusio, Carmen. " 'Eat Up': How Cultural Messages Can Lead to Eating Disorders." NPR, December 7, 2015.

Czekierda, K., A. Gancarczyk, and A. Luszczynska. "Associations Be-tween Meaning in Life and Health Indicators: A Systematic Review." *European Health Psychologist* 16 Supp. (2014).

da Silva, Sérgio P., Charlotte vanOyen Witvliet, and Blake Riek. "Self-Forgiveness and Forgiveness-Seeking in Response to Rumination: Car-diac and Emotional Responses of Transgressors." *Journal of Positive Psychology* 12, no. 4 (2017): 362-72.

Dalla, C., K. Antoniou, et al. "Chronic Mild Stress Impact: Are Females More Vulnerable?" *Neuroscience* 135, no. 3 (2005): 703-14.

Danckert, Jame, and Colleen Merrifield. "Boredom, Sustained Attention and the Default Mode Network."

Experimental Brain Research (2016): 1-12.

Davidai, Shai, and Thomas Gilovich. "The Headwinds/Tailwinds Asym-metry: An Availability Bias in Assessments of Barriers and Blessings." *Journal of Personality and Social Psychology* 111, no. 6 (2016).

Davis, Don E., Man Yee Ho, et al. "Forgiving the Self and Physical and Mental Health Correlates: A Meta-Analytic Review." *Journal of Counsel-ing Psychology* 62, no. 2 (2015).

de Girolamo, G., G. Polidori, P. Morosini, et al. "Prevalence of Common Mental Disorders in Italy." *Social Psychiatry and Psychiatric Epidemiology*, 41 (11) (2006): 853-61.

de Mello, Marco Tullio, Veruska Narciso, et al. "Sleep Disorders as a Cause of Motor Vehicle Collisions." *International Journal of Preventive Medicine* 4, no. 3 (2013). Delle Fave, Antonella, Ingrid Brdar, et al. "Religion, Spirituality, and Well-Being Across Nations: The Eudaemonic and Hedonic Happiness Investigation." In *Well-Being and Cultures*. Springer Netherlands, 2013.

Di Angelantonio, Emanuele Shilpa, N. Bhupathiraju, et al. "Body-Mass Index and All-Cause Mortality: Individual-Participant-Data Meta-Analysis of 239 Prospective Studies in Four Continents." *Lancet* 388, no. 10046 (2016): 776-86.

Diedrich, Alice, Michaela Grant, et al. "Self-Compassion as an Emotion Regulation Strategy in Major Depressive Disorder." *Behaviour Research and Therapy* 58 (July 2014): 43-51.

Diemand-Yauman, Connor, Daniel M. Oppenheimer, and Erikka B. Vaughan. "Fortune Favors the Bold (And the Italicized): Effects of Disfluency on Educational Outcomes." *Cognition* 118, no. 1 (2011): 111-15.

Dittmar, Helga, Emma Halliwell, and Suzanne Ive. "Does Barbie Make Girls Want to Be Thin? The Effect of Experimental Exposure to Images of Dolls on the Body Image of 5- to 8-Year-Old Girls." *Developmental Psychology* 42, no. 2 (2006).

Dohnt, Hayley K., and Marika Tiggemann. "Body Image Concerns in Young Girls: The Role of Peers and Media Prior to Adolescence." *Journal of Youth and Adolescence* 35, no. 2 (2006): 135-45.

Domhoff, G. William, and Kieran C. R. Fox. "Dreaming and the Default Network: A Review, Synthesis, and Counterintuitive Research Proposal." *Consciousness and Cognition* 33 (2015): 342-53.

Douthat, Ross. "The Redistribution of Sex." *New York Times*, May 2, 2018.

Durmer, Jeffrey S., and David F. Dinges. "Neurocognitive Consequences of Sleep Deprivation." *Seminars in Neurology* 25, no. 01: 117-29.

Dzaja, Andrea, Sara Arber, et al. "Women's Sleep in Health and Disease." *Journal of Psychiatric Research* 39, no. 1 (2005): 55-76.

Earley, Jay. "Self-Therapy: A Step-by-Step Guide to Creating Wholeness and Healing Your Inner Child Using Ifs, a New Cutting-Edge Psycho-therapy." Pattern System Books, 2009.

Ejova, Anastasia, Daniel Navarro, and A. Perfors. "When to Walk Away: The Effect of Variability on Keeping Options Viable." Cognitive Science Society, 2009.

Ekirch, A. Roger. "The modernization of western sleep: Or, does sleep insomnia have a history?" *Past & Present* 226, no. 1 (2015): 149-152.

Engber, Daniel. "Glutton Intolerance: What If a War on Obesity Only Makes the Problem Worse?" *Slate*, October 5, 2009.

Epley, Nicholas, and Juliana Schroeder. "Mistakenly Seeking Solitude." *Journal of Experimental Psychology* 143, no. 5 (2014).

Ernsberger, Paul, and Richard J. Koletsky. "Weight Cycling." *JAMA* 273, no. 13 (1995): 998-99.

Evans, Elizabeth H., Martin J. Tovée, et al. "Body Dissatisfaction and Disordered Eating Attitudes in 7-to-11-Year-Old Girls: Testing a Socio-cultural Model." *Body Image* 10, no. 1 (2013): 8-15.

Everson, Carol A., Bernard M. Bergmann, and Allan Rechtschaffen. "Sleep Deprivation in the Rat, III: Total Sleep Deprivation." *Sleep* 12, no. 1 (1989): 13-21.

Fan, Rui, Ali Varamesh, et al. "Does Putting Your Emotions into Words Make You Feel Better? Measuring the Minute-Scale Dynamics of Emo-tions from Online Data." arXiv preprint arXiv:1807.09725 (2018).

Farrell, Amy Erdman. *Fat Shame: Stigma and the Fat Body in American Culture*. NYU Press, 2011.

Faravelli, C., M. Alessandra Scarpato, G. Castellini, et al. "Gender differ-ences in depression and anxiety: the role of age." *Psychiatry Research*, (2013): 1301-3.

Feinman, Richard D., Wendy K. Pogozelski, et al. "Dietary Carbohy-drate Restriction as the First Approach in Diabetes Management: Critical Review and Evidence Base." *Nutrition* 31, no. 1 (2015): 1-13.

Fikkan, Janna L., and Esther D. Rothblum. "Is Fat a Feminist Issue? Ex-ploring the Gendered Nature of Weight Bias." *Sex Roles* 66, no. 9-10 (2012): 575-92.

Files, Julia A., Anita P. Mayer, et al. "Speaker Introductions at Internal Medicine Grand Rounds: Forms of Address Reveal Gender Bias." *Journal of Women's Health* 26, no. 5 (2017): 413-19.

Fisher, Adam. An *Everlasting Name: A Service for Remembering the Shoah*. Behrman House, 1991.

Fortier-Brochu, Émilie, Simon Beaulieu-Bonneau, et al. "Insomnia and Daytime Cognitive Performance: A Meta-Analysis." *Sleep Medicine Reviews* 16, no. 1 (2012): 83-94.

Fresco, David M., Michael T. Moore, et al. "Initial Psychometric Proper-ties of the Experiences Question-naire: Validation of a Self-Report Measure of Decentering." *Behavior Therapy* 38, no. 3 (2007): 234-46.

Freudenberger, Herbert J. "The Staff Burn-Out Syndrome in Alternative Institutions." *Psychotherapy Theory Research and Practice* 12 (January 1975): 73-82.

Friedan, Betty. *The Feminine Mystique*. Norton, 1963.

Friedan, Betty. "Up from the Kitchen Floor." *New York Times*, March 4, 1973.

Friedman, Ronald S., and Jens F Fulu, Emma, Xian Warner, et al. "Why Do Some Men Use Violence Against Women and How Can We Prevent It?" In *Quantitative Findings from the United Nations Multi-Country Study on Men and Violence in Asia and the Pacific*. Bangkok: United Nations Development Pro-gramme, 2013.

Furnham, Adrian, Nicola Badmin, and Ian Sneade. "Body Image Dissatisfaction: Gender Differences in Eating Attitudes, Self-Esteem, and Reasons for Exercise." *Journal of Psychology* 136, no. 6 (2002): 581-96.

Gander, Fabian, René T. Proyer, et al. "Strength-Based Positive Inter-ventions: Further Evidence for Their Potential in Enhancing Well-Being and Alleviating Depression." *Journal of Happiness Studies* 14, no. 4 (2013): 1241-59.

Gangestad, Steven W., and Nicholas M. Grebe. "Hormonal Systems, Human Social Bonding, and Affiliation." *Hormones and Behavior* 91 (2017): 122-35.

Gardner, Wendi L., Cynthia L. Pickett, et al. "On the Outside Looking In: Loneliness and Social Monitoring." *Personality and Social Psychology Bulletin* 31, no. 11 (2005): 1549-60.

Gates, Bill. "The Deadliest Animal in the World." *GatesNotes* (blog), April 25, 2014, https://www.gatesnotes.com/Health/Most-Lethal -Animal-Mosquito-Week.

Gerhardt, Sue. *Why Love Matters: How Affection Shapes a Baby's Brain*. Routledge, 2004.

Gilbert, P., K. McEwan, et al. "Fears of Compassion: Development of Three Self-Report Measures." *Psychology and Psychotherapy: Theory, Re-search and Practice* 84 (2011): 239-55.

Gilbert, Paul. "Introducing Compassion-Focused Therapy." *Advances in Psychiatric Treatment* 15, no. 3

(May 2009): 199-208.

Gilbert, Paul, and Sue Procter. "Compassionate Mind Training for People with High Shame and Self-Criticism: Overview and Pilot Study of a Group Therapy Approach." *Clinical Psychology and Psychotherapy* 13, no. 6 (2006): 353-79.

Goleman, Daniel. *Social Intelligence*. Random House, 2007.

Golland, Yulia, Yossi Arzouan, and Nava Levit-Binnun. "The Mere Copresence: Synchronization of Autonomic Signals and Emotional Responses Across CoPresent Individuals Not Engaged in Direct Interaction." *PLOS ONE* 10, no. 5 (2015).

Gooding, Diane C., Tina M. Winston, et al. "Individual Differences in Hedonic Experience: Further Evidence for the Construct Validity of the ACIPS." Psychiatry *Research* 229, no. 1 (2015): 524-32.

Gottman, John M. *The Science of Trust: Emotional Attunement for Couples*. Norton, 2011.

Gottman, John, and Nan Silver. *The Seven Principles for Making Marriage Work: A Practical Guide from the Country's Foremost Relationship Expert*. Harmony Books, 2015.

Grewen, K. M., B. J. Anderson, et al. "Warm Partner Contact Is Related to Lower Cardiovascular Reactivity." *Behavioral Medicine* 29 (2003): 123-30.

Gu, Jenny, Clara Strauss, et al. "How Do Mindfulness-Based Cognitive Therapy and Mindfulness-Based Stress Reduction Improve Mental Health and Wellbeing? A Systematic Review and Meta-Analysis of

Media-tion Studies." *Clinical Psychology Review* 37 (2015): 1-12.

Gubar, Susan, and Sandra Gilbert. *The Madwoman in the Attic*. Yale University Press, 1979.

Guerrero-Torrelles, Mariona, Cristina Monforte-Royo, et al. "Understanding Meaning in Life Interventions in Patients with Advanced Disease: A Systematic Review and Realist Synthesis." *Palliative Medicine* (2017): 0269216316685235.

Gwozdziewycz, Nicolas, and Lewis Mehl-Madrona. "Meta-Analysis of the Use of Narrative Exposure Therapy for the Effects of Trauma Among Refugee Populations." *Permanente Journal* 17, no. 1 (2013): 70-76.

Hagger, Martin S., Chantelle Wood, et al. "Ego Depletion and the Strength Model of Self-Control: A Meta-Analysis." *Psychological Bulletin* 136, no. 4 (2010): 495-525.

Hari, Riitta, Linda Henriksson, et al. "Centrality of Social Interaction in Human Brain Function." *Neuron* 88, no. 1 (2015): 181-93.

Hari, Riitta, Mikko Sams, and Lauri Nummenmaa. "Attending To and Neglecting People: Bridging Neuroscience, Psychology and Sociology." *Philosophical Transactions of the Royal Society B: Biological Sciences* 371 (May 5, 2016): 20150365.

Harrison, Yvonne, and James A. Horne. "The Impact of Sleep Depriva-tion on Decision Making: A Review." *Journal of Experimental Psychology: Applied* 6, no. 3 (2000): 236-49.

Hart, Dolores. *The Ear of the Heart*. Ignatius Press, 2013.

Hatch, Jenavieve. "13 Iconic Women Who Nevertheless Persisted." *Huffington Post*, February 21, 2017.

Hayes, Steven C., Jason B. Luoma, et al. "Acceptance and Commitment Therapy: Model, Processes and Outcomes." *Behaviour Research and Therapy* 44, no. 1 (2006): 1-25.

Hegarty, Stephanie. "The Myth of the Eight-Hour Sleep." *BBC News Magazine*, February 22, 2012.

Heine, S. J., T. Proulx, and K. D. Vohs. "The Meaning Maintenance Model: On the Coherence of Social Motivations." *Personality and Social Psychology Review* 10 (2006): 88-110.

Herrera, Tim. "Work Less. You'll Get So Much More Done." *New York Times*, June 26, 2017.

Higgins, Marissa. "The 35 Best 'Nevertheless, She Persisted' Tweets, Becaues This Moment Is Nothing Short of Iconic." *Bustle*, February 8, 2017, https://www.bustle.com/p/the-35-best-nevertheless-she -persisted-tweets-because-this-moment-is-nothing-short-of-iconic -36697.

Holt-Lunstad, Julianne, Timothy B. Smith, J. Bradley Layton. "Social Relationships and Mortality Risk: A Meta-Analytic Review." *Public Library of Science Medicine*.

Howe, Everett. "I Believe in the Sun, Part II: The Friend." *Humanist Seminarian*, March 25, 2017, https://humanistseminarian.com/ 2017/03/25/i-believe-in-the-sun-part-ii-the-friend/.

Hultell, Daniel, Bo Melin, and J. Petter Gustavsson. "Getting Personal with Teacher Burnout: A Longitudinal Study on the Development of Burnout Using a Person-Based Approach." *Teaching and Teacher Educa-*

tion 32 (2013): 75-86.

Immordino-Yang, Mary Helen, Joanna A. Christodoulou, and Vanessa Singh. "Rest Is Not Idleness: Implications of the Brain's Default Mode for Human Development and Education." *Perspectives on Psychological Science* 7, no. 4 (2012): 352-64.

Imo, Udemezue O. "Burnout and Psychiatric Morbidity Among Doctors in the UK: A Systematic Literature Review of Prevalence and Associated Factors." *BJPsych Bulletin* 41, no. 4 (2017): 197-204.

Irwin, Michael R., Richard Olmstead, and Judith E. Carroll. "Sleep Dis-turbance, Sleep Duration, and Inflammation: A Systematic Review and Meta-Analysis of Cohort Studies and Experimental Sleep Deprivation." *Biological Psychiatry* 80, no. 1 (2016): 40-52.

Itani, Osamu, Maki Jike, et al. "Short Sleep Duration and Health Out-comes: A Systematic Review, Meta-Analysis, and Meta-Regression." *Sleep Medicine* 32 (2017): 246-56.

Jike, Maki, Osamu Itani, et al. "Long Sleep Duration and Health Out-comes: A Systematic Review, Meta-Analysis and Meta-Regression." *Sleep Medicine Reviews* 39, (2018): 25-36.

Johansson, K., M. Neovius, and E. Hemmingsson. "Effects of Anti-Obesity Drugs, Diet, and Exercise on Weight-Loss Maintenance After a Very-Low-Calorie Diet or Low-Calorie Diet: A Systematic Review and Meta-Analysis of Randomized Controlled Trials." *American Journal of Clinical Nutrition* 99, no. 1 (2014): 14-23.

Kanai, Ryota, Bahador Bahrami, et al. "Brain Structure Links Loneliness to Social Perception." *Current Biology* 22, no. 20 (2012): 1975-79.

Kannan, Divya, and Heidi M. Levitt. "A Review of Client Self-criticism in Psychotherapy." *Journal of Psychotherapy Integration* 23, no. 2 (2013): 166-178.

Karpowitz, Christopher F., Tali Mendelberg, and Lee Shaker. "Gender Inequality in Deliberative Participation." *American Political Science Review*, available on CJO doi:10.1017/S0003055412000329.

Keat, Kung Choon, Ponnusamy Subramaniam, et al. "Review on Benefits of Owning Companion Dogs Among Older Adults." *Mediterranean Journal of Social Sciences* 7, no. 4 (2016): 397-405.

Keith, S. W., K. R. Fontaine, and D. B. Allison. "Mortality Rate and Overweight: Overblown or Underestimated? A Commentary on a Recent Meta-Analysis of the Associations of BMI and Mortality." *Molecular Metabolism* 2, no. 2 (2013): 65-68.

Kerkhof, G. A., and H. P. A. Van Dongen. "Effects of Sleep Deprivation on Cognition." *Human Sleep and Cognition: Basic Research* 185 (2010): 105-129.

Kessler, R. C. "Epidemiology of Women and Depression." *Journal of Af-fective Disorders* 74(1) (2003): 5-13.

Kilpatrick, Marcus, Edward Hebert, and John Bartholomew. "College Students' Motivation for Physical Activity: Differentiating Men's and Women's Motives for Sport Participation and Exercise." *Journal of*

Amer-ican College Health 54, no. 2 (2005): 87-94.

Kim, Eric S., Victor J. Strecher, and Carol D. Ryff. "Purpose in Life and Use of Preventive Health Care Services." *Proceedings of the National Academy of Sciences* 111, no. 46 (2014): 16331-36.

King, Laura A., Joshua A. Hicks, et al. "Positive Affect and the Experi-ence of Meaning in Life." *Journal of Personality and Social Psychology* 90, no. 1 (2006): 179-196.

Kitchen Sisters. "Taking Surprising Risks for the Ideal Body." NPR, March 22, 2010.

Klug, G. "Dangerous Doze: Sleep and Vulnerability in Medieval German Literature." In *Worlds of Sleep*, ed. L. Brunt and B. Steger. Berlin: Frank & Timme, 2008.

Kogler, Lydia, Veronika I. Müller, et al. "Psychosocial Versus Physiological Stress—Meta-Analyses on Deactivations and Activations of the Neural Correlates of Stress Reactions." *Neuroimage* 119 (2015): 235-51.

Kolata, Gina. "The Shame of Fat Shaming." *New York Times*, October 1, 2016.

Krebs, C., C. Lindquist, et al. The Campus Sexual Assault (CSA) Study (2007), http://www.ncjrs.gov/pdffiles1/nij/grants/221153.pdf.

Krueger, Patrick M., and Elliot M. Friedman. "Sleep Duration in the United States: A Cross-Sectional Population-Based Study." *American Journal of Epidemiology* 169, no. 9 (2009): 1052-63.

Lambert, Nathaniel M., Frank D. Fincham, and Tyler F. Stillman. "Grat-itude and Depressive Symptoms: The

Role of Positive Reframing and Positive Emotion." *Cognition and Emotion* 26, no. 4 (2012): 615-33.

Lane, Jacqueline M., Jingjing Liang, et al. "Genome-Wide Association Analyses of Sleep Disturbance Traits Identify New Loci and Highlight Shared Genetics with Neuropsychiatric and Metabolic Traits." *Nature Genetics* 49, no. 2 (2017): 274-281.

Larrivee, Barbara. *Cultivating Teacher Renewal: Guarding Against Stress and Burnout*. R&L Education, 2012.

Le Grange, Daniel, Sonja A. Swanson, et al. "Eating Disorder Not Oth-erwise Specified Presentation in the US Population." *International Jour-nal of Eating Disorders* 45, no. 5 (2012): 711-18.

Leamy, Mary, Victoria Bird, et al. "Conceptual Framework for Personal Recovery in Mental Health: Systematic Review and Narrative Synthesis." *British Journal of Psychiatry* 199, no. 6 (2011): 445-52.

Leary, Mark R., Kristine M. Kelly, et al. "Construct Validity of the Need to Belong Scale: Mapping the Nomological Network." *Journal of Person-ality Assessment* 95, no. 6 (2013): 610-24.

Lee, Jennifer A., and Cat J. Pausé. "Stigma in Practice: Barriers to Health for Fat Women." *Frontiers in Psychology* 7 (2016): 2063.

Lee, Shaun Wen Huey, Khuen Yen Ng, and Weng Khong Chin. "The Impact of Sleep Amount and Sleep Quality on Glycemic Control in Type 2 Diabetes: A Systematic Review and Meta-Analysis." *Sleep Medicine Re-views 31* (2017): 91-101.

Lepore, Stephen, and Tracy Revenson. "Relationships Between Posttraumatic Growth and Resilience: Recovery, Resistance, and Reconfigura-tion." In *Handbook of Posttraumatic Growth: Research and Practice*, ed. Lawrence G. Calhoun and Richard G. Tedeschi. Routledge, 2014.

Li, Peng, et al. "The Peptidergic Control Circuit for Sighing." *Nature* 530 (February 2016): 293-97.

Lin, Xiaoti, Weiyu Chen, et al. "Night-Shift Work Increases Morbidity of Breast Cancer and All-Cause Mortality: A Meta-Analysis of 16 Prospec-tive Cohort Studies." *Sleep Medicine* 16, no. 11 (2015): 1381-87.

Liu, Tong-Zu, Chang Xu, et al. "Sleep Duration and Risk of All-Cause Mortality: A Flexible, Non-Linear, Meta-Regression of 40 Prospective Cohort Studies." *Sleep Medicine Reviews* 32 (2016): 28-36.

Lombrozo, Tania. "Think Your Credentials Are Ignored Because You're A Woman? It Could Be." NPR.org.

Lovato, Nicole, and Michael Gradisar. "A Meta-Analysis and Model of the Relationship Between Sleep and Depression in Adolescents: Recommendations for Future Research and Clinical Practice." *Sleep Medicine Reviews* 18, no. 6 (2014): 521-29.

Ma, Ning, David F. Dinges, et al. "How Acute Total Sleep Loss Affects the Attending Brain: A Meta-Analysis of Neuroimaging Studies." *Sleep* 38, no. 2 (2015): 233-40.

Macaskill, Ann. "Differentiating Dispositional Self-Forgiveness from Other-Forgiveness: Associations with Mental Health and Life Satisfac-tion." *Journal of Social and Clinical Psychology* 31, no. 1 (2012): 28-50.

MacBeth, Angus, and Andrew Gumley. “Exploring Compassion: A Meta-Analysis of the Association Between Self-Compassion and Psychopathol-ogy.” *Clinical Psychology Review* 32, no. 6 (2012): 545-52.

MacLean, Evan L., Brian Hare, et al. “The Evolution of Self-Control.” *Proceedings of the National Academy of Sciences* 111, no. 20 (2014): E2140-E2148.

Malone, Glenn P., David R. Pillow, and Augustine Osman. “The General Belongingness Scale (GBS): Assessing Achieved Belongingness.” *Personality and Individual Differences* 52, no. 3 (2012): 311-16.

Manne, Kate. *Down Girl: The Logic of Misogyny*. Oxford University Press, 2017.

Marsland, Anna L., Catherine Walsh, et al. “The Effects of Acute Psycho-logical Stress on Circulating and Stimulated Inflammatory Markers: A Systematic Review and Meta-Analysis.” *Brain, Behavior, and Immunity* 21, no. 7, (2017): 901-912.

Martin, Michel. “Star Trek’s Uhura Reflects on MLK Encounter.” NPR, January 17, 2011.

Mathieu, Françoise. *The Compassion Fatigue Workbook: Creative Tools for Transforming Compassion Fatigue and Vicarious Traumatization*. Rout-ledge, 2012.

Mayhew, Sophie L., and Paul Gilbert. “Compassionate Mind Training with People Who Hear Malevolent Voices: A Case Series Report.” *Clinical Psychology and Psychotherapy* 15, no. 2 (2008): 113-38.

McCrea, Sean M., Nira Liberman, et al. “Construal Level and Procrasti-nation.” *Psychological Science* 19, no. 12 (2008): 1308-14.

McGregor, Jena. "The Average Work Week Is Now 47 Hours." *Washington Post, September* 2, 2014.

McIntosh, Peggy. *Feeling Like a Fraud: Part Two*. Stone Center, Welles-ley College, 1985.

McNeill, William H., *Keeping Together in Time: Dance and Drill in Human History*, Harvard University Pre-ss, 1997.

McRae, Kateri, and Iris B. Mauss. "Increasing Positive Emotion in Negative Contexts: Emotional Conse-quences, Neural Correlates, and Implica-tions for Resilience." *Positive Neuroscience* (2016): 159-174.

Mehta, Ravi, Rui Juliet Zhu, and Amar Cheema. "Is Noise Always Bad? Exploring the Effects of Ambient Noise on Creative Cognition." *Journal of Consumer Research* 39, no. 4 (2012): 784-99.

Meng, Lin, Yang Zheng, and Rutai Hui. "The Relationship of Sleep Dura-tion and Insomnia to Risk of Hy-pertension Incidence: A Meta-Analysis of Prospective Cohort Studies." *Hypertension Research* 36, no. 11 (2013): 985.

Metz, Thaddeus. "The Meaning of Life." The Standard Encyclopedia of Philosophy (Summer 2013 Edition), Edward N. Zalta (ed.), https:// plato.stanford.edu/archives/sum2013/entries/life-meaning.

Miller, William R., and Stephen Rollnick. *Motivational Interviewing: Helping People Change*. Guilford Pre-ss, 2012.

Moradi, Yousef, Hamid Reza Baradaran, et al. "Prevalence of Burnout in Residents of Obstetrics and Gynecology: A Systematic Review and Meta-Analysis." *Medical Journal of the Islamic Republic of*

Iran 29, no. 4 (2015): 235.

Morey, Jennifer N., Ian A. Boggero, et al. "Current Directions in Stress and Human Immune Function." *Current Opinion in Psychology* 5 (2015): 13-17.

Morris, Gerwyn, Michael Berk, et al. "The Neuro-Immune Pathophysiol-ogy of Central and Peripheral Fatigue in Systemic Immune-Inflammatory and Neuro-Immune Diseases." *Molecular Neurobiology* 53, no. 2 (2016): 1195-1219.

Murdock, Maureen. "The Heroine's Journey." MaureenMurdock.com, n.d., https://www.maureenmurdock.com/articles/articles-the-heroines -journey.

Neff, Kristin D., and Christopher K. Germer. "A Pilot Study and Randomized Controlled Trial of the Mindful Self-Compassion Program." *Journal of Clinical Psychology* 69, no. 1 (2013): 28-44.

Nichols, Austin Lee, and Gregory D. Webster. "The Single-Item Need to Belong Scale." *Personality and Individual Differences* 55, no. 2 (2013): 189-92.

Nowack, Kenneth. "Sleep, Emotional Intelligence, and Interpersonal Ef-fectiveness: Natural Bedfellows." *Consulting Psychology Journal: Practice and Research* 69, no. 2 (2017): 66-79.

Pace, T. W., L. T. Negi, et al. "Effect of Compassion Meditation on Neu-roendocrine, Innate Immune and Behavioral Responses to Psychosocial Stress." *Psychoneuroendocrinology* 34 (2009): 87-98.

Pang, Alex. *Rest: Why You Get More Done When You Work Less*. Basic Books, 2016.

Park, Crystal L. "The Meaning Making Model: A Framework for Understanding Meaning, Spirituality, and Stress-Related Growth in Health Psychology." *European Health Psychologist* 15, no. 2 (2013): 40-47.

Park, Jina, and Roy F. Baumeister. "Meaning in Life and Adjustment to Daily Stressors." *Journal of Positive Psychology* 12, no. 4 (2017): 333-41.

Park, Song-Yi, Lynne R. Wilkens, et al. "Weight Change in Older Adults and Mortality: The Multiethnic Cohort Study." *International Journal of Obesity* 42, no. 2 (2018): 205-212.

Patashnik, Erik M., Alan S. Gerber, and Conor M. Dowling. *Unhealthy Politics: The Battle Over Evidence-Based Medicine*. Princeton University Press, 2017.

Paul, T., and P. Wong. "Meaning Centered Positive Group Intervention." In *Clinical Perspectives on Meaning*. Springer International, 2016.

Permanent Market Research. "Global Nutrition and Supplements Market: History, Industry Growth, and Future Trends by PMR." Globe NewsWire.com, January 27, 2015, https://globenewswire.com/news -release/2015/01/27/700276/10117198/en/Global-Nutrition-and -Supplements-Market-History-Industry-Growth-and-Future-Trends-by -PMR.html.

Phillips, Katherine W. "How Diversity Works." *Scientific American* 311, no. 4 (2014): 42-47.

Phillips, Katherine W., Katie A. Liljenquist, and Margaret A. Neale. "Is the Pain Worth the Gain? The Advantages and Liabilities of Agreeing with Socially Distinct Newcomers." *Personality and Social Psy-*

chology Bulletin 35, no. 3 (2009): 336-50.

Pigeon, Wilfred R., Martin Pinquart, and Kenneth Conner. "Meta-Analysis of Sleep Disturbance and Suicidal Thoughts and Behaviors." *Journal of Clinical Psychiatry* 73, no. 9 (2012): 1160-67.

Pires, Gabriel Natan, Andreia Gomes Bezerra, et al. "Effects of Acute Sleep Deprivation on State Anxiety Levels: A Systematic Review and Meta-Analysis." *Sleep Medicine* 24 (2016): 109-18.

Poehler, Amy. *Yes Please*. Dey Street, 2014.

Polack, Ellie. "New CIGNA Study Reveals Loneliness at Epidemic Levels in America." CIGNA, May 1, 2018, https://www.multivu.com/players/ English/8294451-cigna-us-loneliness-survey/docs/IndexReport_15240 69371598-173525450.pdf.

Prime Minister's Office. "PM Commits to Government-wide Drive to Tackle Loneliness," Gov.uk, January 17, 2018, https://www.gov.uk/ government/news/pm-commits-to-government-wide-drive-to-tackle -loneliness.

Puhl, Rebecca M., and Chelsea A. Heuer. "Obesity Stigma: Important Considerations for Public Health." *American Journal of Public Health* 100, no. 6 (2010): 1019-28.

Puhl, Rebecca M., Tatiana Andreyeva, and Kelly D. Brownell. "Percep-tions of Weight Discrimination: Prevalence and Comparison to Race and Gender Discrimination in America." *International Journal of Obesity* 32, no. 6 (2008): 992-1000.

Purvanova, Radostina K., and John P. Muros. "Gender Differences in Burnout: A Meta-Analysis." *Journal of Vocational Behavior* 77, no. 2 (2010): 168-85.

Rejali, Darius. Torture and Democracy. Princeton University Press, 2009.

Richards, Elizabeth A., Niwako Ogata, and Ching-Wei Cheng. "Evaluation of the Dogs, Physical Activity, and Walking (Dogs PAW) Interven-tion: A Randomized Controlled Trial." *Nursing Research* 65, no. 3 (2016): 191-201.

Robinson, Oliver C., Frederick G. Lopez, et al. "Authenticity, Social Context, and Well-Being in the United States, England, and Russia: A Three Country Comparative Analysis." *Journal of Cross-Cultural Psychology* 44, no. 5 (2013): 719-37.

Robles, Theodore F., Richard B. Slatcher, et al. "Marital Quality and Health: A Meta-Analytic Review." *Psychological Bulletin* 140, no. 1 (2014): 140-187.

Roepke, Ann Marie, Eranda Jayawickreme, and Olivia M. Riffle. "Meaning and Health: A Systematic Review." *Applied Research in Quality of Life* 9, no. 4 (2014): 1055-79.

Rosenbaum, Simon, Anne Tiedemann, Catherine Sherrington, Jackie Curtis, and Philip B. Ward. "Physical Activity Interventions for People with Mental Illness: A Systematic Review and Meta-Analysis." *Journal of Clinical Psychiatry* 75, no. 9 (2014): 964-74.

Roskam, Isabelle, Marie-Emilie Raes, and Moïra Mikolajczak. "Exhausted Parents: Development and Preliminary Validation of the Parental Burnout Inventory." *Frontiers in Psychology* 8 (2017): 163.

Russo-Netzer, Pninit, Stefan E. Schulenberg, and Alexander Batthyany. "Clinical Perspectives on Meaning: Understanding, Coping and Thriving Through Science and Practice." In *Clinical Perspectives on Meaning*. Springer International Publishing, 2016.

Ryan, Michelle K., and Barbara David. "Gender Differences in Ways of Knowing: The Context Dependence of the Attitudes Toward Thinking and Learning Survey." *Sex Roles* 49, no. 11-12 (2003): 693-99.

Ryan, Richard M., and Edward L. Deci. "On Happiness and Human Potentials: A Review of Research on Hedonic and Eudaimonic Well-Being." *Annual Review of Psychology* 52, no. 1 (2001): 141-66.

Sadker, Myra, and David Sadker. *Failing at Fairness: How America's Schools Cheat Girls*. Simon & Schuster, 2010.

Saguy, Abigail C. *What's Wrong with Fat?* Oxford University Press, 2012.

Saha, Kaustuv, Douglas Eikenburg, et al. "Repeated Forced Swim Stress Induces Learned Helplessness in Rats." *FASEB Journal* 26, no. 1 supp. (2012): 1042-48.

Samitz, Guenther, Matthias Egger, and Marcel Zwahlen. "Domains of Physical Activity and All-Cause Mortality: Systematic Review and Dose-Response Meta-Analysis of Cohort Studies." *International Journal of Ep-idemiology* 40, no. 5 (2011): 1382-1400.

Sandstrom, Gillian M., and Elizabeth W. Dunn. "Social Interactions and Well-Being: The Surprising Power of Weak Ties." *Personality and Social Psychology Bulletin* 40, no. 7 (2014): 910-22.

Sapolsky, Robert. *Behave: The Biology of Humans at Our Best and Worst*. Penguin, 2017.

Sapolsky, Robert. W*hy Zebras Don't Get Ulcers*. Holt, 2004.

Schatz, Howard, and Beverly Ornstein. *Athlete*. Harper Collins, 2002.

Scheier, Michael F., and Charles S. Carver. "Optimism, Coping, and Health: Assessment and Implications of Generalized Outcome Expectan-cies." *Health Psychology* 4, no. 3 (1985): 219.

Scott, Sophie. "Why We Laugh." *TED: Ideas Worth Spreading*, March 2015, https://www.ted.com/talks/sophie_scott_why_we_laugh? language=en.

Seligman, Martin E. P. *Learned Optimism: How to Change Your Mind and Your Life*. Vintage, 2006.

Shanafelt, Tait D., Sonja Boone, et al. "Burnout and Satisfaction with Work-Life Balance Among US Physicians Relative to the General US Pop-ulation." *Archives of Internal Medicine* 172, no. 18 (2012): 1377-85.

Sharp, John. "Senate Democrats Read Coretta Scott King Letter in Opposition to Jeff Sessions." Alabama.com, February. 8, 2017, https:// www.al.com/news/mobile/index.ssf/2017/02/senate_democrats _read_coretta.html.

Shen, Xiaoli, Yili Wu, and Dongfeng Zhang. "Nighttime Sleep Duration, 24-Hour Sleep Duration and Risk of All-Cause Mortality Among Adults: A Meta-Analysis of Prospective Cohort Studies." *Scientific Re-*

ports 6 (2016).

Sirois, Fuschia M., Ryan Kitner, and Jameson K. Hirsch. "Self-compassion, Affect, and Health-Promoting Behaviors." *Health Psychology* 34, no. 6 (2015): 661.

Sivertsen, Børge, Paula Salo, et al. "The Bidirectional Association Between Depression and Insomnia: The HUNT Study." *Psychosomatic Medicine* 74, no. 7 (2012): 758-65.

Sobczak, Connie. *Embody: Learning to Love Your Unique Body* (and quiet that critical voice!). Gurze Books, 2014.

Sofi, Francesco, D. Valecchi, et al. "Physical Activity and Risk of Cognitive Decline: A Meta-Analysis of Prospective Studies." *Journal of Internal Medicine* 269, no. 1 (2011): 107-17.

Sofi, Francesco, Francesca Cesari, et al. "Insomnia and Risk of Cardiovascular Disease: A Meta-Analysis." *European Journal of Preventive Cardiology* 21, no. 1 (2014): 57-64.

Solberg Nes, Lise, Shawna L. Ehlers, et al. "Self-regulatory Fatigue, Quality of Life, Health Behaviors, and Coping in Patients with Hemato-logic Malignancies." *Annals of Behavioral Medicine* 48, no. 3 (2014): 411-23.

Song, Huan, Fang Fang, et al. "Association of Stress-Related Disorders with Subsequent Autoimmune Disease." *JAMA* 319, no. 23 (2018): 2388-400.

Spiegelhalder, Kai, Wolfram Regen, et al. "Comorbid Sleep Disorders in Neuropsychiatric Disorders Across the Life Cycle." *Current Psychiatry Reports* 15, no. 6 (2013): 1-6.

Stairs, Agnes M., Gregory T. Smith, et al. "Clarifying the Construct of Perfectionism." *Assessment* 19, no. 2 (2012): 146-66.

Steakley, Lia. "Promoting Healthy Eating and a Positive Body Image on College Campuses." *Scope, Stanford Medicine*, May 29, 2014, https:// stan.md/2xwwbyw.

Steger, Michael F. "Experiencing Meaning in Life." In *The Human Quest for Meaning: Theories, Research, and Applications*. Routledge, 2012.

Stice, Eric, and Katherine Presnell. *The Body Project: Promoting Body Acceptance and Preventing Eating Disorders*. Oxford University Press, 2007.

Stuewig, J., and L. A. McCloskey. "The Relation of Child Maltreatment to Shame and Guilt Among Adolescents: Psychological Routes to Depression and Deliquency." *Child Maltreatment* 10 (2005): 324-36.

Swift, D. L., N. M. Johannsen, et al. "The Role of Exercise and Physical Activity in Weight Loss and Maintenance." *Progress in Cardiovascular Disease* 56, no. 4 (2014): 441-47.

Tang, David, Nicholas J. Kelley, et al. "Emotions and Meaning in Life: A Motivational Perspective." In *The Experience of Meaning in Life*. Springer Netherlands, 2013.

Taylor, Sonya Renee. *The Body Is Not an Apology: The Power of Radical Self-Love*. Berrett-Koehler, 2018.

Toepfer, Steven M., Kelly Cichy, and Patti Peters. "Letters of Gratitude: Further Evidence for Author Benefits." *Journal of Happiness Studies* 13, no. 1 (2012): 187-201.

Torre, Jared B., and Matthew D. Lieberman. "Putting Feelings into Words: Affect Labeling as Implicit Emotion Regulation." *Emotion Review* 10, no. 2 (2018): 116-24.

Troxel, Wendy M. "It's More Than Sex: Exploring the Dyadic Nature of Sleep and Implications for Health." *Psychosomatic Medicine* 72, no. 6 (2010): 578.

Troxel, Wendy M., Daniel J. Buysse, et al. "Marital Happiness and Sleep Disturbances in a Multi-ethnic Sample of Middle-Aged Women." *Behavioral Sleep Medicine* 7, no. 1 (2009): 2-19.

Tsai, J., R. El-Gabalawy, et al. "Post-traumatic Growth Among Veterans in the USA: Results from the National Health and Resilience in Veterans Study." *Psychological Medicine* 45, no. 01 (2015): 165-79.

Tyler, James M., and Kathleen C. Burns. "After Depletion: The Replenishment of the Self's Regulatory Resources." *Self and Identity* 7, no. 3 (2008): 305-21.

Valdesolo, Piercarlo, Jennifer Ouyang, and David De Steno. "The Rhythm of Joint Action: Synchrony Promotes Cooperative Ability." *Journal of Experimental Social Psychology* 46, no. 4 (July 2010): 693-95.

Valkanova, Vyara, Klaus P. Ebmeier, and Charlotte L. Allan. "CRP, IL-6 and Depression: A Systematic Review and Meta-Analysis of Longitudinal Studies." *Journal of Affective Disorders* 150, no. 3 (2013): 736-44.

van der Velden, Anne Maj, Willem Kuyken, et al. "A Systematic Review of Mechanisms of Change in Mindfulness-Based Cognitive Therapy in the Treatment of Recurrent Major Depressive Disorder." *Clinical Psychology Review* 37 (2015): 26-39.

van Dernoot Lipsky, Laura. *Trauma Stewardship: An Everyday Guide to Caring for Self While Caring for Others*. ReadHowYouWant.com, 2010.

van Mol, M. M., E. J. Kompanje, et al. "The Prevalence of Compassion Fatigue and Burnout Among Healthcare Professionals in Intensive Care Units: A Systematic Review." *PLOS One* 10, no. 8 (2015): p. e0136955.

Vander Wal, Jillon S. "Unhealthy Weight Control Behaviors Among Adolescents." *Journal of Health Psychology* 17, no. 1 (2012): 110-20.

Verkuil, Bart, Jos F. Brosschot, et al. "Prolonged Non-Metabolic Heart Rate Variability Reduction as a Physiological Marker of Psychological Stress in Daily Life." *Annals of Behavioral Medicine* 50, no. 5 (2016): 704-14.

Vos, Joel. "Working with Meaning in Life in Mental Health Care: A Systematic Literature Review of the Practices and Effectiveness of Meaning-Centred Therapies." In *Clinical Perspectives on Meaning*, ed. Russo-Netzer P., Schulenberg S., Batthyany A. Springer International, 2016.

Vromans, Lynette P., and Robert D. Schweitzer. "Narrative Therapy for Adults with Major Depressive Disorder: Improved Symptom and Interpersonal Outcomes." *Psychotherapy Research* 21, no. 1 (2011):

4-15.

Walker, Matthew. *Why We Sleep: Unlocking the Power of Sleep and Dreams*. Simon & Schuster, 2017.

Walsh, Froma. "Human-Animal Bonds I: The Relational Significance of Companion Animals." *Family Process* 48, no. 4 (2009): 462-80.

Watts, Jenny, and Noelle Robertson. "Burnout in University Teaching Staff: A Systematic Literature Review." *Educational Research* 53, no. 1 (2011): 33-50.

Weber, Mim, Kierrynn Davis, and Lisa McPhie. "Narrative Therapy, Eat-ing Disorders and Groups: Enhancing Outcomes in Rural NSW." *Australian Social Work* 59, no. 4 (2006): 391-405.

Whelton, William J., and Leslie S. Greenberg. "Emotion in Self-Criticism." *Personality and Individual Differences* 38, no. 7 (2005): 1583-95.

White, Michael. *Maps of Narrative Practice*. Norton, 2007.

Whitfield-Gabrieli, Susan, and Judith M. Ford. "Default Mode Network Activity and Connectivity in Psychopathology." *Annual Review of Clinical Psychology* 8 (2012): 49-76.

Williamson, Ann M., and Anne-Marie Feyer. "Moderate Sleep Depriva-tion Produces Impairments in Cognitive and Motor Performance Equiv-alent to Legally Prescribed Levels of Alcohol Intoxication." *Occupational and Environmental Medicine* 57, no. 10 (2000): 649-55.

Wilson, Stephanie J., Lisa M. Jaremka, et al. "Shortened Sleep Fuels Inflammatory Responses to Marital Conflict: Emotion Regulation Mat-ters." *Psychoneuroendocrinology* 79 (2017): 74-83.

Wilson, Timothy D., David A. Reinhard, et al. "Just Think: The Challenges of the Disengaged Mind." *Science* 345, no. 6192 (2014): 75-77.

Withers, Rachel. "8 Women Who Were Warned, Given an Explanation, and Nevertheless, Persisted." *Bust*, https://bust.com/feminism/19060 -kamala-harris-tweets-women-who-persisted.html.

Witvliet, C. V. O., A. J. Hofelich Mohr, et al. "Transforming or Restraining Rumination: The Impact of Compassionate Reappraisal Versus Emotion Suppression on Empathy, Forgiveness, and Affective Psychophysiology." *Journal of Positive Psychology* 10 (2015): 248-61.

Xi, Bo, Dan He, et al. "Short Sleep Duration Predicts Risk of Metabolic Syndrome: A Systematic Review and Meta-Analysis." *Sleep Medicine Reviews* 18, no. 4 (2014): 293-97.

索引

ㄍ音

ㄎ音

ㄏ音

ㄐ音

ㄑ音

國家圖書館出版品預行編目（CIP）資料

情緒耗竭：停止過度付出、解開壓力循環／艾蜜莉．納高斯基，艾米莉亞．納高斯基作；石一久譯．-- 初版．-- 新北市：世茂出版有限公司, 2022.06
面；　公分．--（心靈叢書；6）
譯自：Burnout : the secret to unlocking the stress cycle.
ISBN 978-986-5408-90-9（平裝）

1.CST: 壓力　2.CST: 情緒管理　3.CST: 女性
176.54　　111005013

心靈叢書 6

情緒耗竭：停止過度付出、解開壓力循環

作　　者／艾蜜莉．納高斯基、艾米莉亞．納高斯基
譯　　者／石一久
主　　編／楊鈺儀
責任編輯／陳怡君
封面設計／林芷伊
出 版 者／世茂出版有限公司
地　　址／（231）新北市新店區民生路 19 號 5 樓
電　　話／（02）2218-3277
傳　　真／（02）2218-3239（訂書專線）單次郵購總金額未滿 500 元（含），請加 80 元掛號費
劃撥帳號／17528093
戶　　名／世茂出版有限公司
世茂網站／www.coolbooks.com.tw
排版製版／辰皓國際出版製作有限公司
印　　刷／傳興彩色印刷有限公司
初版一刷／2022 年 6 月

I S B N／978-986-5408-90-9
定　　價／450 元

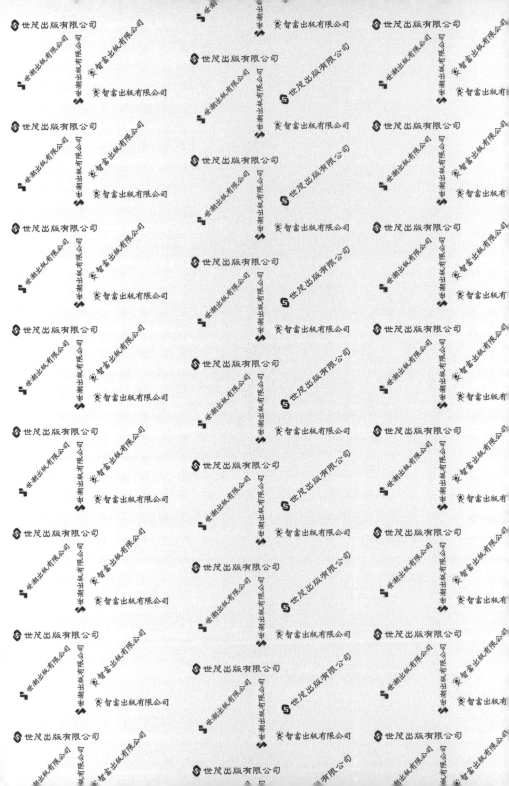